Collection dirigée par Jean-Pierre Demarche

Dire le Monde

Vocabulaire thématique du monde moderne français-allemand

Nouvelle édition actualisée

Francine Rouby
Agrégée de l'Université
Professeur en Classes préparatoires

ellipses

Du même auteur chez Ellipses

- *Starten! Communiquer efficacement en allemand*
- *15 minutes d'allemand par jour*
- *LUFTBLASE — Reprendre son allemand en s'amusant*
- *Tschüss! Communiquer au quotidien — Allemand*
- *Wie sagt man...? Comment dit-on... ? Vocabulaire thématique illustré français/allemand — allemand/français*
- *Wörter Lycée — Le vocabulaire allemand*
- *1001 expressions pour tout dire en allemand*
- *7 péchés de l'allemand*
- *L'allemand en un clin d'œil*
- *Les mots du XXIe siècle — Lexique français/allemand-allemand/français (sciences-technique-société)*
- *Vox allemand — Le vocabulaire incontournable des examens et concours*
- *Der, die, das — L'essentiel de grammaire allemande — Exercices et solutions*
- *Construire sa phrase — Précis de syntaxe allemande*

Abréviations utilisées

- **Abk.** : abréviation.
- **pron. angl.** : le mot se prononce à l'anglaise.
- **adj. subst.** : le substantif se décline comme un adjectif.
- **pl.** : l'expression s'emploie surtout ou exclusivement au pluriel.
- **sg.** : l'expression s'emploie surtout ou exclusivement au singulier.
- **péj.** : péjoratif.
- **fam.** : terme familier.
- **polit.** : terme politique.
- ➢ : synonyme.
- Les marques des verbes forts ainsi que l'auxiliaire sont signalés entre parenthèses.
- Les marques de pluriel sont indiquées entre parenthèses.
- Les expressions comportant plusieurs mots sont sans indication : il suffit de vérifier les déclinaisons de l'adjectif pour former les pluriels.
- Ce manuel applique les règles de la nouvelle orthographe allemande.

ISBN 978-2-7298-3860-7

32, rue Bargue 75740 Paris cedex 15

www.editions-ellipses.fr

Au lecteur

Cet ouvrage s'adresse à tous ceux qui souhaitent accéder plus aisément à une information mouvante et s'exprimer sur les grands problèmes du monde contemporain. Il reprend en un seul volume le contenu des deux ouvrages de *Dire le Monde*. Les chapitres ont été une nouvelle fois corrigés, complétés et réactualisés.

Ce manuel n'est pas un dictionnaire. Il ne se veut pas exhaustif. Les mots et expressions qu'il contient ne sont pas classés par ordre alphabétique mais par thèmes. En abordant un chapitre, l'élève, l'étudiant, le germaniste aura accès à des idées sur un sujet donné, mais — et cela est primordial — toute liberté d'opinion, d'élaboration de la réflexion sera préservée. Des prises de position apparaissent, ainsi que leurs contraires. Rien n'empêche le lecteur d'associer différents chapitres en fonction de sa propre sensibilité, de ses connaissances personnelles. Il arrive d'ailleurs que certains mots réapparaissent : ces mots-clés associent plusieurs chapitres, permettant ainsi un exposé plus complet.

Le texte liminaire présente les différents sous-chapitres en une cohésion qui laisse au lecteur toute latitude de la réorganiser à son gré.

L'apprentissage d'une langue comporte une phase passive — de reconnaissance, donc de compréhension des mots — et une phase active — de production. C'est pourquoi ce manuel comporte des expressions simples, pouvant être réutilisées aisément, et d'autres beaucoup plus complexes dans lesquelles on puisera selon le niveau atteint et à atteindre. Chacun fera son choix.

1. Le vingt et unième siècle

Pendant longtemps, le passage du deuxième au troisième millénaire fut une source d'inspiration pour l'imaginaire de l'homme. Entrés dans le vingt et unième siècle, nous voyons plus précisément ce que pourraient être les prochaines années.

Les optimistes parlent de progrès rapides dans tous les domaines, d'une amélioration spectaculaire de notre condition de vie ; les pessimistes, en revanche, imaginent des scénarios de catastrophe, l'humanité allant, selon eux, définitivement à sa perte. Quoi qu'il en soit, le vingt et unième siècle sera le siècle des sciences et des techniques. L'humanité s'est définitivement engagée sur cette voie. Afin d'améliorer le quotidien, elle cherche à résoudre les problèmes les plus urgents comme ceux que posent l'écologie, la recherche de nouvelles sources d'énergie, peut-être moins polluantes et moins dangereuses. Mais elle est également très inventive pour ce qui est de son confort : la domotique et toutes sortes de matériaux nouveaux et intelligents devraient nous faciliter la vie.

Pourtant, les hommes veulent surtout repousser encore un peu plus les limites de leurs connaissances : échapper aux contraintes imposées par les lois physiques de notre planète et du corps humain, plonger dans le cœur de la matière. Notre manière de voir le monde et de le maîtriser en sera transformée.

Mais toutes ces nouvelles performances, toutes ces connaissances, si elles tombaient entre de mauvaises mains, pourraient aussi servir à détruire la planète.

L'homme des siècles prochains voudra utiliser toutes ces nouveautés et vivre dans le meilleur des mondes possibles. Il n'acceptera probablement plus le moindre risque, qu'il soit naturel ou technologique. Une vie facile où tous les risques auraient été éliminés — n'est-ce pas là un vieux rêve de l'humanité —, une illusion qui nous pousse à avancer, à agir ?

1. Das einundzwanzigste Jahrhundert

Der Übergang vom zweiten Jahrtausend in das dritte war lange Zeit eine Inspirationsquelle für die menschliche Fantasie. Ins einundzwanzigste Jahrhundert eingetreten, sehen wir jedoch viel deutlicher, wie die nächsten Jahre aussehen könnten.

Die Optimisten sprechen von raschen Fortschritten auf allen Gebieten, von einer bemerkenswerten Verbesserung unserer Lebensverhältnisse. Die Pessimisten hingegen malen sich katastrophale Szenarien aus, da die Menschheit, ihrer Meinung nach, unweigerlich ihrem Unheil entgegenläuft. Wie dem auch sei, das einundzwanzigste Jahrhundert wird das Jahrhundert der Wissenschaft und der Technik sein. Die Menschheit hat diesen Weg unumkehrbar eingeschlagen. Um den Alltag erträglicher zu machen, versucht sie die dringendsten Probleme zu lösen, das heißt Umweltschutzfragen, die Suche nach neuen, vielleicht umweltfreundlicheren und weniger gefährlichen Energiequellen. Sie ist aber auch sehr erfinderisch, was ihr Bedürfnis nach Komfort betrifft: neue Haushaltstechnologien und allerlei neues, intelligentes Material könnten uns das Leben erleichtern.

Die Menschen wollen jedoch vor allem die Grenzen ihrer Kenntnisse noch ein wenig weiter verschieben: den Zwängen der physikalischen Gesetze unseres Planeten und des menschlichen Körpers entgehen, zum Kern der Materie vordringen. Das wird die Art und Weise, wie wir die Welt sehen und wie wir sie beherrschen, stark verändern.

All diese neuen Leistungen und Kenntnisse könnten jedoch auch dazu benutzt werden, den Planeten zu zerstören, wenn sie in falsche Hände gerieten.

Der zukünftige Mensch wird diese neuen Erfindungen nutzen und in der bestmöglichen Welt leben wollen. Er wird wahrscheinlich nicht das geringste Risiko zulassen, weder ein natürliches noch ein technologisches. Ein leichtes Leben, aus dem jedes Risiko beseitigt worden wäre — ist das nicht ein uralter Menschheitstraum, eine Illusion, welche uns zum Fortschreiten, zum Handeln zwingt?

l'avenir, le futur	die Zukunft (sg.)
futur, à venir	zukünftig
la mission pour l'avenir	die Zukunftsaufgabe (n)
la construction de l'avenir	die Zukunftsgestaltung (sg.)
la vision du futur	die Zukunftsvision (en)
le défi	die Herausforderung (en)
futuriste	futuristisch
la génération future	die nächste Generation ➢ die zukünftige Generation
le descendant	der Nachkomme (n, n)
imaginer le futur	sich die Zukunft aus/denken (a, a, hat)
inventer	erfinden (a, u, hat)

le rêve — der Traum

l'utopie	die Utopie (n)
utopique	utopisch
l'illusion	die Illusion (en)
l'Âge d'or	das Goldene Zeitalter
le nouvel eldorado	das neue Eldorado
planifier	planen
préparer	vor/bereiten
anticiper, préfigurer	vor/greifen (i, i, hat)
prévoir, deviner	vorher/sehen (a, e, hat)
prévenir, parer à découvrir *– l'infiniment petit* *– l'infiniment complexe* *– l'infiniment fugace*	vor/beugen entdecken – das unendlich Kleine – das unendlich Komplexe – das unendlich Vergängliche
échapper aux contraintes *– de l'espace* *– du temps* *– de la mort* *– de la reproduction*	dem Zwang entgehen (i, a, ist) von – Raum – Zeit – Sterblichkeit – Fortpflanzung
éliminer toutes les difficultés	alle Schwierigkeiten beseitigen

la science | die Wissenschaft

la dernière valeur sûre	der letzte sichere Wert
le dernier refuge	die letzte Zuflucht
l'odyssée biologique	das biologische Abenteuer

❖ la médecine | ❖ die Medizin

guérir le cancer, le sida et les maladies génétiques	Krebs, Aids und die Erbkrankheiten heilen
pouvoir soulager la douleur	den Schmerz lindern können
le traitement de la douleur	die Behandlung des Schmerzes
la médecine de transplantation	die Transplantationsmedizin (sg.)
le transplant, le greffon	das Transplantat (e)
l'organe étranger	das fremde Organ
le don d'organe	die Organspende (n)
avoir la maîtrise de la vie	die Macht über das Leben haben
maîtriser le génie génétique	die Gentechnologie beherrschen
le respect de la vie	die Achtung vor dem Leben
conserver l'humanité de l'être humain	das Menschliche am Menschen bewahren
vieillir en meilleure forme	gesünder alt werden
avoir la maîtrise de la mort	die Macht über den Tod haben
faciliter la mort	den Tod erleichtern
une mort humaine	ein humanes Sterben
redéfinir l'homme	den Menschen neu definieren
la morale	die Moral (sg.)
l'éthique	die Ethik (sg.)
la bioéthique	die Bioethik (sg.)

❖ l'ère de la haute technologie | ❖ die High-Tech Ära

la médecine de pointe	die High-Medizin (sg.)
le boom de la biotechnologie	der Boom der Biotechnologie
la biotechnologie, science de l'avenir	die zukunftsträchtige Biotechnologie
être techniquement faisable	technisch machbar sein

être écologiquement justifiable	ökologisch vertretbar sein
être moralement responsable	ethisch verantwortlich sein

l'écologie — die Ökologie

harmoniser économie et écologie	Ökonomie und Ökologie miteinander verknüpfen
créer un environnement sain	eine gesunde Umwelt schaffen (u, a, hat)
la transformation du cadre de vie	die Veränderung des Lebensraums
l'eau propre	das saubere Wasser
l'air pur	die saubere Luft
une eau pure et sans goût	reines und geschmacksneutrales Wasser
sans produits chimiques	ohne chemische Produkte
sans chlore	chlorfrei
conserver la multiplicité	die Vielfalt erhalten (ie, a, hat)
produire des plantes écologiques	ökologische Pflanzen produzieren
consommant moins d'azote	weniger Stickstoff benutzend
résoudre le problème des déchets	das Müllproblem lösen
maîtriser la technique du recyclage	die Recyclingtechnik bewältigen
objectif "zéro décharge"	das Ziel: keine Deponien mehr
éviter les déchets	den Müll vermeiden (ie, ie, hat)
recycler tous les déchets	alle Abfälle recyclen *pron. angl.*
l'incinération	die Verfeuerung (sg.)
incinérer les déchets	die Abfälle verfeuern
le compost	der Kompost (e)
préparer du compost	Kompost gewinnen (a, o, hat)
le compostage	kompostieren
fermer les décharges publiques	die Mülldeponien schließen (o, o, hat)
le nucléaire propre et sans risque	saubere und sichere Atomenergie
abandonner le nucléaire	aus der Atomenergie aus/ steigen (ie, ie, ist)
la source d'énergie idéale	die ideale Energiequelle
utiliser l'énergie solaire	die Sonnenenergie nutzen
maîtriser l'urbanisme	die Stadtplanung meistern

l'assainissement des villes	die Städtesanierung (en)
concevoir de nouveaux moyens de transport	neue Verkehrsmittel entwickeln
inventer la voiture du futur	den Wagen von morgen erfinden (a, u, hat)
propre	sauber
économique	energiesparend
silencieuse	geräuschlos

la technologie — die Technologie

❖ la domotique — ❖ die Haushaltstechnologie (n)

la maison intelligente	das intelligente Haus
les maisons câblées	die verkabelten Häuser
être doté de microprocesseurs	chipbestückt sein
des portes de garage dotées de microprocesseurs	chipbestückte Garagentüren
des automobiles intelligentes	intelligente Autos
des matériaux intelligents	intelligentes Material (sg.)

❖ les biotextiles — ❖ die Biotextilien

les nouveaux tissus de demain	die neuen Stoffe von morgen
de nouvelles performances	neue Eigenschaften
– physiques	– physikalisch
– chimiques	– chemisch
la solidité	die Strapazierfähigkeit (sg.)
le confort	der Komfort (sg.)
l'isolation	die Isolierung (sg.)
infroissable	knitterfrei
antibactérien	antibakteriell
antitranspiratoire	schweißhemmend
résistant au feu, incombustible	feuerfest
odoriférant	wohlriechend

❖ la nanotechnologie — ❖ die Nanotechnologie

la conquête de l'invisible	die Eroberung des Unsichtbaren
le contact avec l'infini petit	der Kontakt mit dem unendlich Kleinen

plonger dans les cellules	in die Zellen dringen (a, u, ist)
atteindre le cœur de la matière	das Herz der Materie erreichen
repousser les frontières – *du savoir* – *du savoir-faire*	die Grenzen verschieben (o, o, hat) – des Wissens – des Know-how *pron. angl.*
explorer le nanomonde	die Welt der Atome erforschen
manipuler la matière à l'échelle atomique	die Materie im Atommaßstab manipulieren
travailler dans le champ des atomes	auf der Atomebene arbeiten
le nanomètre	das Nanometer (-)
toucher les atomes	die Atome berühren
bouger des atomes	Atome bewegen
assembler des molécules	Moleküle zusammen/bauen
selon notre désir	nach Wunsch
créer des objets microscopiques	mikroskopische Objekte schaffen (u, a, hat)
la brique de base : l'atome	das Bauelement: das Atom
la miniaturisation	die Miniaturisierung (en)
miniaturiser	miniaturisieren
le robot miniaturisé	der Miniroboter (-) ➢ der Assembler (-)
le microrobot	der Mikroroboter (-)
le microscope électronique	das elektronische Mikroskop
la future industrie de l'infiniment petit	die zukünftige Industrie des unendlich Kleinen
les nanomatériaux	die Nanomaterialien
la nanofibre	die Nanofaser (n)
cent fois plus résistant que l'acier	hundert Mal stärker als Stahl
plus léger, intelligent, propre, économique	leichter, intelligenter, sauberer, billiger
la nanopuce	der Nanochip (s)
l'utilisation – *dans l'électronique* – *dans l'aéronautique* – *en médecine* – *en biologie*	die Verwendung – in der Elektronik – in der Luftfahrt – in der Medizin – in der Biologie

permet	ermöglicht es
– de comprendre l'ADN	– die DNA zu verstehen
– de régénérer les cellules nerveuses	– die Nervenzellen zu erneuern
– de réparer la peau, les vaisseaux	– die Haut, die Gefäße zu reparieren
une révolution industrielle	eine industrielle Revolution
fabriquer des matières intelligentes	eine intelligente Materie produzieren
modifier notre production	unsere Produktion verändern
plus de déchets, plus de pollution	keine Abfälle, keine Verschmutzung mehr
plus de problèmes économiques	keine wirtschaftlichen Schwierigkeiten mehr
des scénarios de science-fiction	Science-Fiction-Szenarien
l'usine sans travailleurs	die menschenleere Fabrik
le bureau sans employés	das menschenleere Büro
l'homme artificiel	der künstliche Mensch
raccommoder le corps humain	den Körper zusammen/flicken
créer des androïdes	Androide erschaffen (u, a, hat)
devenir démiurge d'un monde à la taille atomique	Demiurg einer atomaren Welt werden

la nouvelle façon de penser — die neue Denkweise

les questions de l'humanité	die Fragen der Menschheit
la crise existentielle	die existenzielle Krise
répondre à la crise existentielle	auf die existenzielle Krise antworten
s'intéresser aux problèmes du temps	sich für die Probleme der Zeit interessieren
la prise de conscience des problèmes	das Problembewusstsein (sg.)
endosser une responsabilité	eine Verantwortung tragen (u, a, hat)
mettre fin à la lassitude politique	der Politikverdrossenheit Einhalt gebieten (o, o, hat)
redonner un réel sens à la politique	der Politik wieder echte Bedeutung geben (a, e, hat)
retrouver un intérêt à la politique	das Interesse für Politik wieder/finden (a, u, hat)

allier prospérité et justice sociale	Wohlstand und soziale Gerechtigkeit verbinden (a, u, hat)
harmoniser concurrence, coopération et solidarité	Konkurrenz, Kooperation und Solidarität harmonisieren
la décentralisation du pouvoir	die Dezentralisierung der Macht
combler l'écart Nord-Sud et Est-Ouest	das Nord-Süd- und Ost-West-Gefälle beheben (o, o, hat)
la nouvelle manière de penser	das neue Denken (sg.)
la nouvelle orientation	die Neuorientierung (en)
l'ouverture au monde	die Weltoffenheit (sg.)
la tolérance	die Toleranz (sg.)
la tolérance, l'acceptation	die Akzeptanz (sg.)
le consensus	der Konsens (sg.)
la nouvelle sagesse	die neue Weisheit (sg.)
élaborer une sagesse collective	eine kollektive Weisheit erdenken (a, a, hat)
la culture générale	die Allgemeinbildung (sg.)
les sciences humaines	die Geisteswissenschaft (en)
promouvoir les sciences humaines	die Geisteswissenschaften fördern
soutenir l'éducation	das Bildungswesen unterstützen
la priorité de la recherche	die Priorität der Forschung
un droit nouveau	ein neues Recht
se fonder sur des principes philosophiques	sich auf philosophische Prinzipien gründen
l'humanisme	der Humanismus (sg.)
l'humaniste	der Humanist (en, en)

répondre aux problèmes mondiaux — auf die Weltproblematik antworten

les défis mondiaux	die weltweiten Herausforderungen
l'interdépendance	die Interdependenz (sg.)
l'interaction	die Wechselwirkung (en)
l'imbrication des problèmes	das Ineinanderwirken der Probleme
la complexité des problèmes	die Komplexität der Probleme

accepter la complexité	die Komplexität akzeptieren
gérer la complexité	die Komplexität bewältigen
passer de l'aspect local à l'aspect global	vom Lokalen zum Globalen über gehen (i, a, ist)
la stratégie des solutions mondiales	die Weltlösungsstrategie (sg.)
assurer l'approvisionnement mondial	die Weltversorgung lösen
encourager la paix durable	den dauerhaften Frieden fördern
empêcher la prolifération des armes	die Waffenproliferation verhindern
la reconversion de l'industrie militaire	die Umstellung der Waffenindustrie
le nouvel ordre	die Neuordnung (sg.)
le nouvel ordre mondial	die neue Weltordnung (sg.)
supranational et pacifique	supranational und pazifistisch
le citoyen du monde	der Weltbürger (-)
la société mondialiste	die Weltgesellschaft (sg.)
la fin des nationalismes, des particularismes	das Ende der Nationalismen, der Kleinstaaterei

❖ les faiblesses du pouvoir politique / ❖ die Schwächen der politischen Macht

réagir trop lentement	zu langsam reagieren
ne pas être à la hauteur de la situation	der Situation nicht gewachsen sein
ne pas être en mesure (de faire qch.)	nicht in der Lage sein (etw. zu tun)
l'incompétence	die Inkompetenz (sg.)
l'insuffisance	die Unzulänglichkeit (en)
une administration lourde	eine schwerfällige Verwaltung
un appareil étatique trop compliqué	ein zu komplizierter Staatsapparat

❖ le cauchemar / ❖ der Alptraum

la culture de masse	die Massenkultur (sg.)
l'uniformisation	die Uniformisierung (sg.)
la perte de la différence	das Verschwinden der Unterschiede
le déclin de l'humanité	der Untergang der Menschheit
l'inhumanité, la barbarie	die Unmenschlichkeit (sg.)
la déshumanisation	die Entmenschlichung (sg.)

inhumain	unmenschlich
sans vie	leblos
froid	kalt
la ville géante	die Riesenstadt (¨e)
générer la rivalité et la violence	Rivalität und Gewalt erzeugen
la barbarie	die Barbarei (sg.)
retomber dans la barbarie	in die Barbarei zurück/fallen (ie, a, ist)
le démiurge sans conscience	der gewissenlose Demiurg
sans conscience, sans scrupule	gewissenlos
le régime démocratique est en danger	die demokratische Staatsform ist in Gefahr
l'apocalypse	die Apokalypse (sg.)
le danger de l'apocalypse technologique	die Gefahr der technologischen Apokalypse
la vision d'horreur	die Horrorvorstellung (en)
le cauchemar d'Orwell	Orwells Alptraum

❖ la guerre moderne / ❖ der moderne Krieg

la Charte des Droits de l'homme de l'ONU	die UN-Menschenrechtscharta
l'organisation des Droits de l'homme	die Menschenrechtsorganisation
défendre les Droits de l'homme	Menschenrechte wahren
enfreindre les Droits de l'homme	gegen die Menschenrechte verstoßen (ie, o, hat)
violer les Droits de l'homme	Menschenrechte verletzen
l'épuration ethnique	die ethnische Säuberung
torturer	foltern
maltraiter	misshandeln
le camp de rééducation	das Umerziehungslager (-)
l'expulsion forcée	die Zwangsvertreibung (en)
l'atrocité	die Gräueltat (en)
commettre des atrocités	Gräueltaten begehen (i, a, hat)
avilissant, dégradant	erniedrigend
inhumain	unmenschlich

le terrorisme	der Terrorismus (sg.)
la lutte contre le terrorisme	die Bekämpfung des Terrorismus ➢ die Terrorabwehr (sg.)
le terroriste	der Terrorist (en, en)
l'acte de terrorisme	der Terrorakt (e)
l'attentat suicide	das Selbstmordattentat (e)
le kamikaze	der Selbstmordattentäter (-)
le détournement d'avion	die Flugzeugentführung (en)
le pirate de l'air	der Flugzeugentführer (-)
la mine antipersonnel	die Landmine (en) ➢ die Antipersonenmine (n)
les armes de haute technologie	die High-Tech-Waffen
l'arme miracle	die Wunderwaffe (n)
les armes atomiques, chimiques et biologiques	die ABC-Waffen (pl.)
l'arme atomique	die Atomwaffe (n)
l'arme biologique	die biologische Waffe ➢ die Biowaffe (n)
l'arme chimique	die chemische Waffe
le gaz neurotoxique	das Nervengas (sg.)
le bioterrorisme	der Bioterrorismus (sg.)
la variole	die Pocken (pl.)
l'Anthrax	(der) Milzbrand (sg.)
l'agent pathogène de l'Anthrax	der Milzbranderreger (-)
facile à fabriquer	einfach herzustellen
peu cher	billig
abordable *– par tous les pays* *– par tous les groupes terroristes*	erschwinglich – für alle Länder – für alle terroristischen Gruppen
une menace extrêmement sérieuse	eine äußerst seriöse Bedrohung
augmenter la virulence d'un micro-organisme	die Virulenz eines Mikroorganismus steigern
empêcher sa détection	sein Aufspüren verhindern
protéger les bactéries contre les antibiotiques	die Bakterien gegen Antibiotika schützen

menacer une ethnie d'une bactérie	ein Volk mit einer Bakterie bedrohen
détruire les cultures	den Anbau zerstören
décimer les animaux d'élevage	das Zuchtvieh vernichten
la bombe dirigée par laser	die lasergeleitete Bombe
l'immunité des radars	die Radarimmunität (sg.)
plus précis	präziser
un minimum de risques	ein Minimum an Risiken
un maximum de précision	ein Höchstmaß an Zielgenauigkeit
détruire les ordinateurs	die Computer zerstören

❖ le principe de précaution — ❖ das Vorsorgeprinzip (sg.)

la sécurité devient une préoccupation majeure	die Sicherheit wird zentrales Ziel
ne plus accepter le risque	das Risiko nicht mehr akzeptieren
les revendications sécuritaires	die Sicherheitsansprüche
s'occuper des risques	sich mit Risiken befassen
l'étude des risques	die Risikostudie (sg.)
la prévention	die Vorbeugung (en)
prévenir	vor/beugen + D.
prévoir les risques	die Risiken voraus/sehen (a, e, hat)
les hiérarchiser	sie hierarchisieren
les évaluer	sie quantifizieren
gérer rationnellement les risques	der rationelle Umgang mit Risiken
les réduire	sie mindern
les éliminer	sie beseitigen
la réduction des risques	die Risikominderung (sg.)
le contrôle du risque	die Risikokontrolle (sg.)
l'élimination des risques	die Risikobeseitigung (sg.)
prendre des mesures préventives	vorbeugende Maßnahmen treffen (a, o, hat)
les risques naturels	die natürlichen Risiken
les catastrophes naturelles	die Naturkatastrophen
la pollution	die Umweltverschmutzung (sg.)
la contamination nucléaire	die radioaktive Verseuchung (sg.)

les risques technologiques	die technologischen Risiken
la panne informatique	der Computerausfall (sg.)
la manipulation génétique	die genetische Manipulation
le défi urbain	die urbane Herausforderung
la montée de la violence	die Zunahme der Gewaltbereitschaft
le "risque zéro"	das Null-Risiko (sg.)
la société à "risque zéro"	die Null-Risiko-Gesellschaft (sg.)
le risque résiduel	das Restrisiko (-ken)

2. L'Allemagne, un pays normal

L'ouverture des frontières et la réunification allemande furent les événements les plus marquants de la fin des années 1990. La révolution pacifique fut suivie des premières élections panallemandes. Ces événements firent de l'Allemagne un pays normal. L'enthousiasme, pourtant, fut de courte durée. L'effondrement de l'Allemagne de l'Est a touché tous les domaines de la vie : la politique, l'économie, le quotidien des citoyens. L'économie planifiée a mené à la crise structurelle ; l'introduction des lois de l'économie de marché a été une entreprise longue et difficile. Il s'agissait d'unifier deux idéologies, deux systèmes complètement différents. Ceci ne s'est pas fait sans difficultés. Le Mur est certes tombé, mais il persiste dans les têtes. Les difficultés d'adaptation sont considérables, suscitent des sentiments d'envie, de culpabilité, des tensions sociales et des actes de violence. L'extrémisme de droite renaît, surtout parmi les jeunes qui n'ont que peu d'avenir. La xénophobie croît avec le chômage. Les Allemands de l'Est veulent obtenir la transparence en ce qui concerne la Stasi et exorciser par là leur passé : les archives de cette police ont donc été rendues accessibles au public.

Le monde socialiste n'existe plus. Est-ce une victoire de l'idéologie capitaliste ? L'être humain n'est pas uniquement un potentiel économique : la production et la consommation maximales ne peuvent pas être érigées en religion, considérées comme des valeurs absolues. L'homme ressent le besoin de nouvelles valeurs, d'une nouvelle idéologie, d'une vie digne et harmonieuse.

2. Deutschland, ein normales Land

Die Öffnung der Grenzen und die deutsche Wiedervereinigung waren gegen Ende der neunziger Jahre die wichtigsten Ereignisse. Der friedlichen Revolution folgten die ersten gesamtdeutschen Wahlen. Diese Ereignisse machten aus Deutschland wieder ein „normales“ Land. Die Begeisterung dauerte jedoch nicht lange, denn der Zusammenbruch der DDR erfasste alle Bereiche des Lebens: die Politik, die Wirtschaft und den Alltag der Bürger. Die Planwirtschaft hat zur strukturellen Krise geführt, die Einführung marktwirtschaftlicher Regeln erwies sich als schwierig und langwierig. Zwei völlig voneinander getrennte Ideologien und Systeme mussten zusammengefügt werden. Dies geschah nicht ohne Schwierigkeiten. Die Mauer ist zwar gefallen, in den Köpfen existiert sie aber immer noch. Die Anpassungsschwierigkeiten sind groß, führen zu Neid, Schuldgefühlen, sozialen Spannungen und Gewalttätigkeiten. Der Rechtsextremismus flackert wieder auf, insbesondere bei den Jugendlichen. Die Ausländerfeindlichkeit wächst mit der Arbeitslosigkeit. Die Ostdeutschen wollen Klarheit über die Stasi gewinnen und somit auch diese Vergangenheit bewältigen: die Stasiakten wurden deshalb für die Öffentlichkeit geöffnet.

Die sozialistische Welt existiert nicht mehr. Bedeutet dies ein Sieg der kapitalistischen Ideologie? Der Mensch ist nicht nur ein Wirtschaftspotenzial: maximale Produktion und maximaler Konsum können nicht als Religion, als absolute Werte betrachtet werden. Der Mensch braucht neue Werte, eine neue Ideologie und ein menschenwürdiges, harmonisches Leben.

un passé exorcisé — eine bewältigte Vergangenheit

la culpabilité collective	die Kollektivschuld (sg.)
le crime contre l'humanité	das Verbrechen gegen die Menschlichkeit
le survivant de l'holocauste	der Überlebende des Holocaust
le travailleur astreint au travail forcé	der Zwangsarbeiter (-)
le travail forcé	die Zwangsarbeit (sg.)
la repentance	das Reuebekenntnis (sg.)
la réparation	die Wiedergutmachung (sg.)
un devoir historique	eine historische Verpflichtung
le dédommagement des victimes	die Entschädigung der Opfer
dédommager	entschädigen
payer, régler (une somme)	aus/zahlen
le fonds de soutien	der Hilfsfonds
l'art volé	die Beutekunst (sg.)
le vol d'œuvres d'art	der Kunstraub (sg.)
confisquer	beschlagnahmen
la restitution des objets d'art	die Rückgabe der Kunstgegenstände
le délai de prescription	die Verjährungsfrist (en)
tirer un trait sur le passé	einen Schlussstrich unter die Vergangenheit ziehen (o, o, hat)
la fin de la honte	das Ende der Scham

❖ la violence des années 1970 — ❖ die Gewalt der 70er Jahre

la violence de gauche	die linke Gewalt
le mouvement étudiant	die Studentenbewegung (en)
le mouvement de contestation	die Protestbewegung (en)
le squatter	der Hausbesetzer (-)
le combattant des rues	der Straßenkämpfer (-)
l'utilisation de cocktails Molotov	der Einsatz von Molotowcocktails
la Fraction Armée Rouge	die Rote Armee Fraktion
la bande à Baader-Meinhof	die Baader-Meinhof-Gruppe

l'organisation terroriste d'extrême gauche	die linksextremistische Terrororganisation
la guérilla urbaine anti-impérialiste	die antiimperialistische Stadtguerilla
l'attentat terroriste	der Terroranschlag (¨e)
le commando terroriste	das Terrorkommando (s)
la prise d'otages	die Geiselnahme (n)
un passé militant	eine militante Vergangenheit
le rêve de liberté	der Traum von Freiheit

---

l'Allemagne réunifiée — das wiedervereinte Deutschland

la réunification des deux États	die Vereinigung der beiden Staaten
l'unité	die Einheit (sg.)
l'Est	der Osten
l'ex-État du bloc de l'Est	der ehemalige Ostblockstaat
le pays du bloc de l'Est	das Ostblockland (¨er)
l'Allemagne de l'Est	Ostdeutschland
l'ex-RDA	die Ex-DDR ➢ die ehemalige DDR ➢ die damalige DDR ➢ der Ex-SED-Staat
le citoyen de RDA	der DDR-Bürger (-) ➢ der „Ossi" (s) péj.
ceux de l'autre côté	die von drüben péj.
l'Ouest	der Westen
l'Allemagne de l'Ouest	Westdeutschland
le citoyen de RFA	der „Wessi" (s) péj.
les deux Allemagne	die zwei deutschen Staaten
les cinq nouveaux Länder	die fünf neuen Länder
les anciens Länder	die alten Länder

❖ la révolution pacifique — ❖ die friedliche Revolution

l'ouverture du Rideau de fer	die Öffnung des Eisernen Vorhangs
la chute du Mur	der Fall der Mauer
l'ouverture des frontières	die Öffnung der Grenzen

les élections panallemandes	die gesamtdeutschen Wahlen
les premières élections libres et démocratiques	die ersten freien und demokratischen Wahlen
l'union économique et monétaire	die Wirtschafts- und Währungsunion
le jour de l'unification	der Tag der Einheit
la fête nationale	der Nationalfeiertag (e)
acquérir la pleine souveraineté	die volle Souveränität erlangen
le retrait des troupes soviétiques	der Abzug der sowjetischen Truppen
signer le traité	das Abkommen unterzeichnen
l'effondrement	der Zusammenbruch (¨e) ➢ der Zerfall (sg.)
le vieil appareil étatique	der alte Staatsapparat
le changement, la mutation	der Wandel (sg.)
le changement, le renversement de situation	die Wende (n)
le changement radical	der Umbruch (¨e) polit.
universel, qui concerne tous les domaines	allumfassend
politique	politisch
économique	wirtschaftlich
social	sozial
culturel	kulturell

❖ Berlin, capitale — ❖ Hauptstadt Berlin

la République de Berlin	die Berliner Republik
symbiose entre l'Histoire et le modernisme	Symbiose von Geschichte und Moderne
le déménagement du gouvernement	der Umzug der Regierung
le plus grand chantier d'Europe	Europas größte Baustelle
la carte de visite de l'Allemagne	die Visitenkarte Deutschlands
une destination de voyage appréciée	ein beliebtes Reiseziel
la métropole culturelle	die Kulturmetropole (n)
la Mecque des emplettes	das Einkaufsmekka (sg.)
la "ville-événement"	die Erlebnisstadt (¨e)

❖ la "Sécurité de l'État", la police politique — ❖ der Staatssicherheitsdienst

la "Stasi", la "sécurité de l'État"	die Stasi (sg.) Abk.
l'agent de la "Stasi"	der Stasi-Agent (en, en)
le collaborateur de la "Stasi"	der Stasi-Mitarbeiter (-)
l'activité subversive	die subversive Tätigkeit
la machinerie diabolique	die teuflische Maschinerie (sg.)
l'appareil de répression	der Unterdrückungsapparat (e)
l'abus de pouvoir étatique	der staatliche Missbrauch (sg.)
l'atteinte à la liberté	die Freiheitsberaubung (en)
surveiller la société	die Gesellschaft überwachen
ouvrir le courrier	die Post mit/lesen (a, e, hat)
l'écoute téléphonique	das Telefon belauschen
placer des dispositifs d'écoute dans les téléphones	Wanzen in die Telefone setzen
l'espion	der Spion (e) ➢ der Spitzel (-)
espionner	bespitzeln ➢ aus/spionieren
le dénonciateur	der Denunziant (en, en)
la dénonciation	die Denunziation (en)
dénoncer	denunzieren
la trahison	der Verrat (sg.)
dénoncer, trahir	verraten (ie, a, hat)
la calomnie, la diffamation	die Verleumdung (en)
calomnier, diffamer	verleumden
le fouineur	der Schnüffler (-)
fouiner, espionner	schnüffeln
la menace	die Drohung (en)
menacer	jdm drohen
le chantage	die Erpressung (en)
faire chanter	erpressen
l'arrestation	die Verhaftung (en)

arrêter	verhaften
l'internement	die Internierung (en)
interner	internieren
les coups et blessures	die Körperverletzung (en)
la torture	die Folter (n)
torturer	foltern
le meurtre	der Mord (e)
assassiner	ermorden
l'archive de la "Stasi"	die Stasi-Akte (n)
le document	die Unterlage (n)
l'archive	das Archiv (e)
ouvrir les archives	die Archive öffnen
la ruée massive sur les archives	der Massenansturm auf die Akten
dépouiller les archives	die Akten filzen *fam.*
la défiance	das Misstrauen (sg.)
devenir suspect	in Verdacht geraten (ie, a, ist)
gagner en transparence	an Klarheit gewinnen (a, o, hat)
révéler, dévoiler	enthüllen
démasquer	entlarven
l'ordre d'instruire, d'enquêter	der Ermittlungsauftrag (¨e)
la plainte	die Strafanzeige (n) ➢ die Anklage (n)
le coupable	der Täter (-)
la victime	das Opfer (-)
la colère populaire	der Volkszorn (sg.)
la vengeance	die Rache (sg.)
la revanche, les représailles	die Vergeltung (en)
se faire justice soi-même	zur Selbstjustiz greifen (i, i, hat)

❖ **le problème de la propriété**	❖ **die Eigentumsfrage**
la querelle concernant la propriété	der Eigentumsstreit (sg.)
la situation confuse dans les titres de propriété	die ungeklärten Eigentumsverhältnisse

l'entrave à l'investissement	das Investitionshindernis (-se)
la propriété	das Eigentum (sg.) ➢ der Besitz (sg.)
le propriétaire	der Eigentümer (-) ➢ der Besitzer (-)
l'ex-propriétaire	der Alteigentümer (-) ➢ der Altbesitzer (-)
le propriétaire foncier	der Grundbesitzer (-)
le terrain	das Grundstück (e)
la maison	das Haus (¨er)
l'entreprise	die Firma (die Firmen)
les immeubles, les biens-fonds	die Liegenschaften (pl.)
exproprier	enteignen
l'expropriation	die Enteignung (en)
faire valoir ses droits sur	Anspruch erheben (o, o, hat) auf + A.
la demande de restitution	der Rückgabeantrag (¨e)
la restitution	die Rückgabe (n)
le dédommagement, l'indemnité	die Entschädigung (en)
le montant du dédommagement	die Entschädigungssumme (n)

l'économie planifiée — die Planwirtschaft

l'économie dirigiste	die Kommandowirtschaft (sg.)
être inférieur au niveau ouest-allemand	unter westdeutschem Niveau liegen (a, e, hat)
glisser dans la crise	in die Krise gleiten (i, i, ist)
être dans la crise	in der Krise stecken
l'échec de la politique économique	die verfehlte Wirtschaftspolitik (sg.)
le désordre économique	die Misswirtschaft (sg.)
la mauvaise situation	die miese Lage
l'économie en difficulté	die marode Wirtschaft
le déficit	das Defizit (e)
le retard	der Rückstand (sg.)
la crise structurelle	die strukturelle Krise

la méthode de production déficiente	die mangelhafte Produktionsmethode
l'appareil de production inadapté	der untaugliche Produktionsapparat
le manager médiocre	der schlechte Manager *pron. angl.*
la main-d'œuvre médiocre	die mittelmäßige Arbeitskraft
le manque de savoir-faire	das fehlende Know-how (sg.)
la déstabilisation	die Destabilisierung (en)
la subvention	die Subvention (en)
le subventionné	der Subventionsempfänger (-)
la réduction des subventions dans le domaine *- de l'énergie* *- des transports* *- des loyers* *- des services*	der Subventionsabbau (sg.) - im Energiesektor (sg.) - im Verkehrswesen (sg.) - bei Mieten (pl.) - bei Dienstleistungen (pl.)
ne pas être à la hauteur de la situation	der Situation nicht gewachsen sein
ne pas résister à la pression de la concurrence	dem Druck der Konkurrenz nicht stand/halten (ie, a, hat)
ne pas pouvoir suivre le rythme	nicht mit/halten können
être immobile	unbeweglich sein
être non rentable	unrentabel sein
le besoin de rattraper	der Nachholbedarf (sg.)
l'explosion de la demande	der Nachfrageboom (sg.)
l'univers inaccessible des produits de consommation	die unerreichbare Warenwelt (sg.)
la frustration	der Frust (sg.)
la fin de la sécurité sur le plan social	das Ende der sozialen Sicherheit (sg.)
la fin de la solidarité	das Ende des Zusammenhalts (sg.)
de petits privilèges disparaissent	kleine Privilegien verschwinden (a, u, ist)
la vie semble plus compliquée	das Leben scheint komplizierter

l'économie de marché — die Marktwirtschaft

le passage à l'économie de marché	der Übergang zur Marktwirtschaft (sg.)
passer à l'économie de marché	sich auf die Marktwirtschaft um/stellen

adopter les règles de l'économie de marché	die Marktwirtschaftsregeln an/nehmen (a, o, hat)
la rentabilité	die Rentabilität (sg.)
la capacité de rendement	die Leistungsfähigkeit (sg.)
l'efficacité, la rentabilité	die Effizienz (sg.)
être efficace, performant	effizient sein
le stress du rendement	der Leistungsdruck (sg.)
la concurrence	der Wettbewerb (e) ➢ die Konkurrenz (en)
être compétitif	wettbewerbsfähig / konkurrenzfähig sein
la mobilité	die Mobilität (sg.)
être mobile	mobil sein
la flexibilité, la souplesse	die Flexibilität (sg.)
être flexible, souple	flexibel sein
la créativité	die Kreativität (sg.)
être créatif	kreativ sein
la capacité d'innovation	die Innovationsfähigkeit (sg.)
l'esprit d'entreprise	der Unternehmungsgeist (sg.)
l'autonomie, l'indépendance	die Selbständigkeit (sg.)
la vitalité	die Vitalität (sg.)
pouvoir se décider rapidement	sich schnell entscheiden können
le consensus	der Konsens (sg.)
le travail d'équipe	die Teamarbeit (sg.)

❖ garantir les droits fondamentaux — ❖ die Grundrechte garantieren

les Droits de l'homme	die Menschenrechte (pl.)
obtenir des droits politiques	politische Rechte erhalten (ie, a, hat)
l'État de droit	der Rechtsstaat (sg.)
la liberté d'opinion	die Meinungsfreiheit (sg.)
la libre expression	die Möglichkeit zur Meinungsäußerung
la liberté de la presse	die Pressefreiheit (sg.)
la censure	die Zensur (en)

abolir la censure	die Zensur ab/schaffen
la libre circulation	die Freizügigkeit (sg.)
la liberté de voyager	die Reisefreiheit (sg.)
la société multiculturelle	die multikulturelle Gesellschaft
le creuset	der Schmelztiegel (sg.)
la multiplicité, la pluralité	die Vielfalt (sg.)
une vie "plurielle"	ein buntes Leben

les problèmes / die Probleme

❖ le deuxième miracle économique n'a pas lieu / ❖ das zweite Wirtschaftswunder bleibt aus

le chaos	das Chaos (sg.)
la période de récession	die Talfahrt (sg.)
atteindre le creux de la vague	die Talsohle erreichen
la récession	der Abschwung (sg.) ➢ die Rezession (en)
la relance	der Aufschwung (sg.) ➢ die Ankurbelung (en)
relancer	an/kurbeln
la situation héritée (de l'ancien système)	die Altlast (en)
la pollution héritée (de l'ancien système)	die Umweltaltlasten (pl.)
les dettes héritées	die Altschulden (pl.)
la saturation de l'infrastructure	die Überlastung der Infrastruktur
la "Treuhand"	die Treuhand (sg.)
privatiser des entreprises	Betriebe privatisieren
assainir des entreprises	Betriebe sanieren
fermer des entreprises	Betriebe stilllegen (legte still, hat stillgelegt)
le chômage partiel, technique	die Kurzarbeit (sg.)
être en chômage partiel	kurz/arbeiten ➢ Kurzarbeit machen
le chômage	die Arbeitslosigkeit (sg.)
l'augmentation du taux de chômage	das Steigen der Arbeitslosenquote

les licenciements collectifs	die Massenentlassung (en)
licencier	entlassen (ie, a, hat)
réduire le personnel	Personal ab/bauen
la compression de personnel	der Personalabbau (sg.)
"dégraisser" fam.	ab/specken *fam.*
partir en préretraite	in den Vorruhestand treten (a, e, ist)
envoyer en retraite	in den Ruhestand schicken
partir en retraite	in den Ruhestand treten (a, e, ist)
l'exode vers l'Ouest	die Abwanderung in den Westen
aller travailler à l'Ouest (mais habiter à l'Est)	in den Westen pendeln
le (travailleur) frontalier, pendulaire	der Pendler (-)
la navette des (travailleurs) frontaliers	der Pendlerverkehr (sg.)

❖ les tensions sociales — ❖ die sozialen Spannungen

la criminalité augmente	die Kriminalität wächst (u, a, ist)
les misères du quotidien	die Altagsnöte
la crise du logement	die Wohnungsnot (sg.)
la crise du logement s'aggrave	die Wohnungsnot verschlimmert sich
la différence des salaires	der Lohnunterschied (e)
les universités sont surpeuplées	die Universitäten sind überfüllt
le manque d'enseignants	der Lehrermangel (sg.)
le combat pour le partage	der Verteilungskampf (¨e)
le fossé se creuse	die Kluft vertieft sich
le recul de la croissance	der Rückgang des Wachstums
la surchauffe conjoncturelle	die Überhitzung der Konjunktur

❖ le financement de l'unification — ❖ die Finanzierung der Einheit

la hausse des prix	die Preiserhöhung (en)
la montée du taux d'inflation	der Aufstieg der Inflationsrate
l'inflation augmente	die Inflation nimmt zu (a, o, hat)
le taux d'intérêt augmente	der Zinssatz steigt (ie, ie, ist)
les impôts	die Steuern (pl.)
le contribuable	der Steuerzahler (-)

l'augmentation des impôts	die Steuererhöhung (en)
l'augmentation des charges sociales	die Sozialabgabenerhöhung (en)
l'emprunt	die Anleihe (n)
contracter un emprunt	eine Anleihe auf/nehmen (a, o, hat)
la contribution de solidarité	der Solidaritätszuschlag (sg.)
la reconstruction de l'Est	Aufbau Ost

❖ l'échec de la politique / ❖ das Versagen der Politik

L'État social se dégrade.	Der Sozialstaat baut ab.
les partis établis ne constituent pas une alternative	die etablierten Parteien sind keine Alternative
l'antiparlementarisme	der Antiparlamentarismus (sg.)
être ingérable	unregierbar sein
le vide juridique	der rechtsfreie Raum

❖ dépasser l'économie planifiée / ❖ die Planwirtschaft überwinden

la phase de transition	die Übergangsphase (n)
introduire le principe du rendement	das Leistungsprinzip ein/führen
le processus de réorganisation	der Umgestaltungsprozess (sg.)
trouver un nouvel équilibre financier	einen neuen Finanzausgleich finden (a, u, hat)
ajuster les salaires	die Löhne an/gleichen (i, i, hat)
la libération des prix	die Preisfreigabe (sg.)
les investissements massifs	die massiven Investitionen (pl.)
l'assainissement de l'environnement	die Sanierung der Umwelt (sg.)
la construction de logements	der Wohnungsbau (sg.)
la construction de routes	der Straßenbau (sg.)
la rationalisation	die Rationalisierung (sg.)
la modernisation du réseau téléphonique	die Modernisierung des Telefonnetzes
la mesure de restriction	die Sparmaßnahme (n)
le transfert d'entreprises à l'Est	die Verlagerung der Betriebe in den Osten
le transfert (des capitaux)	der Transfer (s)

les mesures en faveur de l'emploi	die Arbeitsbeschaffungsmaßnahmen (pl.) (Abk.: ABM)
recycler (qn)	jdn um/schulen
se recycler, se reconvertir	um/schulen ➢ sich umschulen lassen ➢ eine Umschulung machen (*fam. ; très* courant)
se perfectionner (en formation continue)	sich weiter/bilden ➢ sich fort/bilden
se préparer à de nouveaux défis	sich auf neue Herausforderungen vor/bereiten

le Mur dans les têtes — die Mauer in den Köpfen

le Mur "intérieur" grandit	die innere Mauer wird höher
l'envie	der Neid (sg.) ➢ das Neidgefühl (sg.)
le sentiment d'infériorité	das Minderwertigkeitsgefühl (sg.)
le sentiment de culpabilité	das Schuldgefühl (e)
l'augmentation de la violence	die Zunahme der Gewalt
le crime	das Verbrechen (-)
la drogue	die Droge (n)
l'alcoolisme	der Alkoholismus (sg.)
plus d'infractions au code de la route	mehr Straßenverkehrsdelikte (pl.)
l'accident	der Unfall (¨e)
la difficulté d'adaptation	die Anpassungsschwierigkeit (en)
la capacité d'adaptation	die Anpassungsfähigkeit (en)
avoir d'autres priorités	andere Prioritäten haben
changer sa façon de penser	um/denken (a, a, hat)
les mentalités doivent changer	die Mentalitäten müssen sich ändern
s'adapter	sich an/passen + D.
l'ostalgie	die Ostalgie (sg.)
la frustration	der Frust (sg.)
être frustré	frustriert sein
la perte d'un univers familier	der Verlust einer vertrauten Welt

la fin d'une utopie	das Ende einer Utopie
la fin de toutes les certitudes	das Ende aller Gewissheiten
une société de concurrence sauvage	eine Ell(en)bogengesellschaft (sg.)

la troisième voie	**der dritte Weg**
le capitalisme	der Kapitalismus (sg.)
le socialisme	der Sozialismus (sg.)
l'homme comme potentiel économique	der Mensch als Wirtschaftspotenzial
la satisfaction des besoins matériels	die Befriedigung materieller Bedürfnisse
le consommateur	der Verbraucher (-) ➢ der Konsument (en, en)
la production maximale	die maximale Produktion (sg.)
la consommation effrénée	der hemmungslose Konsum (sg.)
susciter des besoins	Bedürfnisse wecken
l'augmentation frénétique de la production et de la consommation	die rauschhafte Produktions- und Konsumsteigerung
la fascination du pays de cocagne	die Religion des Schlaraffenlandes
la perte des valeurs	der Werteverlust (sg.)
le changement des valeurs	der Wertewandel (sg.)
inhumain	unmenschlich
une voie entre capitalisme et socialisme	ein Weg zwischen Kapitalismus und Sozialismus
conserver les points positifs des deux systèmes	das Gute an beiden Systemen behalten (ie, a, hat)
les nouvelles valeurs	die neuen Werte (pl.)
offrir une vie digne	ein menschenwürdiges Leben bieten (o, o, hat)
la considération des valeurs humaines	die Rücksicht auf menschliche Werte
respecter l'être humain	den Menschen respektieren
agir avec la conscience de ses responsabilités	verantwortungsbewusst handeln
conserver les acquis sociaux	die sozialen Errungenschaften bewahren
le consensus social	der soziale Konsens (sg.)
le principe de solidarité	das Solidaritätsprinzip (sg.)

la solidarité	der Zusammenhalt (sg.)
l'entraide	die Hilfe untereinander
apprendre à partager	teilen lernen
la compréhension	das Verständnis (sg.)
surmonter la division	die Teilung überwinden (a, u, hat)
la croissance qualitative	das qualitative Wachstum (sg.)
le bien commun	das Gemeinwohl (sg.)

l'extrémisme de droite — der Rechtsextremismus

le virage à droite (sens fig.)	der Rechtsdrall (sg.)
l'extrémiste de droite	der Rechtsextremist (en, en)
extrémiste de droite (adj.)	rechtsextremistisch
le parti d'extrême droite	die rechtsextremistische Partei
le préjugé	das Vorurteil (e)
la violence	die Gewalt (sg.)
la montée de la violence	das Aufflackern der Gewalt
monter, éclater	auf/flackern
les exactions, les excès	die Ausschreitung (en)
le terrorisme	der Terrorismus (sg.)
l'attentat	der Anschlag (¨e) auf + A.
incendier, mettre le feu à	einen Brandanschlag verüben auf + A.
le racisme	der Rassismus (sg.)
la xénophobie	die Ausländerfeindlichkeit (sg.) ➢ der Ausländerhass (sg.) ➢ die Xenophobie (sg.)
l'hostilité	die Feindseligkeit (en)
"nettoyer" les rues	die Straßen säubern
la "purification ethnique"	die „ethnische Säuberung“
le danger pour la démocratie	die Gefahr für die Demokratie

❖ les sous-cultures de jeunes — ❖ die jugendlichen Subkulturen

l'adolescent	der Jugendliche (n) *adj. subst.* ➢ der Halbwüchsige (n) *adj. subst.- péj.*

le marginal	der Außenseiter (-)
le vandale	der Randalierer (-)
commettre des actes de vandalisme	randalieren
le voyou	der Rowdy (s)
le hooligan	der Hooligan (s) *pron. angl.*
le radical de droite	der Rechtsradikale (en) *adj. subst.*
le néonazi	der Neonazi (s)
le skinhead	der Skinhead (s)
les skinheads	die Skins (pl.)
les skinheads, "les chauves"	die „Glatzen" (pl.)
le milieu des skinheads	die Skinhead-Szene (sg.)
un avenir incertain	eine ungewisse Zukunft (sg.)
la détresse	die Notlage (n)
la perte de l'identité	der Identitätsverlust (sg.)
le repli sur soi	die Abkapselung (sg.)
ne plus avoir de système de référence	kein Bezugssystem mehr haben
ne pas avoir le sentiment de sa propre valeur	kein Selbstbewusstsein haben
le complexe d'infériorité	der Minderwertigkeitskomplex (e)
évacuer l'agressivité et la frustration	Aggressionen und Frust ab/laden (u, a, hat)
être buté, étroit d'esprit	engstirnig sein
le terrain idéal pour	der ideale Nährboden für + A.
succomber à des idéologies faciles	einfachen Ideologien verfallen (ie, a, is:)
la peur de l'étranger	die Fremdenfurcht (sg.)
le rejet	die Ablehnung (sg.)
rejeter	ab/lehnen + A.
"l'Allemagne aux Allemands"	„Deutschland den Deutschen"

❖ le groupe-cible — ❖ die Zielgruppe

le bouc émissaire	der Sündenbock (¨e)
le citoyen de seconde zone	der „Bürger zweiter Klasse"
l'homosexuel	der Homosexuelle (n) *adj. subst.* ➢ der Schwule (n) *adj. subst. - péj.*

le Juif	der Jude (n, n)
l'homme de gauche	der Linke (n) *adj. subst.*
l'étranger	der Ausländer (-)
l'altérité, la différence	die Andersartigkeit (sg.) ➢ das Anderssein (sg.)
celui qui pense autrement	der Andersdenkende (n) *adj. subst.*
celui qui parle une autre langue	der Anderssprachige (n) *adj. subst.*
celui qui a une autre couleur de peau	der Andersfarbige (n) *adj. subst.*
haïr	hassen
brimer	hänseln
humilier	demütigen
mépriser	verachten
insulter, outrager, offenser	beleidigen
injurier	beschimpfen
discriminer	diskriminieren
attaquer	an/greifen (i, i, hat)
repousser	verstoßen (ie, o, hat)
exclure	aus/schließen (o, o, hat)
expulser, reconduire à la frontière	ab/schieben (o, o, hat) + A.
chasser	vertreiben (ie, ie, hat)
"la violence génère la violence"	„Gewalt ruft Gewalt hervor"
se défendre	sich zur Wehr setzen ➢ sich wehren ➢ sich verteidigen

❖ la xénophilie	**❖ die Fremdenfreundlichkeit**
être hospitalier	gastfreundlich sein
l'initiative en faveur des étrangers	die Pro-Ausländer-Initiative (n)
protéger les foyers de demandeurs d'asile	die Asylantenheime schützen
faire front contre la xénophobie	Front gegen Fremdenhass machen
la tolérance	die Toleranz (sg.)
faire preuve de tolérance	Toleranz üben
être tolérant	tolerant sein

l'intolérance	die Intoleranz (sg.)
être intolérant	intolerant sein
acquérir une nouvelle identité	eine neue Identität gewinnen (a, o, hat)
favoriser l'originalité culturelle	die kulturelle Eigenständigkeit fördern
"La démocratie, cela s'apprend."	„Demokratie will gelernt sein."
la quête de l'identité	die Identitätssuche (sg.)
s'engager pour des idéaux	sich für Ideale ein/setzen
penser en Européen	europäisch denken (a, a, hat)
"Nous sommes tous des habitants de cette planète."	„Wir sind alle Planetarier."

les personnes déplacées — die Vertriebenen

le déplacement forcé des populations	die Vertreibung von Völkern
la fuite hors des régions d'Allemagne orientale	die Flucht aus den Ostgebieten
devoir quitter son pays	seine Heimat verlassen müssen
tout perdre	Hab und Gut verlieren (o, o, hat)
l'expulsion	die Vertreibung (en) ➢ die Ausweisung (en) ➢ die Umsiedlung (en)
l'injustice	das Unrecht (sg.)
les souffrances des Allemands	das Leid der Deutschen
la loi fédérale sur les expulsés allemands	das Bundesvertriebenengesetz (sg.)
un monument pour les expulsés	ein Denkmal für die Vertriebenen
le monument commémoratif des expulsés	das Vertriebenenmahnmal (sg.)
le centre contre le déplacement de populations	das Zentrum gegen Vertreibungen
une partie de la culture du souvenir	ein Teil der Erinnerungskultur
un sujet de querelles	ein Anlass zum Streit
la pensée nationaliste	nationalistisches Gedankengut
prendre distance de ces ambiguïtés	sich von den Zweideutigkeiten distanzieren
une provocation pour les pays voisins	eine Provokation für die Nachbarländer
placer le débat dans un contexte européen	die Debatte in einen europäischen Kontext stellen

tracer une histoire allemande et européenne	ein deutsches und europäisches Geschichtsbild zeichnen

la politique de l'immigration — die Ausländerpolitik

❖ les demandeurs d'asile — ❖ die Asylanten (pl.)

l'étranger apatride	der heimatlose Ausländer
le rapatrié, l'émigré	der Aussiedler (-)
le rapatrié d'origine allemande	der deutschstämmige Aussiedler
l'Allemand ethnique	der Volksdeutsche (n) *adj.subst.*
l'émigré d'ex-RDA	der Übersiedler (-)
le réfugié politique	der Asylant (en, en) ➢ der politisch Verfolgte (en) *adj. subst.*
le demandeur d'asile	der Asylbewerber (-) ➢ der Asylsuchende (n) *adj. subst.* ➢ der Antragsteller (-)
la demande d'asile	der Asylantrag (¨e)
déposer une demande de droit d'asile	einen Asylantrag stellen
la requête	das Gesuch (e)
présenter une requête	ein Gesuch stellen
le foyer pour demandeurs d'asile	das Asylantenheim (e)
être reconnu comme réfugié politique	als politisch Verfolgter anerkannt werden
bénéficier du droit d'asile	Asylrecht genießen (o, o, hat)
accorder l'asile politique	Asyl gewähren
le débat concernant l'asile politique	die Asyldebatte (n)
la procédure de demande de droit d'asile	das Asylverfahren (sg.)
accélérer la procédure	das Verfahren beschleunigen
ne pas pouvoir assimiler le flot des réfugiés	den Flüchtlingsstrom nicht verkraften
être envahi	überschwemmt werden
la loi sur l'immigration	das Einwanderungsgesetz (e)
le paragraphe 16 de la Loi fondamentale	der Paragraf 16 des Grundgesetzes
la modification de la Constitution	die Verfassungsänderung (en)

modifier la Loi fondamentale	das Grundgesetz ändern
intensifier les contrôles aux frontières	die Grenzkontrollen verschärfen
le visa d'entrée	das Visum (-s / Visen / Visa)
compliquer les conditions d'obtention des visas	die Visavergabe erschweren
la nouvelle réglementation	die neue Regelung
le réfugié « toléré »	der geduldete Flüchtling
le permis de séjour	die Aufenthaltserlaubnis (-se)
le droit de rester	das Bleiberecht (sg.)
lier le droit de rester au travail	das Bleiberecht mit Arbeit verbinden (a, u, hat)
le regroupement familial	die Familienzusammenführung (sg.)
prouver que l'on a un emploi	einen Arbeitsplatz nach/weisen (ie, ie, hat)
l'expulsion	die Abschiebung (en)
l'interdiction d'entrer dans le pays	das Einreiseverbot (e)
le permis d'entrer dans le pays	die Einreiseerlaubnis (-se)
le quota	die Quote (n)
fixer des quotas	Quoten bestimmen
la détermination d'un quota	die Quotenregelung (en) ➢ die Quotenfestsetzung (en)
❖ **le clandestin**	❖ **der Illegale (n)** ***adj. subst.*** ➢ der illegal eingereiste Ausländer
le demandeur d'asile illicite	der Scheinasylant (en, en)
abuser du droit d'asile	das Asylrecht missbrauchen
l'immigration clandestine	die illegale Einwanderung
les papiers falsifiés	die gefälschten Papiere (pl.)
faire entrer illégalement des étrangers dans le pays	Ausländer ins Land schmuggeln
l'amende	die Geldstrafe (n)
menacer de prison	mit Gefängnis drohen
attraper, prendre	erwischen

l'emprisonnement, la détention	die Haft (sg.)
expulser	aus/weisen (ie, ie, hat)

❖ l'intégration — ❖ die Integration

intégrer	integrieren
l'intégration, l'insertion	die Eingliederung (sg.)
intégrer	ein/gliedern
l'hébergement	die Unterbringung (sg.)
l'assistance, la prise en charge, les soins	die Betreuung (sg.)
l'assimilation	die Assimilierung (sg.)
assimiler	assimilieren
la naturalisation	die Einbürgerung (sg.)
naturaliser	ein/bürgern
la nationalité allemande	die deutsche Staatsbürgerschaft ➢ die deutsche Staatsangehörigkeit
la double nationalité	die doppelte Staatsangehörigkeit ➢ der Doppelpass (sg.)
se décider pour une nationalité	sich für einen Pass entscheiden (ie, ie, hat)
renoncer à sa nationalité d'origine	auf seine ursprüngliche Staatsangehörigleit verzichten
devoir choisir entre deux passports	zwischen zwei Pässen wählen müssen
le droit du sol	das Territorialprinzip (sg.)
le droit du sang	das Abstammungsprinzip (sg.)
l'Allemand d'origine turque	der Türkendeutsche (n) *adj. subst.*
l'acculturation	die Kulturaneignung (sg.)
la culture "phare"	die „Leitkultur"
conduire, diriger	leiten
s'adapter à	sich an/passen an + A.
adhérer à la démocratie	sich zur Demokratie bekennen (a, a, hat)
le test de naturalisation	der Einbürgerungstest (s)
le questionnaire de naturalisation	der Einbürgerungsfragebogen (¨)

participer à des cours	an Kursen teil/nehmen (a, o, hat)
contraindre à un cours d'intégration	zu einem Integrationskurs verpflichten
le cours de langue	der Sprachkurs (e)
promouvoir l'apprentissage de la langue	die Sprache fördern
faire preuve de connaissances orales et écrites	mündliche und schriftliche Fähigkeiten nach/weisen (ie, ie, hat)
promouvoir la formation	die Ausbildung fördern
faciliter l'entrée dans la vie active	den Einstieg ins Berufsleben erleichtern
vérifier les convictions des musulmans	die Gesinnung von Moslems prüfen
le mariage forcé	die Zwangsheirat (sg.)
le crime d'honneur	der Ehrenmord (e)
un obstacle pour l'immigration	eine Hürde für die Einwanderung
une discrimination contraire au droit International	eine völkerrechtswidrige Diskriminierung
se protéger de sociétés parallèles	sich vor Parallelgesellschaften schützen

l'IVG — der freiwillige Schwangerschaftsabbruch

l'avortement	die Abtreibung (en) ➢ der (Schwangerschafts) Abbruch (¨e)
l'avortement, pomme de discorde	der Zankapfel Abtreibung (sg.)
avorter	ab/treiben (ie, ie, hat)
la grossesse	die Schwangerschaft (en)
être enceinte	schwanger sein
le paragraphe 218 du Code pénal	der Paragraf 218 des Strafgesetzbuches
le "Tribunal constitutionnel" de RFA	das Bundesverfassungsgericht
le droit allemand	das deutsche Recht
deux droits différents	zweierlei Recht (sg.)
la solution transitoire	die Übergangsbestimmung (en)
la nouvelle loi unitaire	das neue einheitliche Gesetz
l'autorisation de l'IVG dans le délai des trois premiers mois de grossesse	die Fristenlösung (sg.)
l'IVG sur indication médicale ou sociale	das Indikationsmodell (sg.)

l'indication criminologique	die kriminologische Indikation
le viol	die Vergewaltigung (en)
violer	vergewaltigen
l'indication eugénique	die eugenische Indikation
l'indication médicale	die medizinische Indikation
l'indication sociale	die soziale Indikation
le centre de conseil spécialisé	die Beratungsstelle (n)
la consultation obligatoire	die Pflicht zur Beratung (sg.) ➢ die Zwangsberatung (en)
la protection de la vie en devenir	der Schutz des werdenden Lebens
la boîte à bébés	die Babyklappe (n)
confier son enfant à l'adoption	sein Kind zur Adoption frei/geben (a, e, hat)
punir	bestrafen
punissable, condamnable	strafbar
impuni, autorisé	straffrei
illégal, contraire au droit	rechtswidrig
l'adversaire de l'avortement	der Abtreibungsgegner (-)
aller à l'étranger	ins Ausland fahren (u, a, ist)
le "tourisme d'avortement"	der Abtreibungstourismus (sg.)
"mon ventre m'appartient"	„mein Bauch gehört mir"
la conception	die Empfängnis (sg.)
la contraception	die Empfängnisverhütung (en)
le contraceptif	das (Empfängnis)Verhütungsmittel (-)
la pilule	die Pille (n)
la régulation des naissances	die Geburtenregelung (en)
le planning familial	die Familienplanung (en)
le spécialiste	der Facharzt (¨e)
le gynécologue	der Gynäkologe (n, n)
la pilule abortive	die Abtreibungspille (n)
le médicament	das Medikament (e)
la préparation médicamenteuse	das Präparat (e)

l'avortement provoqué par médicament	der medikamentöse Abbruch (sg.)
la fausse couche provoquée	die eingeleitete Fehlgeburt
la fausse couche spontanée	die spontane Fehlgeburt
l'intervention chirurgicale	der chirurgische Eingriff
la méthode par aspiration	die Absaugmethode (n)
avec ménagement, avec douceur	schonend
le taux de mortalité élevé	die hohe Sterblichkeitsrate
la sécurité maximale	die höchste Sicherheit (sg.)
ne pas autoriser un médicament	ein Medikament zurück/halten (ie, a, hat)
autoriser un médicament	zu/lassen (ie, a, hat)
accepter un médicament	an/nehmen (a, o, hat)
refuser un médicament	ab/lehnen
le dilemme	das Dilemma (s / ta)
le dilemme éthique	das ethische Dilemma
avoir des scrupules	Bedenken haben (pl.)
les scrupules d'ordre éthique	ethische Bedenken (pl.)
les scrupules d'ordre juridique	rechtliche Bedenken (pl.)
les scrupules d'ordre politique	politische Bedenken (pl.)
un problème fortement controversé	ein hartumstrittenes Problem
le danger d'abus	die Missbrauchgefahr (sg.)
avorter de manière irréfléchie	leichtfertig ab/treiben (ie, ie, hat)
l'ignorance des effets à long terme	die unbekannten Langzeitfolgen (pl.)
l'utilisation dans le Tiers Monde	die Anwendung in der Dritten Welt

la politique familiale — die Familienpolitik

la ministre de la Famille	die Bundesfamilienministerin (-nen)
la politique démographique	die Bevölkerungspolitik (sg.)
un pays qui n'aime pas les enfants	ein kinderfeindliches Land
la démographie	die Demografie (sg.)
un taux de natalité très bas	eine sehr niedrige Geburtenrate
avoir de moins en moins d'enfants	immer weniger Kinder haben
sans enfant	kinderlos

la brave petite ménagère	das Heimchen am Herd
le modèle de la femme au foyer	das Hausfrauenmodell (sg.)
la mère qui travaille	die berufstätige Mutter
la mauvaise mère	die Rabenmutter (¨)
faire garder son enfant toute la journée	sein Kind den ganzen Tag betreuen lassen
confier à des mains étrangères	in fremde Hände geben (a, e, hat) ➢ die Fremdbetreuung (sg.)
la nourrice	die Tagesmutter (¨)
la garderie	die Kita (die Kindertagesstätte)
la crèche	die Krippe (n)
doubler les places à la crèche	der Krippenplätze verdoppeln
la fin d'un tabou	das Ende eines Tabus
la formation de l'enfant en bas âge	die frühkindliche Bildung
la chance d'accéder tôt à l'éducation	die Chance auf frühe Bildung
le développement précoce des enfants	die Frühentwicklung der Kinder
encourager l'apprentissage de la langue	die Sprache fördern
encadrer les enfants issus de l'immigration	Kinder mit Migrationshintergrund fördern
faire le choix d'avoir un enfant	sich für ein Kind entscheiden (ie, ie, hat)
l'allocation parentale	das Elterngeld (sg.)
le congé parental	die Elternzeit (sg.)
prendre un congé parental	eine Elternzeit nehmen (a, o, hat)
allier éducation des enfants et métier	Kindererziehung und Beruf vereinbaren
la répartition du travail à la maison	die Aufgabenverteilung zu Hause
une image différente de la famille	ein verändertes Familienbild

l'agenda 2010 — Agenda 2010

la réforme	die Reform (en)
un ensemble de réformes	ein Reformpaket (sg.)
réformer le système social	das Sozialsystem reformieren
réformer le marché du travail	den Arbeitsmarkt reformieren
la mesure d'économie	die Sparmaßnahme (n)
la réforme Hartz IV (marché du travail)	die Reform des Arbeitsmarktes (Hartz IV)

baisser le taux de chômage	die Arbeitslosenquote senken
baisser les charges salariales	die Lohnkosten senken
allocation chômage + aide sociale	Arbeitslosengeld II
le secteur des bas salaires	der Niedriglohnsektor (sg.)
le salaire minimum	der Mindestlohn (sg.)

la nouvelle pauvreté — die neue Armut

la discussion autour de la notion de pauvreté	die Armutsdebatte (n)
la nouvelle question sociale	die neue soziale Frage
la pauvreté infantile	die Kinderarmut (sg.)
l'enfant d'immigrés	das Migrantenkind (er) ➢ das Kind mit Migrationshintergrund
les classes inférieures	die Unterschicht (en)
le débat à propos des classes inférieures	die Unterschichten-Debatte
être touché par la pauvreté tout en travaillant	trotz Arbeit von Armut betroffen sein
être déconnecté de la société par la précarité	das abgehängte Prekariat
précaire	prekär
ne pas pouvoir subvenir à ses besoins	seinen Lebensunterhalt nicht bestreiten können
la répartition inégale de la prospérité	die ungleiche Verteilung des Wohlstandes
ascension des uns, chute des autres	Aufstieg der einen, Abstieg der anderen
Le fossé entre riches et pauvres se creuse.	Die Kluft zwischen arm und reich vertieft sich.
être peu cultivé	wenig gebildet sein
pas de formation professionnelle	keine berufliche Ausbildung
toucher un petit salaire	eine niedrige Bezahlung bekommen (a, o, hat)
avoir peur de perdre son emploi	Angst um den Job haben

la fin des tabous — das Ende der Tabus

❖ l'armée fédérale allemande — ❖ die Bundeswehr

assumer plus de responsabilités	mehr Verantwortungen übernehmen (a, o, hat)
l'intervention allemande à l'étranger	der deutsche Auslandseinsatz

s'engager pour la paix mondiale	sich für den Weltfrieden ein/setzen
le casque bleu allemand	der deutsche Blauhelm
l'OTAN	die NATO
les forces d'intervention	die Interventionskräfte (pl.)
la défense	die Verteidigung (sg.)
le ministre de la Défense	der Verteidigungsminister (-)
accomplir son service militaire	Wehrdienst leisten
le service militaire obligatoire	die Wehrpflicht (sg.)
la recrue	der Rekrut (en, en)
le service civil	der Zivildienst (sg.) ➢ der Ersatzdienst (sg.)
l'objecteur de conscience	der Kriegsdienstverweigerer (-) ➢ der Wehrdienstverweigerer (-)
la modernisation de l'armée allemande	die Modernisierung der Bundeswehr
l'armée de métier	die Berufsarmee (sg.)
le soldat d'élite	der Elitesoldat (en, en)
une troupe d'intervention rapide	eine schnelle Eingreiftruppe
extrêmement mobile	hochmobil
extrêmement moderne	hochmodern
les armes les plus modernes	die modernsten Waffen
les femmes dans l'armée fédérale	Frauen in der Bundeswehr
l'égalité totale	die vollständige Gleichstellung
la femme pilote	die Pilotin (nen)
la femme mécanicien auto	die Kfz-Mechanikerin (nen)
l'intervention armée	der Kampfeinsatz mit der Waffe
un bouleversement révolutionnaire	eine revolutionäre Umwälzung
la modification de la Loi fondamentale	die Veränderung des Grundgesetzes
redéfinir la défense nationale	die nationale Verteidigung neu definieren
lutte contre le terrorisme à l'intérieur du pays	Terrorismusabwehr im Innern
faire intervenir l'armée à l'intérieur du pays	die Bundeswehr im Innern ein/setzen
la sécurité de l'État	die Staatssicherheit (sg.)
la sécurité intérieure	die innere Sicherheit

une nouvelle réglementation juridique	eine rechtliche Neuregelung
le renforcement des lois de sécurité	die Verschärfung der Sicherheitsgesetze
un climat de peur	ein Klima der Angst
la peur d'un attentat atomique	die Angst vor atomarem Anschlag
le pilote kamikaze	der Todespilot (en)
la sécurité aérienne	die Luftsicherheit (sg.)
l'état d'urgence	der Notstand (sg.)
ordonner la destruction de l'avion	den Abschuss der Maschine befehlen (a, o, hat)

❖ la quête de l'excellence	**❖ die Exzellenzinitiative**
l'étude PISA	die PISA-Studie (n) (programm for international student assessment)
le choc suite aux résultats de PISA	der Pisa-Schock (sg.)
l'étude IGLU	die IGLU-Studie (Internationale Grundschul-Lese-Untersuchung)
une comparaison au niveau international	ein internationaler Vergleich
la comparaison entre les Länder	der Bundesländervergleich (sg.)
des compétences médiocres	mangelnde Kompetenzen
des élèves peu performants	leistungsschwache Schüler
la carence du système éducatif	der Bildungsnotstand (sg.)
introduire un système éducatif standard	ein einheitliches Bildungssystem ein/führen
permettre de surmonter ses origines sociales	die soziale Herkunft überbrücken helfen
avoir le courage de l'élitisme	Mut zu elitärem Denken haben
l'université de pointe	die Spitzenuniversität (en)
recompenser des universités d'élite	Elite-Universitäten belohnen
promouvoir le supérieur et la recherche	Hochschulen und Forschung fördern
organiser des concours	Wettbewerbe organisieren
inventer des concepts pour l'avenir	Zukunfstkonzepte erfinden (a, u, hat)
pour la recherche fondamentale	in der Grundlagenforschung
pour la technologie de pointe	in der Spitzentechnologie

❖ **le nouveau sentiment patriotique**	❖ **der neue Patriotismus**
le nouveau pape	der neue Papst
un pape allemand	ein deutscher Papst
un test dans un pays en mutation	ein Prüfstein für ein Land im Umbruch
le championnat du monde de foot	die Fußallweltmeisterschaft (en)
"Le monde en visite chez des amis"	„Die Welt zu Gast bei Freunden"
le drapeau allemand	die deutsche Flagge
noir, rouge, or, les couleurs de la démocratie	schwarz-rot-gold, die Farben der Demokratie
la meilleure part du passé allemand	der bessere Teil der deutschen Vergangenheit
être fier de son pays	stolz auf sein Land sein
"J'aime mon pays"	„Ich liebe mein Land"
un nouveau sentiment de communauté	ein neues „Wir-Gefühl"
l'amour de son pays	die Vaterlandsliebe (sg.)
l'identité nationale	die nationale Identität
s'affirmer par l'image et le mot	optisch und sprachlich dazu stehen
l'enracinement dans son pays	heimatliche Verwurzelung
se reconnaître dans les symboles nationaux	sich zu nationalen Symbolen bekennen
des signes forgeant une identité	identitätsstiftende Merkmale
un pays accueillant	ein gastfreundliches Land

3. L'Union européenne

La CE fut conçue dans un premier temps comme un immense marché. Les pères fondateurs voulurent lier économiquement les pays européens par des institutions communes. La politique européenne a fait des progrès durant toutes ces années ; d'autres se feront encore. En effet, l'Europe ne doit pas uniquement être un marché intégré, elle doit également être harmonisée financièrement, politiquement, militairement et socialement. L'Europe doit devenir un espace sans frontières — sans frontières physiques —, mais aussi sans frontières techniques et culturelles : ceci pourrait susciter un rapide essor économique des pays membres. Toutefois certains pays ne souhaitent toujours pas intégrer la zone euro. Des domaines comme l'agriculture et la culture, qui sont les vraies racines d'un pays, posent un réel problème, la politique agricole étant souvent source de désaccords profonds, la culture d'un pays membre de l'Union ne restant que trop souvent une grande inconnue pour les autres. Les projets des technocrates sont certes ambitieux, mais on peut se demander si les peuples pensent en Européens. Beaucoup de citoyens européens ne se sentent pas directement concernés : ce vide idéologique conduit à une lassitude, voire à un rejet de la politique européenne car le sentiment de cohésion manque. Seule une éducation européenne pourrait donner une âme à l'Europe.

3. Die Europäische Union

Die EG war zuerst als ein riesiger Markt gedacht. Die Gründerväter wollten durch gemeinsame Institutionen die europäischen Länder wirtschaftlich miteinander verbinden. Die Europapolitik hat in all den Jahren Fortschritte gemacht, weitere werden folgen. Denn Europa soll nicht nur ein Binnenmarkt sein, sondern auch finanziell, politisch, militärisch und sozial vereinheitlicht werden. Europa muss ein Raum ohne Grenzen werden, ohne physische Grenzen, aber auch ohne technische und kulturelle Grenzen. Dies könnte einen raschen wirtschaftlichen Aufschwung der Mitgliedstaaten mit sich bringen. Einige Länder verweigern es immer noch, in die Eurozone einzutreten. Bereiche wie die Landwirtschaft und die Bildung, die die eigentlichen Wurzeln eines Landes bedeuten, bereiten Schwierigkeiten, da die Landwirtschaftspolitik einerseits oft die Ursache tiefgründiger Meinungsverschiedenheiten ist und andererseits die Kultur eines Mitgliedstaates für die anderen eine große Unbekannte bleibt. Die Pläne der Eurokraten sind zwar ehrgeizig, aber es bleibt die Frage, ob die europäische Bevölkerung auch europäisch denkt. Viele europäische Bürger fühlen sich nicht direkt angesprochen: das Fehlen von Ideologie führt zu Europamüdigkeit, sogar zu der Verwerfung der EU-Politik, denn das notwendige Zusammengehörigkeitsgefühl kommt nicht auf. Nur eine Erziehung zu europäischem Denken könnte Europa eine Seele verleihen.

l'Europe	Europa
l'Européen	der Europäer (-)
européen (adj.)	europäisch
à l'échelle européenne	europaweit
l'UE	die EU
l'Union européenne	die Europäische Union
les pères fondateurs	die Gründerväter (pl.)
les traités de Rome	die Römischen Verträge (pl.)
la Communauté européenne du charbon et de l'acier (la C.E.C.A.)	die Montanunion (die EGKS)
Euratom (Communauté européenne de l'énergie atomique)	Euratom
l'Association européenne de libre-échange	die europäische Freihandelszone
l'Europe des 27	das Europa der 27
les vingt-sept États membres	die siebenundzwanzig Mitglied(s)staaten
l'élargissement de l'UE	die EU-Erweiterung
les dix nouveaux pays	die zehn neuen Länder
demander des efforts	Mühe kosten
de nouveaux débouchés	neue Absatzmärkte
plus de ressources minières	mehr Bodenschätze
développer l'impact au niveau international	die internationale Bedeutung aus/bauen
un contrepoids face à la Chine et à l'Inde	ein Gegengewicht zu China und Indien
le combat contre la corruption	der Kampf gegen die Korruption
le crime organisé	die organisierte Kriminalität
de nouveaux défis	neue Herausforderungen

les institutions — die Institutionen

le Conseil de l'Europe	der Europarat
le Parlement européen	das Europaparlament
la Commission de Bruxelles	die Brüsseler Kommission
la Cour de justice européenne	der Europäische Gerichtshof
le Comité économique et social	das wirtschaftliche und soziale Komitee
la Cour des comptes	der Rechnungshof

la Banque européenne d'investissement	die Europäische Investitionsbank
le président de la Commission	der EU-Kommissionspräsident
le ministre européen des Affaires étrangères	der EU-Außenminister (-)
le commissaire européen	der EU-Kommissar (e)
le député européen	der Europa-Abgeordnete (n) *adj. subst.*

la politique européenne — die Europapolitik

le sommet européen	der Europagipfel (-)
la conférence au sommet	die Gipfelkonferenz (en)
la rencontre au sommet	das Gipfeltreffen (-)
la déclaration au sommet	die Gipfelerklärung (en)
l'échiquier européen	das europäische Kräftespiel (sg.)
l'imbrication des intérêts	die Interessenverflechtung (en)
la coordination des politiques nationales	die politische Koordinierung der Nationalstaaten
la subsidiarité	die Subsidiarität (sg.)
le principe de subsidiarité	das Subsidiaritätsprinzip (sg.)
la consultation franco-allemande	die deutsch-französische Konsultation
le droit de codécision	das Mitentscheidungsrecht (sg.)
les compétences de l'UE	die EU-Kompetenzen (pl.) ➢ die EU-Zuständigkeit (sg.)
le droit européen	das EU-Recht
la législation européenne	die Gemeinschaftsgesetzgebung (sg.)
la Charte européenne des droits fondamentaux	die EU-Grundrechtecharta
la directive	die Richtlinie (n)
le décret, la résolution	der Beschluss (¨e)
l'arrêté, le décret, le règlement	die Verordnung (en)
le traité, l'accord	der Vertrag (¨e)
l'accord de Maastricht	der Vertrag von Maastricht
signer un accord	einen Vertrag unterzeichnen
les accords de Schengen	das Schengener Abkommen
l'élargissement de l'espace Schengen	die Ausweitung des Schengenraums
supprimer les contrôles douaniers	die Grenzkontrollen ab/schaffen

supprimer les contrôles à l'aéroport	die Kontrollen bei Flügen ab/bauen
un symbole fort pour des millions de gens	eine hohe Symbolkraft für Millionen Menschen
une plus grande liberté de circuler	eine erweiterte Reisefreiheit
stimuler l'économie	die Wirtschaft beleben
tonifier le commerce	den Handel stärken
dissiper les ressentiments	Ressentiments ab/bauen
de nouvelles menaces de l'extérieur	neue Bedrohungen von außen
des contrôles sévères aux frontières extérieures	strenge Kontrollen an den Außengrenzen
la protection des frontières	der Grenzschutz (sg.)
les normes européennes	die europäischen Normen
échanger les données biométriques	biometrische Daten aus/tauschen
comparer images et empreintes numériques	digital gespeicherte Bilder und Fingerabdrücke vergleichen (i, i, hat)
le danger de corruption	die Korruptionsgefahr (sg.)
le combat contre la corruption	der Kampf gegen die Korruption
le crime organisé	die organisierte Kriminalität
la montée de la criminalité	das Steigen der Kriminalität

le marché unique — der Binnenmarkt

l'Union économique et monétaire	die Wirtschafts- und Währungsunion
l'Espace économique européen	der europäische Wirtschaftsraum
un marché gigantesque	ein Riesenmarkt (sg.)
l'intégration économique européenne	die EU-Marktintegration (sg.)
le bloc commercial	der Handelsblock (¨e)
la libre circulation	der freie Verkehr (sg.)
– des personnes	– der Personen (pl.)
– des biens	– der Güter (pl.)
– des capitaux	– des Kapitals (sg.)
– des services	– der Dienstleistungen (pl.)
l'harmonisation des impôts	die Angleichung der Steuern
– des droits de douane	– der Zölle
– des tarifs	– der Tarife
l'Europe sans frontières	das grenzenlose Europa

l'Europe sans barrières	das schrankenlose Europa
l'espace sans frontières intérieures	der Raum ohne Binnengrenze
la fin des barrières – *des barrières physiques* – *des barrières techniques* – *des barrières fiscales*	das Ende der Hindernisse – der physischen Hindernisse – der technischen Hindernisse – der steuerlichen Hindernisse
la politique commune – *pour le commerce* – *pour la concurrence* – *pour l'agriculture* – *pour la pêche* – *pour le transport*	die gemeinsame Politik – im Bereich des Handels – im Bereich des Wettbewerbs – im Bereich der Landwirtschaft – im Bereich der Fischerei – im Bereich des Verkehrs
les ressources collectives	die kollektiven Ressourcen
une aide contre la concurrence japonaise et américaine	eine Hilfe zur Bekämpfung der Konkurrenz aus Japan und den USA
le développement de la production	die Entwicklung der Produktion
l'innovation des entreprises	die Innovation der Unternehmen
la baisse des coûts	die Kostensenkung (en)
la création d'emplois	die Arbeitsplatzbeschaffung (en)
l'harmonisation des normes et des standards	die Angleichung von Normen und Standards

l'intégration monétaire — die monetäre Integration

le serpent monétaire	die Währungsschlange
l'euro	der Euro (-)
la monnaie européenne	die europäische Währung (sg.) ➢ die Eurowährung (sg.)
la monnaie unique	die Einheitswährung (sg.) ➢ die einheitliche Währung (sg.)
le système monétaire européen	das europäische Währungssystem (EWS)
l'Union monétaire européenne	die europäische Währungsunion (EWU)
la suppression des monnaies nationales	die Abschaffung der nationalen Währungen
les intérêts en euro	die Euro-Zinsen (pl.)

définir les taux de change	die Wechselkurse fest/legen ➢ die Umtauschverhältnisse fest/schreiben (ie, ie, hat)
les fixer de manière irréversible	sie unwiderruflich fixieren
l'ajustement monétaire	die Währungsangleichung (en)
la zone euro	die Eurozone (sg.)

❖ les conditions de l'ajustement — ❖ die Bedingungen zur Angleichung

la stabilité monétaire	die Währungsstabilität (sg.)
la réduction de la dette publique	die Reduzierung der Staatsverschuldung
la réduction du déficit budgétaire	die Reduzierung des Haushaltsdefizits
tenir compte de l'évolution du développement	die Entwicklungstendenz berücksichtigen

les finances de l'UE — die europäischen Finanzen

le budget de l'UE	der EU-Haushalt (sg.)
le financement	die Finanzierung (en)
les recettes de l'UE	die EU-Einnahmen (pl.)
augmenter les recettes	die Einnahmen auf/stocken
le prélèvement agricole	die Agrarabschöpfung (en)
les taxes douanières	die Zollabgaben (pl.)
les taxes sur la valeur ajoutée	das Mehrwertsteueraufkommen (sg.)
les taxes selon le produit national brut	die Abgaben entsprechend dem Bruttosozialprodukt
les dépenses de l'UE	die EU-Ausgaben (pl.)
endiguer le flot des dépenses	die Ausgabenflut ein/dämmen
financer la multiplication des tâches	die wachsenden Aufgaben finanzieren

❖ la crise financière — ❖ die Finanzkrise

le problème financier	das Finanzproblem (e)
le risque de récession	das Risiko der Rezession
la crise boursière	der Börsencrash (sg.) ➢ die Börsenkrise (n)
le gardien de la monnaie	der Währungshüter (-)
la querelle financière dans l'UE	der Finanzstreit der EU

se mettre d'accord sur le plan de financement	sich auf die Finanzplanung einigen
exiger des contributions plus élevées	höhere Beiträge fordern
l'impôt européen	die Eurosteuer (sg.)
faire rentrer l'impôt européen	die Eurosteuer ein/treiben (ie, ie, hat)
l'impôt européen sur l'énergie	die europäische Energiesteuer
la réorganisation des finances de l'UE	die Neuordnung der EU-Finanzen
l'assainissement du budget de l'UE	die Sanierung des EU-Etats
le fond de cohésion	der Kohäsionsfonds (sg.)

la politique agricole commune — die gemeinsame Agrarpolitik

la garantie de l'approvisionnement	die Sicherung der Versorgung
la modernisation	die Modernisierung (en)
la libre circulation des produits agricoles	der freie Verkehr der Agrarprodukte
l'excédent agricole	der Agrarberg (e) ➢ der Agrarüberschuss (¨e)
les excédents augmentent	die Überschüsse steigen (ie, ie, ist)
la surproduction	die Überproduktion (sg.)
l'entrepôt	die Lagerhalle (n)
stocker	lagern
la chambre froide	das Kühlhaus (¨er)
le réfrigérateur	der Kühlschrank (¨e)
réduire, diminuer	ab/bauen
écouler, vendre	ab/setzen
gaspiller	verschleudern ➢ vergeuden

❖ la limitation de la production — ❖ die Beschränkung der Produktion

éliminer les excédents	die Überschüsse beseitigen
la baisse des prix agricoles	die Senkung der Agrarpreise
la disparition des exploitations non rentables	das Ausscheiden unrentabler Betriebe
le programme d'extensification	das Extensivierungsprogramm (e)
la réglementation par des quotas	die Mengenanpassung (en)

les quotas de production	die Produktionsquote (n)
les quotas laitiers	die Milchquote (n)
les quotas sur la viande	die Fleischquote (n)
le gel des terres	die Flächenstilllegung (en)
mettre en jachère	brach legen
être en jachère	brach liegen (a, e, hat)
❖ la détresse sociale	**❖ die soziale Not**
l'inégalité des revenus	der Einkommensunterschied (e)
la perte de revenus	die Einkommenseinbuße (n) ➢ der Einkommensverlust (e)
le montant compensatoire	der Einkommensausgleich (e) ➢ der Ausgleichbetrag (¨e)
le versement compensatoire	die Ausgleichzahlung (en)
la garantie des prix et des ventes	die Preis- und Absatzgarantie (sg.)
le prix garanti	der Garantiepreis (e)
le prix fixé	der festgesetzte Preis
la subvention	die Subvention (en)
être tributaire des subventions	am Subventionstropf hängen (i, a, hat)
la lourde charge financière	der hohe Finanzaufwand (sg.)
limiter l'économie de marché	die Marktwirtschaft ein/schränken
le GATT	das GATT-Abkommen
l'accord général sur les tarifs douaniers et le commerce	der Rat des Allgemeinen Zoll- und Handelsabkommens (sg.)
l'Uruguay Round	die Uruguay-Runde (sg.)

de nouvelles perspectives — neue Perspektiven

un changement soudain de la demande	eine plötzliche Wende in der Nachfrage
une branche économique qui a de l'avenir	ein Wirtschaftszweig mit Zukunft
une très forte demande	eine sehr hohe Nachfrage
les stocks européens s'amenuisent	die europäischen Lager schrumpfen
les denrées alimentaires se raréfient	die Nahrungsmittel werden knapp
une population européenne croissante	eine zunehmende EU-Bevölkerung

un niveau de vie de plus en plus élevé	ein steigender Wohlstand
des matières premières manquent	Rohstoffe fehlen
une nouvelle utilisation des matières premières	eine neue Verwendung der Rohstoffe
les biocarburants	die Biokraftstoffe

les perspectives européennes	**die europäischen Perspektiven**
le concept européen	das Europakonzept (sg.)
la tendance proeuropéenne	der Euro-Trend (sg.)
la technocratie	die Technokratie (sg.)
le technocrate	der Technokrat (en, en)
l'eurocrate	der Eurokrat (en, en)
l'eurosclérose	die Eurosklerose (sg.)
la lassitude face à l'Europe	die Europamüdigkeit (sg.)
"l'eurostratège"	der Eurostratege (n, n)
la structure supranationale	das supranationale Gefüge
Bruxelles, ville supranationale	das supranationale Brüssel
lourd	schwerfällig
la forteresse européenne	die Festung Europa
renforcer ses frontières	sich ab/schotten
se protéger de qch / se fermer à qch	sich ab/schotten gegen + A.
l'hégémonie nationale	die nationale Hegemonie
la zone de protection nationale	der nationale Schutzraum

❖ le trouble-fête de l'Europe	**❖ der Europastörenfried**
abandonner, se retirer	aus/steigen (ie, ie, ist)
le "hors-jeu", la marginalité en Europe	das europäische Abseits
la clause d'exception pour les Britanniques, les Danois	die Ausnahmeklausel für die Briten, die Dänen
tenir à la livre	am Pfund fest/halten (ie, a, hat)
tenir fermement au mark allemand	auf der Beibehaltung der DM beharren
des mouvements de protestation croissants	wachsende Proteste (pl.)
la résistance des populations	der Widerstand der Bevölkerungen
le "non" à la Constitution européenne	das Nein zur EU-Verfassung

le référendum	die Volksabstimmung (en)
le rejet	die Ablehnung (sg.)
❖ l'adhésion de la Turquie	**❖ der Beitritt der Türkei**
de nombreux obstacles	viele Hürden
la démocratisation	die Demokratisierung (sg.)
le seul pays musulman en Europe	das einzige islamische Land in Europa
la crainte de l'intégrisme	die Angst vor dem Fundamentalismus
la perte des traditions chrétiennes	der Verlust der christlichen Traditionen
la crise identitaire dans l'UE	die Identitätskrise in der EU
la lutte des cultures	der Kampf der Kulturen
de gros coûts d'harmonisation	hohe Anpassungskosten
la peur d'une immigration massive	Angst vor massiver Einwanderung
un enrichissement	eine Bereicherung
l'élargissement identitaire de l'UE	die Identitätserweiterung der EU
une histoire commune	eine gemeinsame Geschichte
une nouvelle dynamique pour l'économie	eine neue Dynamik für die Wirtschaft
démocratiser l'islam	den Islam demokratisieren
l'abolition de la peine de mort	die Abschaffung derTodesstrafe
une base militaire	ein militärischer Stützpunkt
paix et sécurité au Proche-Orient	Frieden und Sicherheit im Nahen Osten
un partenaire politique précieux	ein wertvoller politischer Partner
une meilleure intégration des musulmans en Europe	eine bessere Integration der Moslems in Europa
❖ l'Europe bureaucratique	**❖ das bürokratische Europa**
le vide	die Leere (sg.)
l'absence de contenu et d'idéologie	das Fehlen von Inhalt und Ideologie
l'âme	die Seele (n)
sans âme	seelenlos
la quête de l'identité	die Identitätssuche (sg.)
la nouvelle barbarie	die neue Barbarei
les ennemis de l'intérieur	die Feinde im Innern

la criminalité	die Kriminalität (sg.)
la drogue	die Droge (n)
l'urbanisation croissante	die wachsende Verstädterung
culture et formation insuffisantes	mangelnde Bildung und Ausbildung

❖ la politique commune

❖ die gemeinsame Politik

être pris au sérieux sur la scène internationale	auf der Weltbühne ernst genommen werden
l'élargissement	der Ausbau (sg.) ➢ die Ausweitung (en)
l'élargissement de la Communauté	die Erweiterung um neue Mitglieder
les élargissements de l'UE *l'élargissement au nord* *l'élargissement au sud* *l'élargissement à l'est*	die EU-Erweiterungen die Norderweiterung die Süderweiterung die Osterweiterung
le candidat à l'adhésion	der Beitrittskandidat (e)
entrer dans l'UE	der EU bei/treten (a, e, ist)
l'adhésion d'autres pays	die Aufnahme weiterer Länder
les futurs membres	die zukünftigen Mitglieder
l'augmentation du nombre des pays membres	die Erhöhung der Zahl der Mitgliedstaaten
l'élargissement à l'Est	die Osterweiterung
plus de partenaires que jamais auparavant	mehr Partner als je zuvor
la réglementation transitoire	die Übergangsregelung (en)
reformuler les textes	die Texte neu gestalten
le fondement institutionnel	die institutionelle Grundlage
des partenaires égaux en droits	gleichberechtigte Partner
la coopération militaire	die militärische Zusammenarbeit (sg.)
la troupe d'intervention européenne	die EU-Eingreiftruppe
les soldats européens	die Euro-Soldaten (pl.)
la solidarité lors de catastrophes	die Katastrophenhilfe (sg.)
l'envoi d'observateurs	die Entsendung von Beobachtern
le convoi d'aide alimentaire	der Nahrungstransport (e)
la mobilisation de moyens	die Mobilisierung von Mitteln

l'élargissement des droits du Parlement	die Verstärkung der Parlamentsrechte
la démocratisation des institutions	die Demokratisierung der Institutionen
le scrutin majoritaire	die Mehrheitsabstimmung (en)
céder des compétences	Kompetenzen ab/geben (a, e, hat)
renoncer à la souveraineté	die Souveränität ab/treten (a, e, hat)
le principe de souveraineté	das Souveränitätsprinzip (sg.)
la fédération européenne	die europäische Föderation
une fédération d'États-nations	eine Föderation der Nationalstaaten
l'État fédéral européen	der europäische Bundesstaat
élire un président européen	einen europäischen Präsidenten wählen
la perspective d'une unification politique	die Aussicht auf die Politische Union
l'union politique européenne	die Europäische Politische Union (EPU)
la politique extérieure commune	die gemeinsame Außenpolitik
la politique commune de la défense	die gemeinsame Sicherheitspolitik
l'union monétaire européenne	die Europäische Monetäre Union (EMU)
la banque centrale européenne (BCE)	die Europäische Zentralbank (EZB)
la politique commune d'immigration et de droit d'asile	die gemeinsame Einwanderungs- und Asylpolitik
la politique des visas	die Visapolitik
la charte des droits fondamentaux	die Charta der Grundrechte
la politique énergétique de l'UE	die europäische Energiepolitik
la politique communautaire des déchets	die gemeinsame Abfallpolitik
l'harmonisation du marché du médicament	die Angleichung des Pharmamarktes
l'harmonisation de la législation vétérinaire et phytosanitaire	die Angleichung in der Tier- und Pflanzenschutzgebung

❖ la politique sociale communautaire — ❖ die europäische Sozialpolitik

la charte sociale communautaire	die EU-Sozialcharta (sg.)
la collaboration de la police et de la justice	die Zusammenarbeit der Polizei und der Justiz
le principe de cohésion	der „Kohäsions"-Grundsatz (sg.)
l'équilibre entre le Nord et le Sud	der Ausgleich zwischen Nord und Süd
l'aide au développement à l'Est	die Entwicklungshilfe im Osten

le transfert financier	der Finanztransfer (sg.)
favoriser l'emploi	die Beschäftigung fördern
améliorer les conditions de vie et de travail	die Lebens-und Arbeitsbedingungen verbessern
garantir l'égalité des chances	die Chancengleichheit garantieren
un niveau de protection sociale élevé	ein hohes Sozialschutzniveau
combattre toute forme de discrimination	jegliche Diskriminierung bekämpfen

❖ l'Europe culturelle — ❖ das kulturelle Europa

l'ordre nouveau	die neue Ordnung ➢ das neue Ordnungsgefüge
l'ère postnationale	die postnationale Ära
la volonté de construire l'Europe	der Wille zu Europa
insuffler une nouvelle vie à la politique	der Politik neues Leben ein/geben (a, e, hat)
redynamiser l'Europe	der Politik neuen Schwung geben (a, e, hat)
se fixer des buts	sich Ziele setzen
une Europe unie et libre	ein ungeteiltes und freies Europa
le sentiment de cohésion	das Zusammengehörigkeitsgefühl (sg.)
l'éducation européenne	die Erziehung zu europäischem Denken
penser en Européen	europäisch denken (a, a, hat)
se familiariser avec les autres pays membres	sich mit den anderen EU- Ländern vertraut machen
apprendre plus de langues	mehr Sprachen lernen
maîtriser le nombre croissant de langues	die steigende Zahl der Sprachen bewältigen
lire la littérature européenne	die europäische Literatur lesen
apprendre l'Histoire commune	die gemeinsame Geschichte lernen
l'échange scolaire	der Schüleraustausch (sg.)
apprendre la solidarité	solidarisches Verhalten erlernen

4. La société numérique

La numérisation des données, le développement extraordinaire des réseaux informatiques et d'Internet bouleversent complètement notre société du vingt et unième siècle.

Les règles classiques de l'économie et de la production volent en éclats. La société industrielle va peu à peu être remplacée par la société informationnelle. Les mentalités pourraient en être modifiées. L'émergence de l'individu, rapide et flexible — qui n'aurait plus besoin d'intermédiaire pour faire des affaires, se cultiver ou se distraire — pourrait provoquer la dématérialisation des échanges, et, à plus long terme, la décentralisation du pouvoir. L'État, dont la souveraineté sera probablement fortement restreinte, devra être redéfini.

L'argent deviendra immatériel, les notions d'espace et de temps n'auront plus la même définition. L'information a déjà une grande valeur marchande.

Libérées de l'infrastructure, ces nouvelles technologies seront peut-être une planche de salut pour les pays du Tiers Monde, qui pourraient raccrocher leur économie à celle des pays développés.

Néanmoins, les écueils sont nombreux. Outre les problèmes techniques, la société informationnelle sera confrontée à une nouvelle forme de criminalité, le réseau facilitant les affaires des criminels par le cryptage des données qui devrait assurer la protection de la sphère privée des citoyens.

Outil de la liberté planétaire, le réseau doit rester libre et ouvert à tous. C'est pourquoi il est difficilement contrôlable et les informations pourraient être manipulées encore plus facilement qu'elles ne le sont déjà aujourd'hui. Il devra donc être protégé par des lois nouvelles et surtout par la "nétiquette", c'est-à-dire par la discipline de tous les internautes qui pratiqueront l'entraide et l'autocensure.

4. Die digitale Gesellschaft

Die Digitalisierung der Daten, die außerordentliche Entwicklung von Datennetz und Internet verwandeln die Gesellschaft des einundzwanzigsten Jahrhunderts völlig.

Die klassischen Regeln der Wirtschaft und der Produktion werden unbrauchbar. Die Industriegesellschaft wird allmählich durch die Informationsgesellschaft ersetzt werden. Die Denkweisen könnten sich dadurch verändern. Der Aufstieg des flexiblen und autonomen Individuums, das keinen Vermittler mehr nötig hätte, um Geschäfte abzuwickeln, sich zu bilden oder zu zerstreuen, könnte die Entmaterialisierung des zwischenmenschlichen Austausches und auf längere Sicht die Dezentralisierung der Macht zur Folge haben. Der Staat, dessen Souveränität wahrscheinlich stark eingeschränkt sein wird, wird neu definiert werden müssen.

Geld wird immateriell sein, die Begriffe Raum und Zeit werden nicht mehr auf dieselbe Weise zu definieren sein. Informationen haben bereits heute einen hohen kommerziellen Wert.

Diese neuen von Infrastruktur unabhängigen Technologien sind vielleicht ein Sprungbrett für die Länder der Dritten Welt, die ihre Wirtschaft an die der hochentwickelten Länder koppeln könnten.

Die Gefahren sind jedoch zahlreich. Von den technischen Problemen mal abgesehen, wird die Informationsgesellschaft mit einer neuen Kriminalität konfrontiert sein, da das Datennetz durch die Datenverschlüsselung, die anfangs die Privatsphäre der Bürger schützen sollte, kriminelle Geschäfte erleichtert.

Das Datennetz, ein Instrument der weltweiten Kommunikationsfreiheit, muss offen und für alle zugänglich bleiben. Es ist deshalb schlecht kontrollierbar, und die Informationen könnten noch leichter als heute manipuliert werden. Es wird durch neue Gesetze und insbesondere durch die „Netiquette", das heißt durch die Disziplin aller Cybernauten, ihre gegenseitige Hilfe und ihre Selbstkontrolle, geschützt werden müssen.

l'autoroute de l'information	die Datenautobahn (sg.)
l'inforoute	die Infobahn (sg.)
la transmission	die Übertragung von
– d'images	– Bildern
– de textes	– Text
– de sons	– Ton
l'ère de l'ordinateur	das Computerzeitalter (sg.)
de nouveaux appareils	neue Geräte
libérer les appareils de leurs contraintes	die Geräte von ihren Zwängen befreien
de nouvelles caractéristiques	neue Eigenschaften
– la vitesse	– die Geschwindigkeit (sg.)
– l'intelligence	– die Intelligenz (sg.)
– l'adaptabilité	– die Anpassungsfähigkeit (sg.)
– la puissance	– die Leistung (en)
– la miniaturisation	– die Miniaturisierung (en)
la révolution numérique	die digitale Revolution
de rapides changements	schnelle Veränderungen
de nouvelles techniques de communication	neue Kommunikationstechniken
la communication électronique	die elektronische Kommunikation
le passeport électronique	der elektronische Pass ➢ der ePass
la carte électronique de santé	die elektronische Gesundheitskarte
le télétravail	die Telearbeit (sg.)
la formation a de plus en plus de poids	die Ausbildung hat immer mehr Gewicht
l'importance de la flexibilité	die Wichtigkeit der Flexibilität
devoir réagir très vite	blitzschnell reagieren müssen
la fin de la stabilité	das Ende der Stabilität
la fragilité des biens	die Vergänglichkeit der Güter
de courte durée	von kurzer Lebensdauer
vieillir rapidement	schnell veralten
de nouveaux modes de paiement	neue Zahlungsmittel
les cartes de crédit	die Kreditkarten
la carte à puce	die Chipkarte (n)
la carte à puce universelle	die Super-Chipkarte (n)

la bande magnétique	der Magnetstreifen (-)
l'argent liquide	das Bargeld (sg.)
payer sans (argent) liquide	bargeldlos bezahlen
remplacer l'argent liquide	das Bargeld ersetzen
les terminaux bancaires	die Bankterminals
la billetterie, le guichet automatique	der Geldautomat (en)

la télévision — das Fernsehen

le téléviseur	der Fernseher (-)
le téléviseur grand écran	der Großbildfernseher (-)
regarder la télévision	fern/sehen (a, e, hat)
la télédiffusion	die Fernsehübertragung (en)
la télécommande	die Fernbedienung (en)
le zapping	das Zappen (sg.) *pron. angl.*
zapper	zappen *pron. angl.*
le magnétoscope	der Videorekorder (-)
le lecteur DVD	der DVD-Player (-) ➢ der DVD-Rekorder (-)
la télévision numérique	das digitale Fernsehen ➢ das Digital-TV
numériser	digitalisieren
les signes numériques	die digitalen Signale
les signes analogiques	die analogen Signale
transformer les signes numériques en signes analogiques	digitale Signale in analoge Signale um/wandeln
la transmission numérique des données	die digitale Übertragung von Daten
le câble	das Kabel (-)
la télévision par câble	das Kabelfernsehen (sg.)
le satellite	der Satellit (en)
la télévision par satellite	das Satellitenfernsehen (sg.)
transmettre par satellite	über Satellit senden
diffuser *– par satellite et câble*	aus/strahlen – über Satellit und Kabel

– *par ligne téléphonique ou réseau câblé*	– durch Telefonleitung oder Kabelnetz
l'écran plat	der flache Bildschirm
l'écran à cristaux liquides	der LCD-Bildschirm
la télévision haute définition	das High Definition TV (HDTV) *pron. angl.*
la télévision sur portable	das Handy-TV
une nouvelle technique	eine neue Technik
des appareils onéreux	teure Geräte
un nouveau marché	ein neuer Markt

❖ la télévision interactive / ❖ das interaktive Fernsehen

la télévision gratuite	das frei empfangbare Fernsehen ➢ Free-TV *pron. angl.*
la télévision à péage	das Abonnentenfernsehen ➢ das Pay-TV *pron. angl.*
être abonné	abonniert sein
le décodeur	der Decoder (-)
la télévision "libre-service"	das Selbstbedienungs-TV
choisir un film	sich einen Film aus/suchen
demander des films	Filme ab/rufen (ie, u, hat)
des vidéos à la demande	Videos auf Abruf / auf Bestellung
le client télévisuel	der TV-Kunde (n)
une nouvelle offre de programmes	das neue Programmangebot
une nouvelle politique des médias	eine neue Medienpolitik
le programme interactif	das interaktive Programm
participer à la programmation	an der Programmgestaltung mit/wirken
participer à des émissions de jeux	sich an Spielshows beteiligen
la télévision avec accès à Internet	TV mit Internet-Zugang ➢ das Web-TV
le disque compact	die CD (die Compact Disc)
le lecteur compact	der CD-Player (-)

❖ **la puce antiviolence**	❖ **der Anti-Gewalt-Chip**
le V-chip	der „V-Chip“
en équiper le téléviseur	den Fernseher damit aus/statten
équiper	aus/statten mit + D.
filtrer les programmes	die Programme durch/sehen (a, e, hat)
le logo visuel	das visuelle Logo
bloquer l'émission	die Sendung sperren
le contrôle librement consenti	die freiwillige Selbstkontrolle (FSK)
la protection de l'enfance	der Jugendschutz (sg.)
une émission est : *– pour tous publics* *– pour public averti*	eine Sendung ist: – jugendfrei – nicht jugendfrei
protéger les enfants de la violence et du sexe	Kinder vor Gewalt und Sex schützen
le mineur	der Minderjährige (n) *adj. subst.*
l'adolescent	der Halbwüchsige (n) *adj. subst.*
choquer	schockieren
influencer	beeinflussen
la responsabilité des adultes	die Verantwortung der Erwachsenen
les parents	die Eltern
le pédagogue	der Pädagoge (n, n)
pédagogique	pädagogisch
le spécialiste des médias	der Medienexperte (n, n)
le rôle du législateur	die Rolle des Gesetzgebers
le rôle des hommes politiques	die Rolle der Politiker
fixer par la loi	gesetzlich fest/legen
la censure	die Zensur (sg.)
interdire	verbieten (o, o, hat)
l'interdiction	das Verbot (sg.)
l'information	die Aufklärung (sg.)
l'éducation	die Erziehung (sg.)
l'attrait de l'interdit	der Reiz des Verbotenen

la liberté de l'individu	die Freiheit des Individuums
porter atteinte à la liberté de qn	jemandes Freiheit beeinträchtigen

l'ordinateur — der Computer

	➢ der Rechner (-)
le PC	der PC
l'ordinateur de poche	der Brieftaschencomputer (-)
l'ordinateur portable	der Laptop (s) ➢ der tragbare PC
le hardware, le matériel	die Hardware (s) *pron. angl.*
le software, le logiciel	die Software (s) *pron. angl.*
le microprocesseur	der Mikroprozessor (en)
l'écran	der Bildschirm (e) ➢ der Computermonitor (e)
le clavier	die Tastatur (en)
la touche	die Taste (n)
la souris	die Maus (sg.)
le disque dur	die Festplatte (n)
cliquer	klicken
cliquer sur	an/klicken + A. ➢ klicken auf + A.
le clic	der Klick (sg.)
le double-clic	der Doppelklick (sg.)
le curseur	der Cursor (s) *pron. angl.*
l'icône	das Symbolfenster (-)
la disquette	die Diskette (n)
la disquette de démarrage de l'ordinateur	die Computerstartdiskette (n)
démarrer l'ordinateur	den Computer starten
le programme	das Programm (e)
le programmateur	der Programmierer (-)

l'informatique	(die) Informatik (sg.) ➢ (die) EDV ➢ (die) Elektronische Datenverarbeitung
les données	die Daten (pl.)
saisir des données	Daten erfassen
la mémoire	der Speicher (sg.) ➢ der Datenspeicher (sg.)
la capacité de mémoire	die Speicherkapazität (sg.)
le transfert de données	der Datentransfer (s)
le fichier	die Datei (en)
la puce, le microprocesseur	der Chip (s)
la carte à mémoire	die Chip-Karte (n)
le traitement de texte	die Textverarbeitung (sg.)
ouvrir un document	ein Dokument öffnen
taper un texte	einen Text tippen
enregistrer	speichern
la copie de sauvegarde	die Sicherheitskopie (n)
l'imprimante	der Drucker (-)
imprimer	drucken
le scanner	der Scanner (-) *pron. angl.*
scanner	scannen *pron. angl.*
scanner un texte	einen Text scannen ➢ einen Text ein/scannen
la banque de données	die Datenbank (en)
stocker des informations	Daten speichern
le stockage, la mémorisation	die Speicherung (en)
commandé par ordinateur, informatisé	computergesteuert
traitable par ordinateur	computergerecht
assisté par ordinateur	computergestützt
le jeu vidéo	das Videospiel (e)
le jeu informatique	das Computerspiel (e)
la console de jeux	die Spielkonsole (n)

le joystick	der Steuerhebel (-) ➢ der Joystick (s)
la révolution informatique	die Computerrevolution (en)
la capacité croissante	die wachsende Kapazität
le langage de synthèse	die synthetische Sprache (sg.)
l'ordinateur parlant	der sprechende Computer

l'Internet — das Internet

	➢ das Netz (sg.)
le (World Wide) Web	das (World Wide) Web
le monde on line / *en ligne*	die Welt online *pron. angl.*
le média du futur	das Massenmedium der Zukunft
relier les ordinateurs entre eux	Computer miteinander verbinden (a, u, hat)
le modem	das Modem (e)
ADSL	DSL
la connection à l'ADSL	der DSL-Anschluss
Internet illimité	online-Zeit ohne Begrenzung
téléphoner par Internet	übers Internet telefonieren
le fournisseur d'accès	der Provider (-) *pron. angl.* ➢ der Anbieter (-)
le serveur	der Server (-) *pron. angl.*
le navigateur	der Browser (-) *pron. angl.*
le programme de navigation	das Navigationsprogramm (e)
le service en ligne	der Online-Dienst
accès à Internet	der Internetzugang (sg.)
la connexion	der Internetanschluss (¨e)
se connecter	ins Internet gehen (i, a, ist) ➢ sich (ins Netz) ein/schalten ➢ sich (ins Internet) ein/klicken
être connecté	im Internet sein

se déconnecter	aus dem Internet gehen (i, a, ist) ➢ das Internet verlassen (ie, a, hat) ➢ das Internet aus/schalten ➢ sich (aus dem Internet) aus/klicken
enregistrer sur disque dur	auf die Festplatte laden (u, a, hat)
télécharger	herunter/laden (u, a, hat) ➢ sich etw. aus dem Internet holen (*fam.*)
télécharger un programme	ein Programm herunter/laden (u, a, hat)
télécharger du matériel	Material aus dem Netz herunter/laden (u, a, hat)
copier des fichiers sur son ordinateur	sich Dateien auf seinen Rechner kopieren
fermer le serveur	den Server schließen (o, o, hat)
communiquer par Internet	übers Internet kommunizieren
la page d'accueil	die Homepage (s) *pron. angl.* (Abk: HP)
la page sur le Web	die Webseite (n)
le site	die Seite (n) ➢ die (Web)Site *pron. angl.*
aller sur un site	auf eine Seite gehen (i, a, ist)
le visiteur sur un site	der Besucher auf einer Seite
des sites multimédias et interactifs	multimediale und interaktive Seiten
la page sur Internet	die Internet-Seite (n)
créer sa propre page sur le Web	seine eigene Webseite gestalten
le document sur le Web	das Web-Dokument (e)
le moteur de recherche	die Suchmaschine (n)
la recherche automatique	der automatische Suchlauf
le courrier électronique	die E-Mail (s) ➢ der elektronische Brief ➢ die elektronische Post
la boîte aux lettres électronique	der elektronische Briefkasten
le forum de discussion	das Diskussionsforum (-foren)
le groupe de discussion	die Diskussionsrunde (n)
le "chat"	der Chat *pron. angl.*
la discussion en direct	die Chat-Forum (- Foren) ➢ das Diskussionsforum (- foren)

l'usager du réseau	der Netznutzer (-) ➢ der Anwender (-)
l'internaute	der Internetsurfer (-) ➢ der Cybernaut (en, en)
surfer, naviguer	surfen
se promener sur Internet	durch das Web / im Web surfen

le cybermonde — die Cyberwelt

le cybermonde	die Cyberwelt
le cyberespace	der Cyberspace (sg.)
le début d'une ère nouvelle	der Anfang eines neuen Zeitalters
la communication mondiale	die weltweite Kommunikation
la toile mondiale	die Netzwelt (sg.)
la réalité virtuelle	die virtuelle Realität
le lieu de rencontres virtuelles	der virtuelle Treffpunkt
le passionné de l'ordinateur	der Computerfreak (s) *pron. angl.*
mener des dialogues	Dialoge führen
l'échande d'idées	der Gedankenaustausch (sg.)
un échange d'idées virtuel	ein virtueller Ideenaustausch (sg.)
une nouvelle forme d'expression	eine neue Ausdrucksform
donner une image idéale de soi	ein ideales Bild von sich geben (a, e, hat)
diffuser des informations	Informationen verbreiten
avoir accès à toutes les informations	Zugang zu allen Informationen haben
le musée virtuel	das virtuelle Museum
moderniser l'éducation	die Erziehung modernisieren
le cours d'informatique	der EDV-Unterricht
l'université virtuelle	die virtuelle Universität
un emploi du temps plus souple	eine flexiblere Zeiteinteilung
moins de frais	weniger Kosten
moins de déplacements	weniger Weg
le village planétaire	das globale Dorf
pas de distance	keine räumliche Entfernung
pas de frontières nationales	keine nationalen Grenzen
un espace ouvert	ein offener Raum

un instrument de liberté	ein Instrument der Freiheit
relier les gens entre eux	die Leute miteinander verbinden (a, u, hat)
la fin de l'isolement	das Ende der Isolation
une civilisation planétaire	eine planetare Zivilisation
pouvoir s'exprimer librement	sich frei aus/drücken können
la démocratie électronique	die elektronische Demokratie
le rapprochement des peuples	die Annäherung der Völker
la cohabitation pacifique	die friedliche Koexistenz
l'intelligence collective	die kollektive Intelligenz
changer la société	die Gesellschaft verändern
le meilleur des mondes	die bestmögliche Welt
la planète devient intelligente	der Planet wird intelligent
❖ la cyberéconomie	**❖ die Cyberwirtschaft**
l'utilisation professionnelle	die professionelle Nutzung
le commerce électronique	der E-Commerce *pron. angl.* ➢ das E-Business *pron. angl.* ➢ der elektronische Handel
l'achat et la vente de : *– services* *– marchandises*	der Einkauf und Verkauf von: – Dienstleistungen – Waren
la vente directe au consommateur	der Direktverkauf (sg.)
le grand magasin planétaire	das weltweite Warenhaus
les grands magasins électroniques	die elektronischen Warenhäuser
la librairie on line	der Online-Buchhandel
les achats à domicile	das Homeshopping (sg.)
faire ses courses via l'électronique	elektronisch ein/kaufen
commander on line	online bestellen
payer on line	online bezahlen
donner le numéro de sa carte de crédit sur le réseau	die Kreditkartennummer durchs Netz geben (a, e, hat)
les possibilités commerciales	die kommerziellen Möglichkeiten
le marché numérisé	der digitale Markt

le trafic immatériel	der immaterielle Handel
faire de l'argent avec Internet	mit dem Internet Geld machen
faire des affaires sur le Web	im Netz Geschäfte machen
traiter des affaires via l'électronique	Geschäfte elektronisch ab/wickeln
pas d'intermédiaires	keine Zwischenhändler
se répercuter sur les prix	sich auf die Preise aus/wirken

❖ la révolution du système de paiement / ❖ die Revolution des Zahlungssystems

un nouveau moyen de paiement	ein neues Zahlungsmittel
remplacer la carte de crédit	die Kreditkarte ersetzen
le système de paiement électronique	das elektronische Zahlungssystem
le porte-monnaie électronique	die elektronische Geldbörse
l'argent électronique	(das) E-Cash *pron. angl.* ➢ elektronisches Bargeld (sg.)
les cyberdollars	der Cyberdollar (s)
l'argent virtuel	das virtuelle Geld
l'argent numérisé	das digitalisierte Geld
le compte sur Internet	das Internet-Konto
la gestion de compte par PC / modem	das Homebanking via PC / Modem
la banque en ligne	das Online-Banking
envoyer l'argent d'un ordinateur à l'autre	Geld von Computer zu Computer schicken
infalsifiable	fälschungssicher
anonyme	anonym
la monnaie planétaire	die globale Währung

❖ la société informationnelle / ❖ die Informationsgesellschaft

la fin de la société industrielle	das Ende der Industriegesellschaft
la fusion de l'argent et de l'information	die Fusion von Geld und Information
l'information, une valeur marchande	Information als kommerzieller Wert
la domination fugace du marché	die kurzfristige Marktbeherrschung
permettre un mode de travail plus flexible	eine flexiblere Arbeitsweise ermöglichen
la perte des repères	der Verlust der Orientierungspunkte

dissoudre les vieilles structures économiques	die alten wirtschaftlichen Strukturen auf/lösen
une nouvelle relation espace-temps	ein neues Raum-Zeit-Verhältnis
la décentralisation du travail	die Dezentralisierung der Arbeit
la dématérialisation des échanges	die Entmaterialisierung des Austausches
la désynchronisation des activités	die Entsynchronisierung der Tätigkeiten
la publicité du troisième millénaire	die Werbung des dritten Zeitalters
trouver un profil de clients	ein Kundenprofil finden (a, u, hat)
pêcher des informations sur les clients	Informationen über die Kunden erforschen
constituer des fichiers "clients"	Kundendateien erstellen
l'immixtion dans la sphère privée	der Eingriff in die Privatsphäre

❖ une chance pour le Sud / ❖ eine Chance für den Süden

être indépendant de l'infrastructure	unabhängig von der Infrastruktur sein
une nouvelle dynamique	eine neue Dynamik
respecter les cultures de tradition orale	Kulturen mit mündlicher Überlieferung respektieren
dénouer le conflit nord-sud	den Nord-Süd-Konflikt auf/lösen

les dangers / die Gefahren

la panne d'électricité	der Stromausfall (sg.)
les virus informatiques	die Computerviren
le chaos informatique	das Computerchaos
paralyser le pays	das Land lahm/legen
une catastrophe à l'échelle planétaire	eine weltweite Katastrophe
l'infarctus menace dans :	der Infarkt droht in:
– l'administration	– der öffentlichen Verwaltung
– les banques	– den Banken
– les assurances	– den Versicherungen
– les compagnies aériennes	– den Fluggesellschaften

❖ la technophobie / ❖ die Technophobie

la résistance aux innovations	der Widerstand gegen das Neue
le spectre du multimédia	das Multimedia-Gespenst

des appareils chers	teure Geräte
vite dépassés	schnell überlebt
des factures de téléphone élevées	hohe Telefonkosten
des offres qui se modifient sans cesse	sich ständig ändernde Angebote
les offres gratuites diminuent	die kostenlosen Angebote nehmen ab
devoir payer pour chaque information	für jede Information zahlen müssen
arriver au point zéro	an einen Nullpunkt gelangen
la concurrence s'intensifie	der Wettbewerb wird intensiver
la concurrence sauvage domine	es herrscht purer Wettbewerb
générer des frictions	Spannungen erzeugen
des plaisirs artificiels	ein künstliches Vergnügen (sg.)
la techno-utopie	die Techno-Utopie (n)
des leurres virtuels	virtuelle Trugbilder
l'individualisme extrême	der extreme Individualismus

❖ l'obsession de l'informatique — ❖ die Computersucht

le "mordu" d'informatique	der Datenfreak (s)
l'"accro" à l'informatique	der Computer-Süchtige (n) *adj. subst.*
une nouvelle servitude	eine neue Knechtschaft
provoquer des maladies spécifiques	spezifische Krankheiten mit sich bringen (a, a, hat)
la traumatologie du bras et de la main	die Erkrankung an Armen und Händen
le manque de concentration	die Konzentrationsschwäche (sg.)
la perte de la notion de temps	das Zeitgefühl verlieren (o, o, hat)
la crise relationnelle	die Beziehungskrise (n)
le syndrome de sevrage	die Entzugserscheinung (en)
la maladie professionnelle	die Berufskrankheit (en)
classer comme maladie professionnelle	als Berufskrankheit an/erkennen (a, a, hat)

❖ la société de l'incommunication — ❖ die kommunikationslose Gesellschaft

une utilisation grandissante	eine steigende Nutzung
un flot d'informations sans pareil	eine Informationsflut ohnegleichen

l'engorgement	der Stau (sg.)
des informations confuses	unübersichtliche Informationen
évincer le texte écrit	das Geschriebene verdrängen
la mort des journaux	das Zeitungssterben (sg.)

❖ la manipulation de la vérité / ❖ die Manipulation der Wahrheit

les informations ne sont plus vérifiables	die Informationen sind nicht mehr kontrollierbar
des images manipulées	manipulierte Bilder
truquer	fälschen
l'influence démagogique	die demagogische Beeinflussung
la propagation des rumeurs	die Verbreitung von Gerüchten
menacer la liberté de l'individu	die individuelle Freiheit bedrohen
la fin de la vérité	das Ende der Wahrheit

❖ la division de la société / ❖ die Aufspaltung der Gesellschaft

une société éclatée	eine zersplitterte Gesellschaft
les gagnants de la société numérique	die Gewinner des digitalen Zeitalters
les perdants de la société numérique	die Verlierer des digitalen Zeitalters
être riche en informations	informationsreich sein
être pauvre en informations	informationsarm sein

❖ une nouvelle forme de démocratie / ❖ eine neue Form der Demokratie

la fin de la centralisation	das Ende der Zentralisierung
la décentralisation	die Dezentralisierung (sg.)
le pouvoir est décentralisé	die Macht ist dezentralisiert
l'accélération de la décentralisation	die Beschleunigung der Dezentralisierung
plus de possibilité de contrôle	keine Kontrollmöglichkeit mehr
une nouvelle fonction de l'État	eine neue Funktion des Staates
sa souveraineté est restreinte	seine Souveränität ist eingeschränkt

❖ la criminalité informatique / ❖ die Computerkriminalität

l'arme numérique	die digitale Waffe

les virus informatiques	die Computerviren
se multiplier	sich vermehren
détruire des programmes	Programme zerstören
transformer des données	Daten verändern
polluer les copies piratées	die Raubkopien verseuchen
la mauvaise utilisation des données	der Datenmissbrauch (sg.)
le crime sur Internet	das Internet-Verbrechen (-)
l'espion informatique	der Datenspion (e)
épier	aus/spähen
surveiller	überwachen
le pillage informatique	die Netzräuberei (en)
le terrorisme multimédia	der Medienterror (sg.)
le délinquant informatique	der Computer-Kriminelle (n) *adj. subst.*
le rebelle électronique	der elektronische Rebelle
le pirate de l'informatique	der Softwarepirat (en, en) ➢ der Hacker (-)
la piraterie sur le réseau	die Piraterie im Netz

❖ de nouvelles menaces	**❖ neue Bedrohungen**
l'État espion	der Überwachungsstaat (en)
la surveillance à l'échelle planétaire *– par l'économie* *– par le commerce* *– par l'État*	die globale Überwachung – durch die Wirtschaft – durch den Handel – durch den Staat
la numérisation de la communication	die Digitalisierung der Kommunikation
recherches assistées par ordinateur	die Rasterfahndung (en)
rassembler et exploiter les informations	Informationen sammeln und aus/werten
de nouvelles masses de données	neue Datenfluten
de nouvelles possibilités d'accès *– par le péage* *– par les cartes de crédit*	neue Zugriffsmöglichkeiten – via Maut – via Kreditkarten
la vidéosurveillance	die Videoüberwachung (en)
saisie de données biométriques et génétiques	Erfassung biometrischer und genetischer Daten

installation de puces miniatures dans les vêtements et les médicaments	Einbau von Minichips in Kleidung und Medikamente
perfectionner le profil des clients	Kundenprofile aus/feilen
violer les libertés	die Freiheitsrechte verletzen
la protection de la Constitution	der Verfassungsschutz (sg.)
protéger les données personnelles de tout abus	personenbezogene Daten vor Missbrauch schützen
pirater l'informatique	hacken
le pillage de programmes, de jeux	die Raubkopien von Programmen, Spielen
forcer des programmes	Programme knacken
détruire des données	Daten zerstören
voler des données	Daten stehlen (a, o, hat)
introduire des virus informatiques	Computerviren ein/schleusen
paralyser les disques durs	die Festplatten lahm/legen
accéder illégalement à des informations	widerrechtlich an Informationen gelangen
faciliter les activités criminelles	kriminelle Aktivitäten erleichtern
masquer les actions criminelles	kriminelle Handlungen verdecken
les transactions illégales d'argent	illegale Geldtransaktionen
le trafic de drogue	der Rauschgifthandel (sg.)
la vente de médicaments non autorisés	der Verkauf von illegalen Medikamenten
la diffusion de : *– la pornographie* *– la pornographie pédophile* *– contenus violents*	die Verbreitung von: – Pornographie – Kinderpornographie – Gewalt verherrlichenden Inhalten
les affaires de la mafia	die Geschäfte der Mafia
les extrémistes	die Extremisten
les extrémistes de droite	die Rechtsextremisten
les néonazis	die Neonazis
les intégristes	die Integristen
les sectes	die Sekten

avoir des conséquences planétaires	weltweite Folgen haben
la cyberguerre	der Cyberkrieg (sg.)

❖ la protection des données — ❖ der Datenschutz

protéger l'intégrité du réseau	die Integrität des Internets schützen
protéger les données	die Daten schützen
surveiller	beaufsichtigen
contrôler	kontrollieren
contrôler les accès	die Zugänge kontrollieren
agir contre des sujets criminels	gegen kriminelle Inhalte vor/gehen (i, a, ist)
crypter	verschlüsseln
décrypter	entschlüsseln
le cryptage informatique	die Verschlüsselung (en)
la cryptographie	die Kryptographie (sg.) ➢ die Datenverschlüsselung (sg.)
la signature numérisée	die digitale Signatur
le nom de code	der Codename (n)
le mot de passe	das Passwort (¨er)
le code de sécurité	der Sicherheitscode (s)
garantir l'authenticité des documents	die Originalität der Dokumente garantieren
assurer la confidentialité	die Vertraulichkeit wahren
protéger la sphère privée	die Privatsphäre schützen
jouir d'un anonymat complet	unbekannt und ungenannt sein können
sécuriser les communications	die Kommunikation sichern
sécuriser les transactions	die Geschäfte sichern

❖ la nétiquette — ❖ die Netiquette

l'infoéthique	die Infoethik (sg.)
tomber sur des contenus interdits	auf verbotene Inhalte stoßen (ie, o, ist)
porter plainte	Anzeige erstatten
la responsabilité de tout un chacun	die Verantwortung jedes Einzelnen

la commuauté du réseau	die Netzgemeinde (sg.)
s'entraider	sich gegenseitig helfen (a, o, hat)
L'autocensure prévaut sur le réseau.	Es herrscht im Netz freiwillige Selbstkontrolle.

❖ **les conflits cybernétiques**	❖ **die Cyber-Konflikte**
prévenir les conflits	Konflikten vor/beugen
les résoudre	sie lösen
la poursuite judiciaire	die Strafverfolgung (en)
poursuivre des activités illégales	illegale Aktivitäten verfolgen
le vide juridique	der rechtsfreie Raum
une situation juridique confuse	eine unübersichtliche Rechtslage ➢ die Rechtsunsicherheit (sg.)
le policier sur Internet	der Internet-Polizist (en, en) ➢ der Cyber-Polizist (en, en)
le shérif virtuel	der virtuelle Sheriff
préparer une loi sur le multimédia	ein Multimediagesetz planen
une nouvelle jurisprudence	eine neue Rechtsprechung
un nouveau droit commercial	ein neues Handelsrecht (sg.)
un nouveau droit sur la propriété littéraire	ein neues Urheberrecht (sg.)
un nouveau droit fiscal	ein neues Steuerrecht (sg.)
le cybertribunal	das Cyber-Gericht
l'accord international	die internationale Absprache
le débat à propos de la censure de l'État	die Debatte um die staatliche Zensur
les censeurs	der Zensor (en)
fermer le réseau	das Netz sperren
la fermeture	die Sperrung (en)
le droit d'exprimer librement sa pensée	das Recht auf freie Meinungsäußerung
laisser les réseaux libres et ouverts	das Netz frei und offen lassen (ie, a, hat)
la protestation des citoyens	der Bürgerprotest (sg.)
l'activiste	der Aktivist (en, en)
le ruban bleu	die blaue Schleife
s'employer pour la liberté sur le Web	sich für die Freiheit im Internet ein/setzen

5. L'agriculture

L'agriculture a deux fonctions dans un pays. L'agriculteur soigne le paysage, le cadre naturel vital pour l'homme — travail qui n'est pas assez pris en considération. En outre, il est le "nourricier" de la population. Le besoin en aliments croît constamment du fait de l'explosion démographique. Les agriculteurs fournissent produits laitiers, céréales, fruits, légumes et viande. Afin de produire suffisamment, l'agriculture est devenue une industrie. Grâce aux machines, aux produits chimiques, aux engrais et à l'élevage intensif, sols et animaux sont devenus plus productifs. Ces méthodes sont pourtant nuisibles à l'environnement et même aux aliments. Le revenu des paysans est, en outre, menacé aujourd'hui, malgré la politique agricole commune, à moins que ce ne soit à cause d'elle. La vie à la campagne n'est guère idyllique : les agriculteurs restent dépendants des subventions et ont même besoin la plupart du temps d'une activité d'appoint, quand ils ne partent pas tout simplement pour la ville, fuyant l'insécurité, la dureté du travail et la solitude.

Dans l'ex-RDA, l'agriculture est en difficulté. Les anciennes coopératives de production agricoles ont été fermées : ces entreprises gigantesques étaient improductives et polluantes. Les paysans de RDA ont obtenu parfois un capital de départ afin de s'installer à leur compte et de mener leurs exploitations au niveau ouest-allemand.

5. Die Landwirtschaft

Die Landwirtschaft hat zwei Funktionen in einem Land. Der Landwirt pflegt die Landschaft, die natürliche Lebensgrundlage der Menschen, eine Arbeit, die man nicht genug schätzt. Er ist außerdem der Ernährer der Bevölkerung. Der Nahrungsmittelbedarf nimmt durch die Bevölkerungsexplosion ständig zu. Die Landwirte versorgen die Leute mit Milchprodukten, Getreide, Obst, Gemüse und Fleisch. Um genügend produzieren zu können, ist aus der Landwirtschaft eine Industrie geworden. Dank Maschinen, Chemikalien und Düngemitteln ist der Boden ertragreicher und die Viehzucht rentabler geworden. Diese Methoden sind jedoch schädlich für die Umwelt und die Nahrungsmittel. Trotz – oder wegen – der europäischen Agrarpolitik ist das Einkommen der Bauern heute gefährdet. Das Landleben ist keine Idylle: die Landwirte bleiben abhängig von Subventionen und müssen meistens sogar einem Nebenerwerb nachgehen. Manchmal ziehen sie einfach in die Stadt, um der Unsicherheit, der sehr schweren Arbeit und der Einsamkeit zu entfliehen.

In der Ex-DDR ist die Landwirtschaft marode. Die ehemaligen LPGs wurden aufgelöst. Diese Mammutbetriebe waren unwirtschaftlich und umweltschädlich. Die DDR-Bauern haben manchmal eine Starthilfe erhalten, um sich selbständig zu machen und ihre Betriebe dem westdeutschen Niveau anzupassen.

l'agriculteur	der Landwirt (e)
le paysan, l'agriculteur	der Bauer (n, n)
le domaine de l'agriculture	der Agrarbereich (e)
le produit agricole	das Agrarprodukt (e)
la politique agricole	die Agrarpolitik (sg.) ➢ die Landwirtschaftspolitik (sg.)
le ministre de l'Agriculture (Allemagne)	der Verbraucherschutzminister (-)
le ministre de l'Agriculture (dans les autres pays)	der Landwirtschaftsminister (-)
le ministère de l'Agriculture (Allemagne)	das Ministerium für Verbraucherschutz und Landwirtschaft
le ministère de l'Agriculture (dans les autres pays)	das Agrarministerium (-rien) ➢ das Landwirtschaftsministerium (-rien)
le rapport sur la situation agricole	der Agrarbericht (e)

❖ l'exploitation agricole — ❖ der landwirtschaftliche Betrieb

la ferme	der Bauernhof (¨e)
la terre	das Land (sg.)
travailler la terre	auf dem Land arbeiten
la population rurale	die Landbevölkerung (en)
le domaine, la propriété	das Gut (sg.)
la grande exploitation	der Großbetrieb (e)
l'exploitation de moyenne importance	der Mittelbetrieb (e)
la petite exploitation	der Kleinbetrieb (e)
le petit producteur	der Kleinerzeuger (-)
l'exploitation familiale	der Familienbetrieb (e)
l'exploitation agricole à plein temps	der Vollerwerbsbetrieb (e)
l'exploitation agricole à temps partiel	der Teilerwerbsbetrieb (e)
la terre à bail	das Pachtland (sg.)
le preneur à bail, le gérant	der Pächter (-)
louer une ferme à bail, affermer	pachten

la portée sociale	die gesellschaftliche Bedeutung
le "nourricier" de la population	der Ernährer der Bevölkerung
la production de nourriture	die Nahrungsmittelproduktion (sg.)
approvisionner en nourriture	mit Nahrungsmitteln versorgen
le besoin croissant de nourriture	der zunehmende Nahrungsmittelbedarf
l'augmentation de la production	die Produktionssteigerung (sg.)
le producteur	der Erzeuger (-)
le consommateur	der Verbraucher (-)
l'autarcie	die Selbstversorgung (sg.) ➢ die Autarkie

le travail agricole	die Landarbeit
fertile	fruchtbar
infertile	unfruchtbar
le climat	das Klima (s / ata)
le temps	das Wetter (sg.)
dépendre du temps	vom Wetter ab/hängen (i, a, hat)
le sol	der Boden (¨)
le champ	das Feld (er)
la surface agricole cultivée	die Nutzfläche (n)
l'hectare	das Hektar (s)
labourer	pflügen
cultiver (des légumes, des céréales…)	(Gemüse, Getreide) an/bauen
cultiver (un champ)	(ein Feld) bestellen, ➢ (ein Feld) bewirtschaften
la semence	die Saat (en)
semer	säen
planter	pflanzen
récolter	ernten
la récolte	die Ernte (n)
la méthode de culture	die Anbaumethode (n)

la serre	das Treibhaus (¨er)
la culture sous serre	die Treibhauskultur (en) ➢ die Unter-Glas-Kultur (en)
les céréales	das Getreide (sg.)
les légumineuses	die Hülsenfrüchte (pl.)
les légumes	das Gemüse (sg.)
les fruits	das Obst (sg.)
le fruit oléagineux	die Ölfrucht (¨e)
les oléagineux	die Ölsaaten (pl.)
la viticulture	der Weinbau (sg.)
❖ l'élevage	**❖ die Viehzucht**
l'éleveur	der Viehzüchter (-)
le cheptel	der Viehbestand (sg.)
le bétail	das Vieh (sg.)
l'animal	das Tier (e)
l'élevage de bovins	die Rinderhaltung (en) ➢ die Rinderzucht (sg.)
la vache laitière	die Milchkuh (¨e)
le lait	die Milch (sg.)
le produit laitier	das Milchprodukt (e) ➢ das Milcherzeugnis (-se)
le lait en poudre	das Milchpulver (sg.)
le beurre	die Butter (sg.)
la vache à viande	die Fleischkuh (¨e)
le veau	das Kalb (¨er)
le bœuf, le bovin	das Rind (er)
le porc	das Schwein (e)
le mouton	das Schaf (e)
la viande	das Fleisch (sg.)
l'alimentation animale, le fourrage	das Futter (sg.)
l'élevage intensif	die intensive Tierhaltung (sg.) ➢ die konzentrierte Tierhaltung (sg.) ➢ die Massentierhaltung (sg.)

l'élevage extensif	die extensive Tierhaltung (sg.)
l'épizootie	die Tierseuche (n)
soigner, panser	pflegen
traire	melken (o, o, hat) ou faible
nourrir	füttern
engraisser	mästen

les méthodes modernes de production — die modernen Produktionsmethoden

le savoir agricole moderne	das moderne Agrarwissen
l'agriculture spécialisée	die spezialisierte Landwirtschaft
la dotation en capital	die Kapitalausstattung (en)
la structure de production	die Produktionsstruktur (en)

❖ la technique de pointe — ❖ die modernste Technik

le développement technique	die technische Entwicklung
la machine	die Maschine (n)
la machine agricole	die Landmaschine (n)
la mécanisation	die Mechanisierung (en)

❖ les produits chimiques — ❖ die Chemikalien

l'utilisation de produits chimiques	der Einsatz chemischer Mittel
le pesticide	das Pestizid (e) ➢ das Schädlingsbekämpfungsmittel (-)
l'herbicide	das Herbizid (e) ➢ das Unkrautvertilgungsmittel (-)
le fongicide	das Fungizid (e)
le produit phytosanitaire	das Pflanzenschutzmittel (-)
l'amélioration des sols	die Bodenverbesserung (sg.)
être productif, fertile (terre)	ergiebig sein (Boden)
le rendement, la productivité	die Ergiebigkeit (sg.)
l'engrais	der Dünger (-) ➢ das Düngemittel (-)
l'engrais chimique	der Kunstdünger (-)

fertiliser, fumer	düngen
le purin	die Jauche (n)
le fumier	der Mist (sg.)
l'azote	der Stickstoff (sg.)
le phosphate	das Phosphat (e)
la potasse	das Kali (sg.)
la chaux	der Kalk (sg.)
chauler	mit Kalk düngen
la marne	der Mergel (sg.)
marner	mit Mergel düngen

l'industrialisation de l'agriculture — die Industrialisierung der Landwirtschaft

la multinationale agricole	der Agrarmulti (s)
l'entreprise agricole	das Agrarunternehmen (-)
l'industrie agroalimentaire	die Ernährungsindustrie (n)
la fourniture de matières premières agricoles pour l'industrie	die Lieferung landwirtschaftlischer Rohstoffe an die Industrie
l'agriculteur high-tech	der High-Tech-Landwirt (e)
investir	investieren
gérer, exploiter	bewirtschaften
productif, lucratif	ertragreich
le revenu	das Einkommen (-)
la recette, le produit	der Erlös (e)
le produit, le rendement	der Ertrag (¨e)
le bénéfice	der Gewinn (e)
le profit, le gain	der Profit (e)

le pollueur — der Umweltsünder

la ferme classique	der konventionelle Hof
l'exploitation gérée de manière classique	der herkömmlich geführte Betrieb
l'agriculture chimique	die chemische Landwirtschaft
les aliments classiques	die konventionellen Lebensmittel

épandre de manière excessive	überdüngen
l'épandage excessif	die Überdüngung (sg.)
l'érosion des sols	die Bodenerosion (sg.)
l'usure des sols	der Bodenverbrauch (sg.)
l'empoisonnement des eaux souterraines et des cours d'eau	die Vergiftung von Grundwasser und Fließgewässer
l'empoisonnement des aliments	die Vergiftung der Lebensmittel
la destruction de la nature	die Naturzerstörung (en)
bétonner le site, le paysage	die Landschaft zubetonieren
la disparition de la faune et de la flore	das Aussterben der Fauna und der Flora
le principe pollueur-payeur	das Verursacherprinzip (sg.)

la mort du paysan — das Bauernsterben

l'insécurité à la campagne	die Unsicherheit auf dem Land
la régression des bénéfices	der Gewinnrückgang (sg.)
la perte	die Einbuße (n)
la baisse du prix à la production	die sinkenden Erzeugerpreise (pl.)
les moyens d'exploitation devenus trop chers	die verteuerten Betriebsmittel (pl.)
la dépense	die Aufwendung (en)
dépendre de subventions	von Subventionen ab/hängen (i, a, hat)
être en retard, arriéré	rückständig sein
se sentir exclu	sich ausgeschlossen fühlen
la solitude	die Einsamkeit (sg.)
se suicider	Selbstmord begehen (i, a, hat)
être attiré par la ville	von der Stadt angezogen werden
l'exode rural	die Landflucht (sg.)
la disparition des fermes	das Hofsterben (sg.)

la nouvelle portée sociale — die neue gesellschaftliche Bedeutung

le jardinier de l'environnement	der Landschaftspfleger (-)
l'entretien du paysage et de l'environnement	die Pflege von Landschaft und Umwelt
la gestion des champs, prés et forêts	Acker, -Wiesen- und Waldbewirtschaftung

la conservation du paysage	der Erhalt der Landschaft
le retour à la nature	das Zurück zur Natur
le cadre naturel vital	die natürliche Lebensgrundlage
l'espace pour les loisirs et le repos	der Freizeit- und Erholungsraum (sg.)
le paysan écologiste	der Ökobauer (n, n) ➢ der Bio-Bauer (n, n)
l'exploitation écologique	der ökologische Betrieb ➢ der Bio-Betrieb (e) ➢ der alternative Betrieb
l'agriculture biologique	die Bio-Landwirtschaft
l'agriculture durable	die nachhaltige Landwirtschaft
l'agriculture raisonnée	der naturnahe Anbau
l'exploitation non polluante	die umweltschonende Bewirtschaftung
produire en respectant la nature	umweltgerecht produzieren
la culture écologique	der umweltgerechte Ackerbau
le produit écologique	das Öko-Produkt (e) ➢ das Bio-Produkt (e)
sain	gesund
qui respecte les espèces	artgerecht
une politique agricole adaptée à son temps	eine zeitgemäße Agrarpolitik
renoncer à la chimie et à l'élevage intensif	auf Chemie und Massentierhaltung verzichten
se reconvertir à	sich um/stellen auf + A.
avoir une activité d'appoint	einer Nebenbeschäftigung nach/gehen (i, a, ist)
l'union des paysans	der Bauernverband (¨e)

l'économie collectiviste — die Kollektivwirtschaft

la coopérative de production agricole	die LPG [Produktionsgenossenschaft (en)]
le kolkhoze	die Kolchose (n)
le bien de l'État	das Volkseigentum (sg.)
la coopérative	die Genossenschaft (en)
l'entreprise surdimensionnée	der überdimensionierte Betrieb

l'entreprise gigantesque	der Mammutbetrieb (e)
la séparation stricte entre élevage et culture	die strenge Trennung von Tier- und Pflanzenproduktion

❖ **le faible rendement**	❖ **die geringe Leistung**
non rentable, improductif	unwirtschaftlich
nuisible à l'environnement	umweltschädlich
incapable de survivre	nicht überlebensfähig

❖ **l'adaptation à la structure agricole ouest-allemande**	❖ **die Anpassung an die westdeutsche Agrarstruktur**
relier deux structures agricoles	zwei Agrarstrukturen zusammen/fügen
la dissolution des coopératives	die Auflösung der LPGs
une manière de travailler plus rationnelle	eine rationellere Arbeitsweise
augmenter la productivité	die Leistung erhöhen
réduire la consommation d'énergie	den Energieverbrauch verringern
le capital de départ	die Starthilfe (sg.)
le prêt à faible taux d'intérêt	das zinsgünstige Darlehen
s'endetter	sich verschulden
s'établir à son compte	sich selbständig machen
acquérir l'autonomie	die Selbständigkeit erlangen

6. La sécurité alimentaire

L'approvisionnement en eau et en nourriture reste un souci majeur pour l'humanité. Ces richesses sont inégalement réparties. La majorité des hommes n'ont pas un accès sûr à de l'eau potable. La nourriture, en surabondance dans les pays industrialisés, est souvent insuffisante dans les pays du Tiers Monde.

Dans les pays industrialisés, l'opinion a été particulièrement secouée ces dernières années par des catastrophes dans le domaine de l'alimentation. Les plantes transgéniques, qui ont des nouvelles qualités de résistance et de conservation, suscitent beaucoup de méfiance, car il est impossible de prévoir les effets à long terme sur le corps humain et sur l'environnement.

Elles sont pourtant source d'espoir car elles permettront peut-être une agriculture propre. Elles pourraient être utilisées en médecine, mais aussi sauver les pays les plus pauvres de la faim.

La diversité des espèces est menacée par ces nouvelles plantes ainsi que par l'agriculture moderne qui privilégie exclusivement des semences à haut rendement. Des banques de graines tentent de conserver les espèces négligées ou oubliées en recueillant et en sélectionnant autant de graines que possible afin de préserver toute la richesse de la nature.

L'irradiation des aliments, les additifs ainsi que d'autres substances, souvent toxiques, permettent à l'industrie agroalimentaire d'être beaucoup plus rentable. Ces pratiques sont régulièrement dénoncées. On les soupçonne de provoquer des pathologies spécifiques telles des allergies ou des résistances aux antibiotiques, et elles seraient à l'origine de carences alimentaires, car leur valeur nutritive — sans parler de leurs qualités gustatives — serait amoindrie.

On tente de compenser ces manques par des aliments enrichis en vitamines et en minéraux. Un marché très lucratif !

6. Die Sicherung der Nahrungsmittel

Die Versorgung mit Wasser und Nahrungsmitteln bleibt ein Problem, das der Menschheit große Sorge bereitet. Diese Güter sind ungleichmäßig verteilt. Die Mehrheit der Menschen hat keinen gesicherten Zugang zu Trinkwasser. Während Lebensmittel in den Industrieländern im Überfluss vorhanden sind, sind sie oft unzureichend in den Ländern der Dritten Welt.

Lebensmittelskandale haben in den letzten Jahren die Öffentlichkeit in den Industrieländern stark erschüttert. Transgene Pflanzen, die neue Eigenschaften aufweisen, was ihre Resistenz und Konservierung betrifft, wecken großes Misstrauen, denn es ist unmöglich, die Langzeitfolgen für den menschlichen Körper und die Umwelt abzusehen.

Sie geben jedoch Anlass zur Hoffnung, denn sie werden vielleicht eine saubere Landwirtschaft ermöglichen. Sie könnten zu medizinischen Zwecken benutzt werden und die ärmsten Länder auch vor Hungersnot bewahren.

Die Artenvielfalt wird durch diese neuen Pflanzen sowie durch moderne Landwirtschaft, die ertragreiches Saatgut bevorzugt, bedroht. Samenkörnerbanken versuchen, die vernachlässigten oder vergessenen Arten zu erhalten, indem sie so viele Körner wie möglich sammeln und selektieren, um die ganze Vielfalt der Natur zu schützen.

Die Bestrahlung von Lebensmitteln, Zusatzstoffe und andere oft schädliche Substanzen erlauben der Nahrungsmittelindustrie, viel rentabler zu sein. Diese Verfahren werden immer wieder scharf kritisiert. Man sagt ihnen die Verursachung spezifischer Erkrankungen nach, wie Allergien oder die Resistenz gegen Antibiotika, und sie sollen auch schuld an allgemeinen Mangelerscheinungen sein, denn ihr Nährwert — von ihrem Geschmack ganz abgesehen — sei vermindert.

Man versucht, diesen Mangel durch eine mit Vitaminen und Mineralstoffen angereicherte Nahrung auszugleichen. Ein sehr lukrativer Markt!

la guerre pour l'eau — der Krieg um das Wasser

la rivalité pour l'eau	der Konkurrenzkampf um Wasser
se disputer un bien rare	um ein knappes Gut streiten (i, i, hat)
l'utilisation de fleuves interfrontaliers	die Nutzung grenzüberschreitender Flüsse
l'eau de mer	das Meerwasser
l'eau salée	das Salzwasser
l'eau douce	das Süßwasser
la pénurie périodique	die periodische Knappheit
la pénurie chronique	die chronische Knappheit
avoir un accès sûr à l'eau potable	einen sicheren Zugang zu Trinkwasser haben
l'eau propre	das saubere Wasser
l'eau sale	das verschmutzte Wasser
l'eau polluée	das verseuchte Wasser
l'impureté	die Verunreinigung (en)
la consommation d'eau	der Wasserverbrauch (sg.)
le gaspillage	die Vergeudung (sg.)
gaspiller	vergeuden ➢ verschwenden
polluer	verunreinigen
le barrage	der Staudamm (¨e)
le réservoir	das Reservoir (e)
dessaler l'eau de mer	das Meerwasser entsalzen
le dessalement de l'eau de mer	die Meerwasserentsalzung (sg.)
irriguer	bewässern
produire de l'électricité	Strom gewinnen (a, o, hat)

le défi alimentaire — die Nahrung: eine Herausforderung

la population mondiale augmente	die Weltbevölkerung wächst (u, a, ist)
la faim se déplace	der Hunger wandert
le combat pour la survie	der Kampf ums Überleben

❖ de la nourriture pour tous / ❖ Nahrung für alle

l'extension de l'agriculture	die Ausdehnung der Landwirtschaft
elle se heurte à ses limites	sie stößt an ihre Grenzen
les surfaces arables se raréfient	die Nutzflächen werden knapp
les sols sont salés ou érodés	die Böden sind versalzen oder erodiert
la production diminue	die Produktion nimmt ab
la distribution est inégale	die Verteilung ist ungleichmäßig
la mauvaise récolte	die Missernte (n)
la menace pour les récoltes	die Bedrohung der Ernte
de nouveaux champignons agressifs	neue, aggressive Pilze
coloniser tous les continents	auf alle Kontinente über/springen (a, u, ist)
des champs ravagés	vernichtete Äcker
occasionner des pertes	Verluste verursachen
mener des paysans à la ruine	Bauern in den Ruin treiben (ie, ie, hat)
la malnutrition	die Mangelernährung (sg.)
la sous-alimentation	die Unterernährung (sg.)
avoir droit à la nourriture	ein Recht auf Nahrung haben
avoir accès à l'alimentation	Zugang zu Nahrungsmitteln haben
une meilleure récolte	eine bessere Ernte
une meilleure distribution	eine bessere Verteilung
une garantie de paix sociale	eine Garantie für den sozialen Frieden

les plantes transgéniques / die transgenen Pflanzen

OGM	GVO (gentechnisch veränderte Organismen)
les plantes génétiquement modifiées	die genveränderten Pflanzen ➢ die genmanipulierten Pflanzen
l'OGM	die genveränderte Pflanze
les plantes génétiquement modifiées	die genmanipulierten Pflanzen
la technologie de l'ADN	die DNA-Technologie
isoler un gène	ein Gen isolieren
transférer dans	transferieren in + A.

la transgenèse	die Transgenese (sg.)
le transfert de gènes	der Gentransfer (sg.)
le gène transféré	das transferierte Gen
modifier le patrimoine génétique	das Erbgut verändern
une nouvelle sorte de plante	eine neue Pflanzensorte
génétiquement modifié	genetisch verändert
la semence transgénique	das transgene Saatgut (sg.)
le colza	der Raps (sg.)
le maïs	der Mais (sg.)
le soja	die Soja (sg.)
la tomate génétiquement modifiée	die Gentomate (n)
la tomate issue du génie génétique	die Gentech-Tomate (n)
le coton génétiquement modifié	die Genbaumwolle (sg.)
la banane transgénique	die transgene Banane
le caféier décaféiné	die koffeinfreie Kaffeepflanze
le coton bleu indigo	die jeansblaue Baumwolle
les aliments génétiquement modifiés	die gentechnisch veränderten Nahrungsmittel ➢ (das) Novel Food

❖ les nouvelles qualités	**❖ die neuen Eigenschaften**
conférer de nouvelles qualités	neue Eigenschaften übertragen (u, a, hat)
la résistance	die Resistenz (sg.)
résistant	widerstandsfähig ➢ resistent
rendre plus résistant	resistenter machen
être résistant à *– la maladie et au froid* *– aux virus, insectes* *– aux champignons, herbicides*	resistent sein gegen + A. – Krankheit und Kälte – Viren, Insekten – Pilze, Herbizide
un maïs résistant aux insectes	eine schädlingsresistente Maissorte
la tolérance à la sécheresse	die Toleranz gegenüber Trockenheit
des produits d'un aspect parfait	formvollendete Produkte

appétissant	appetitanregend
se conserver mieux	besser halten (ie, a, hat)
pourrir	faulen
le pourrissement	die Fäulnis (sg.)
entraver le processus de pourrissement	den Fäulnisprozess hemmen
rester frais plus longtemps	länger frisch bleiben (ie, ie, ist)
la "tomate imputrescible"	die Anti-Matsch-Tomate (n)
la valeur nutritive	der Nährwert (sg.)
une plus grande valeur nutritive	ein höherer Nährwert

❖ améliorer les techniques agricoles — ❖ die Landwirtschaftstechnik verbessern

faciliter la culture	den Anbau erleichtern
une croissance rapide	ein rasches Wachstum
augmenter les rendements	die Erträge erhöhen
une technologie non polluante	eine umweltfreundliche Technologie
moins d'engrais	weniger Düngemittel
réduire les produits chimiques	die Chemikalien reduzieren
une méthode moderne de culture	eine moderne Form der Pflanzenzucht
le botaniste	der Botaniker (-) ➢ der Pflanzenforscher (-)
la plante expérimentale	die Versuchspflanze (n)
le champ d'expérimentation	das Experimentierfeld (er)
les essais de terrain	der Feldversuch (e)

❖ être un espoir — ❖ eine Hoffnung bedeuten

– pour le Tiers Monde	– für die Dritte Welt
– en médecine	– in der Medizin
des fruits sur ordonnance	Früchte auf Rezept
les fruits génétiquement modifiés	die Genfrüchte (pl.)
la banane-vaccin	die Impfbanane (n)
le tabac anticaries	der Anti-Karies-Tabak (sg.)
la pomme de terre protégeant l'intestin	die Darmschutz-Kartoffel (n)
nourriture et médicament en même temps	Nahrung und Medikament zugleich

les vaccins par les plantes	die Pflanzenvakzine
des vaccins comestibles	essbare Impfstoffe
produire par tonnes	tonnenweise her/stellen
sans effets secondaires (notables)	ohne (nennenswerte) Nebenwirkungen
peu cher	preiswert
❖ **une affaire lucrative**	❖ **ein lukratives Geschäft**
des débouchés lucratifs	lukrative Absatzmärkte
la course aux débouchés	das Rennen um Märkte
la compétition mondiale	der weltweite Wettbewerb
le rôle des multinationales	die Rolle der Multis

les dangers / die Gefahren

– pour l'homme *– pour l'environnement*	– für den Menschen – für die Umwelt
la grande inconnue	die große Unbekannte
des expériences risquées	riskante Experimente
des semences contaminées	das kontaminierte Saatgut
l'accident en laboratoire	die Laborpanne (n)
des conséquences non estimables	nicht abschätzbare Folgen
avoir des répercussions à long terme	Langzeitfolgen haben
non autorisé dans l'UE	in der EU nicht zugelassen
la clause de sauvegarde	die Vorbehaltsklausel (n) ➢ die Schutzklausel (n)
suspendre ces cultures	diesen Anbau ein/stellen
assurer une agriculture sans OGM	eine gentechnikfreie Landwirtschaft sichern
obtenir un droit de regard sur les autorisations des OGM	ein Mitspracherecht bei der Zulassung von GVO erreichen
trouver une meilleure écoute à Bruxelles	ein besseres Gehör in Brüssel finden

❖ la pollution génétique	**❖ die genetische Verschmutzung**
la menace écologique	die ökologische Bedrohung
mettre en péril l'équilibre écologique	das ökologische Gleichgewicht gefährden
avoir des répercussions sur l'environnement	sich auf die Umwelt aus/wirken
passer dans l'écosystème	ins Ökosystem gelangen
le risque de croisement	das Kreuzungsrisiko (sg.)
incontrôlable	unkontrollierbar
les gènes sautent	die Gene springen (a, u, ist)
le saut de gènes	der Gensprung (sg.)
le transfert de gène non voulu	der ungewollte Gentransfer
l'interaction des espèces	die Interaktion der Arten
la dissémination	die Aussamung (sg.)
par le pollen	durch den Pollen
la pollinisation	die Bestäubung (sg.)
polliniser	bestäuben
le risque de croisement par pollinisation	das Kreuzungsrisiko durch Bestäubung
la plante mutante	die Mutante (n) ➢ der Mutant (en, en)
la création accidentelle de plantes toxiques	die ungewollte Züchtung von giftigen Pflanzen

❖ le risque pour l'emploi	**❖ das Arbeitsplatzrisiko**
la détresse du petit paysan	der Kleinbauer in Not
le manque de productivité	der Mangel an Produktivität
la disparition des fermes	das Höfesterben (sg.)
ne pas être concurrentiel	nicht konkurrenzfähig sein
devoir acheter des semences onéreuses	teures Saatgut kaufen müssen
être dépendant des nations industrialisées	von den Industrienationen abhängig sein

❖ **la méfiance du consommateur**	❖ **das Misstrauen des Verbrauchers**
une nouvelle menace	eine neue Bedrohung
informer le consommateur	den Verbraucher auf/klären
l'association des consommateurs	der Verbraucherverband (¨e)
le devoir d'informer	die Informationspflicht (sg.)
la preuve	der Nachweis (e)
être contrôlable	nachweisbar sein
l'étiquetage	die Kennzeichnung (en) ➢ die Etikettierung (en)
étiqueter	kennzeichnen ➢ etikettieren
les consignes de sécurité	die Sicherheitsvorschriften
être prudent	vorsichtig sein
manipuler le génie génétique prudemment	vorsichtig mit der Gentechnik um/gehen (i, a, ist)
contrôler les produits	die Produkte kontrollieren
tester l'inocuité	auf Unbedenklichkeit testen
l'arrêté sur les aliments transgéniques	die Novel-Food-Verordnung
la réglementation européenne	die europäische Reglementierung
la loi internationale sur le génie génétique	das internationale Gentechnik-Gesetz
la campagne contre les aliments transgéniques	die Anti-Genfoodkampagne
contrôler les produits importés	die importierten Produkte kontrollieren
non transgénique	nicht genmanipuliert ➢ gentechnikfrei
la marchandise non transgénique	die gentechnikfreie Ware

la diversité en péril — die gefährdete Vielfalt

conserver la diversité des espèces	die Artenvielfalt erhalten (ie, a, hat)
la biodiversité	die biologische Vielfalt
la valeur des plantes	der Wert der Pflanzen
la préserver	ihn wahren

le pollen	der Pollen (-)
la semence	der Samen (-)
une sélection naturelle constante	eine ständige natürliche Auslese
le croisement fortuit	die zufällige Kreuzung
l'espèce végétale menacée	die bedrohte Pflanzenart
sauver de l'extinction	vor dem Aussterben retten
conserver	konservieren, ➢ bewahren
conserver la semence	das Saatgut erhalten (ie, a, hat)
procéder au brassage génique	das Erbgut auf/frischen
l'agriculture moderne	die moderne Landwirtschaft
le pillage génétique	die genetische Plünderung
les plantes à haut rendement *– nécessitent des engrais* *– sont sujettes aux maladies*	ertragreiche Pflanzen – brauchen Düngemittel – sind krankheitsanfällig

❖ la banque des graines — ❖ die (Samen-)Körnerbank

la graine	das Samenkorn (¨er) ➢ das Korn (¨er)
le blé	der Weizen (sg.)
le maïs	der Mais (sg.)
le riz	der Reis (sg.)
les banques génétiques	die Gen-Banken
collecter	sammeln
sauver	retten
sélectionner les semences	die Saat selektieren
préserver la diversité des espèces	die Artenvielfalt bewahren
conserver les espèces en disparition	die bedrohten Arten erhalten (ie, a, hat)
recueillir des échantillons	Proben auf/nehmen (a, o, hat)
le Tiers Monde	die Dritte Welt
un immense réservoir génétique	ein riesiges genetisches Reservoir
une richesse en péril	ein gefährdeter Reichtum
À qui appartient le génotype des graines ?	Wem gehört der Genotypus der Körner?

breveter la nature	die Natur patentieren
le conflit entre chercheurs et agriculteurs	der Konflikt zwischen Forschern und Landwirten

l'alimentation moderne / die moderne Ernährung

la nourriture issue du laboratoire	Essen aus dem Labor
la nourriture haute technologie	High-Tech-Food

❖ l'irradiation des produits alimentaires / ❖ die Bestrahlung der Lebensmittel

les aliments irradiés	die bestrahlten Lebensmittel (pl.)
– les pommes de terre	– die Kartoffeln
– les céréales	– das Getreide (sg.)
– le poisson	– der Fisch (e)
– la viande	– das Fleisch (sg.)
la dose d'irradiation (autorisée)	die (erlaubte) Strahlendosis
irradier	radioaktiv bestrahlen
la conservation	die Konservierung (sg.)
conserver	konservieren
détruire les germes	die Keime ab/töten
stériliser	entkeimen ➢ keimfrei machen
être stérilisé	keimfrei sein
stérilisant, pasteurisant	keimtötend
être pollué par des germes	keimbelastet sein
les bactéries	die Bakterien
les moisissures	die Schimmelpilze
les insectes	die Insekten

❖ une méthode controversée / ❖ eine umstrittene Methode

être toxique	giftig sein
les risques pour la santé	die Risiken für die Gesundheit
être dangereux pour la santé	gesundheitsgefährdend sein
le risque alimentaire	das Ernährungsrisiko (-risiken)
les effets secondaires	die Nebenwirkungen

la crainte des effets secondaires	die Angst vor Nebenwirkungen
développer une antibiorésistance	antibiotikaresistent werden
la réaction allergique	die allergische Reaktion
les allergènes	die Allergene
modifier les produits	die Produkte verändern
la modification de leur valeur nutritive	die Veränderung ihres Nährwertes
duper le consommateur	den Verbraucher täuschen
le procédé n'est pas repérable	das Verfahren ist nicht erkennbar

❖ la protection du consommateur — ❖ der Verbraucherschutz

l'opposant à l'irradiation des aliments	der Bestrahlungsgegner (-)
signaler ce type de produit	diese Produkte kennzeichnen
l'interdiction nationale	das nationale Verbot
la directive européenne	die europäische Richtlinie
l'étiquetage	die Kennzeichnung (en)
l'étiquetage obligatoire	die Kennzeichnungspflicht (sg.)
la traçabilité	die Zurückverfolgbarkeit (sg.)
le label de qualité	das Gütesiegel (-)

❖ les aliments pollués — ❖ die belasteten Nahrungsmittel

les substances interdites	die verbotenen Substanzen
les substances légales	die erlaubten Substanzen
intervenir dans la nature	in die Natur ein/greifen (i, i, hat)
le résultat d'une politique agricole ratée	das Resultat einer verfehlten Landwirtschaftspolitik
l'empoisonnement des aliments	die Lebensmittelvergiftung (en)
les fruits traités	das gespritzte Obst
le produit phytosanitaire	das Pflanzenschutzmittel (-)
les pesticides	die Pestizide
les métaux lourds	die Schwermetalle
les nitrates	die Nitrate
les antibiotiques	die Antibiotika
les salmonelles	die Salmonellen

les additifs	die Zusatzstoffe ➢ die Additive
le conservateur	der Konservierungsstoff (e)
le colorant	der Farbstoff (e)
l'émulsifiant	der Emulgator (en)
l'aromatisant	der Geschmacksverstärker (-)
servir à la conservation	zur Konservierung dienen
optimiser le goût	den Geschmack optimieren
avoir plus d'arôme	aromareicher sein
être plus goûteux	schmackhafter sein
pousser à la consommation	zum Konsum verleiten
le scandale autour des produits de boucherie	der Fleischskandal (e)
des viandes et charcuteries gâtées	verdorbene Fleisch-und Wurstwaren
la viande avariée	das Gammelfleisch (sg.)
des dates de péremption truquées	gefälschtes Verfallsdatum (-ten)
trafiquer les étiquettes	umetikettieren
les médicaments dans la viande	Medikamente im Fleisch
autorisé	erlaubt
non autorisé	unerlaubt
nourrir les animaux avec des hormones	die Tiere mit Hormonen füttern
le supplément hormonal	die Hormonbeigabe (n)
le scandale du veau aux hormones	der Hormonskandal beim Kalb
le calmant	das Beruhigungsmittel (-)
l'antibiotique	das Antibiotikum (-biotika)
augmenter la masse musculaire	den Fleischertrag steigern
augmenter le rendement laitier	die Milchproduktion erhöhen

❖ les produits probiotiques — ❖ die probiotischen Produkte

avec des micro-organismes vivants	mit lebenden Mikroorganismen
la bactérie naturelle	die natürliche Bakterie
les bactéries des acides lactiques	die Milchsäurebakterien

❖ les aliments "fonctionnels"	❖ die funktionellen Lebensmittel
	➢ Functional Food
le produit laitier	das Milchprodukt (e)
le yaourt	der Joghurt (sg.)
la boisson	das Getränk (e)
les boissons lactées	die Milchgetränke
la boisson énergétique	der Energy-Drink (s)
les friandises	die Süßwaren
les vitamines	die Vitamine
les minéraux	die Mineralstoffe
les fibres alimentaires	die Ballaststoffe
le calcium	das Kalzium (sg.)
le magnésium	das Magnesium (sg.)
les acides gras non saturés	die ungesättigten Fettsäuren
les aliments complémentés	die angereicherte Nahrung (sg.)
compenser un (soi-disant) manque	einen (vermeintlichen) Mangel aus/gleichen (i, i, hat)
avoir une action sur la santé	eine Wirkung auf die Gesundheit haben
renforcer les défenses immunitaires	die Abwehrkräfte stärken
influencer positivement l'organisme	den Organismus positiv beeinflussen
procurer la santé, le bien-être, la beauté	Gesundheit, Wohlbefinden, Schönheit bringen (a, a, hat)
un phénomène de mode	ein Modephänomen (e)
suivre une mode	einer Mode folgen

7. L'environnement

La destruction de l'environnement est le plus grave danger à venir pour l'humanité. L'écosystème est désorganisé. L'air, la terre et l'eau sont fortement pollués. Les CFC trouent la couche d'ozone qui nous protège des rayons ultraviolets. L'effet de serre entraîne le réchauffement de la terre, de graves changements climatiques, voire des maladies. Partout sur la planète, la forêt est menacée par une exploitation et un défrichage abusifs ou les pluies acides — ce qui menace les biotopes ainsi que le règne animal et végétal. Les villes s'étendent, leurs habitants souffrent du bruit et du paysage urbain déshumanisé. Les nations industrialisées, tout comme le Tiers Monde, sont menacés d'être asphyxiés par le flot des déchets.

Le problème de la pollution est mondial et doit donc trouver une solution globale, c'est-à-dire internationale. Des experts cherchent à établir une politique mondiale de l'environnement. Une croissance qualitative, la recherche d'alternatives respectant l'environnement, le développement du recyclage, des mesures d'économie et surtout une prise de conscience générale du problème peuvent sauver la planète bleue.

7. Die Umwelt

Die Zerstörung der Umwelt ist die größte Gefahr für die Menschen in den nächsten Jahren. Das Ökosystem ist aus dem Gleichgewicht geraten. Luft, Erde und Wasser sind stark belastet. FCKW durchlöchert die Ozonschicht, die uns vor ultravioletten Strahlen schützt. Der Treibhauseffekt hat die Erwärmung der Erde, schlimme Klimaveränderungen, sogar Krankheiten zur Folge. Der Wald wird überall auf der Welt durch Raubbau, Rodung oder sauren Regen geschädigt, was Biotope sowie die Tier- und Pflanzenwelt bedroht. Die Städte dehnen sich aus, die Menschen leiden unter dem Lärm und unter der unmenschlichen Stadtlandschaft. Die reichen Industrienationen, wie auch die Dritte Welt, drohen unter der Müllflut zu ersticken.

Das Problem der Umweltverschmutzung hat globalen Charakter und muss deshalb auch global, das heißt international, gelöst werden. Experten suchen nach einer weltweiten Umweltpolitik. Qualitatives Wachstum, die Suche nach umweltschonenden Alternativen, eine vermehrte Wiederverwertung von Abfällen, Sparmaßnahmen und insbesondere eine weltweite Bewusstwerdung des Problems können den blauen Planeten retten.

la pollution	die Umweltverschmutzung (sg.) ➢ die Umweltbelastung (en)
les nuisances	die Umweltschäden (pl.)
la destruction de l'environnement	die Umweltzerstörung (en)
la catastrophe écologique	die Umweltkatastrophe (n)
polluant	umweltfeindlich
le non-respect de l'environnement	die Umweltsünde (n)
le pollueur, le contrevenant	der Umweltsünder (-) ➢ der Umweltfrevler (-)
l'écologie	die Ökologie (sg.)
l'écologiste	der Ökologe (n, n)
l'alerte écologique	der Öko-Alarm (sg.)
le terrorisme écologique	der Öko-Terror (sg.)
le poison	das Gift (e)
toxique	giftig
hautement toxique	hochgiftig
empoisonner	vergiften
contaminer	verseuchen
polluer	verpesten (Luft) ➢ verschmutzen, belasten (Wasser, Boden)

l'air — die Luft

l'atmosphère	die Atmosphäre
l'oxygène	der Sauerstoff
la pollution de l'air	die Luftverschmutzung (sg.)
le polluant, la substance nuisible	der Schadstoff (e)
l'émission, l'émanation, le rejet	der Ausstoß (sg.) ➢ die Emission (en)
l'émanation de substances nuisibles	die Schadstoffemission (en)
la saleté	der Dreck (sg.) ➢ der Schmutz (sg.)
la poussière	der Staub (sg.)

les gaz d'échappement	die Abgase (pl.)
l'alerte au smog	der Smogalarm (sg.)
le gaz carbonique	das Kohlendioxid (sg.)
le dioxyde de soufre	das Schwefeldioxid (sg.)
les oxydes d'azote	die Stickoxide (pl.)
l'azote	der Stickstoff (sg.)

❖ l'ozone — ❖ das Ozon

la couche d'ozone	die Ozonschicht (sg.)
le rempart de protection	der Schutzschild (sg.) ➢ der Schutzschirm (sg.)
s'amincir	dünn werden
devenir perméable	durchlässig werden
trouer	durchlöchern
être troué	durchlöchert sein
le trou	das Loch (¨er)
le pôle Sud	der Südpol
le pôle Nord	der Nordpol
l'Antarctique	die Antarktis
l'Arctique	die Arktis
le rayon	der Strahl (en)
les rayons ultraviolets	die ultravioletten Strahlen (pl.)
pénétrer	ein/dringen (a, u, ist) in + A.
les CFC	FCKW (sg.)
le gaz propulseur	das Treibgas (e)
la bombe aérosol	die Spraydose (n)
le solvant	das Lösemittel (-)
le liquide de refroidissement	das Kühlmittel (-)

❖ l'effet de serre — ❖ der Treibhauseffekt

les rayons infrarouges	die infraroten Strahlen (pl.)
s'échapper	hinaus/dringen (a, u, ist)
ne plus pouvoir s'échapper	nicht mehr hinausdringen können

le réchauffement de la terre	die Erderwärmung (sg.)
l'élévation des températures	der Temperaturanstieg (sg.)
la chaleur	die Hitze (sg.)
le manque d'eau	der Wassermangel (sg.)
la sécheresse	die Trockenheit (sg.)
la sécheresse, l'aridité	die Dürre (sg.)
le désert	die Wüste (n)
le changement de climat	die Klimaveränderung (en)
les précipitations	die Niederschläge (pl.)
l'inondation	die Überschwemmung (en)
la fonte des glaces	die Eisschmelze (sg.)
le niveau de la mer monte	der Meeresspiegel steigt (ie, ie, ist)

la terre — die Erde

la biomasse	die Biomasse (sg.)
la désertification	die Desertifikation (sg.) ➢ die Versteppung (sg.)
l'avancée du désert	die Ausdehnung der Wüste
l'érosion	die Erosion (en)
se dessécher	verdorren ➢ aus/trocknen ➢ vertrocknen
la salinisation	die Versalzung (sg.)
être malade du sel	salzkrank sein
s'envaser	verschlammen
s'ensabler	versanden
pauvre en substances nutritives	nährstoffarm
l'engrais	das Düngemittel (-)
l'emploi de machines	der Maschineneinsatz (sg.)
la mauvaise gestion	die Misswirtschaft (sg.)
faire mauvais usage de	missbrauchen
lessiver	aus/laugen ➢ aus/waschen (u, a, hat)

ravager, dévaster	verwüsten
épuiser	erschöpfen

la forêt — der Wald

la forêt pluviale	der Regenwald (¨er)
la forêt tropicale	der tropische Regenwald
la forêt vierge	der Urwald (sg.)
les espaces les plus riches en espèces vivantes	die artenreichsten Räume
la jungle	der Dschungel (sg.)
le bois exotique	das Tropenholz (¨er)
le dépérissement des forêts	das Waldsterben (sg.)
les pluies acides	der saure Regen (sg.)
couper des arbres	Bäume fällen
détruire	vernichten
déboiser	ab/holzen
défricher	roden ➢ urbar machen
le défrichage	die Rodung (en)
l'exploitation abusive de la nature	der Raubbau an der Natur
la coupe à blanc, la coupe claire	der Kahlschlag (sg.)
piller, saccager	plündern
la technique du brûlis	der Flächenbrand (sg.)
brûler	verbrennen (a, a, hat) ➢ ab/fackeln
l'exploitation forestière	die Forstwirtschaft (sg.)
la faune et la flore	die Tier- und Pflanzenwelt (sg.)
la flore	die Flora (sg.)
la faune	die Fauna (sg.)
les espèces végétales menacées	die bedrohten Pflanzenarten (pl.)
les espèces animales menacées	die bedrohten Tierarten (pl.)
le biotope	das Biotop (e)
l'écosystème	das Ökosystem (e)
la chaîne biologique	die biologische Kette (sg.)

la chaîne alimentaire	die Nahrungskette (sg.)
l'équilibre	das Gleichgewicht (sg.)
perdre l'équilibre	aus dem Gleichgewicht geraten (ie, a, ist)
la perturbation de l'équilibre naturel	die Störung des natürlichen Gleichgewichts
l'exploitation	die Ausbeutung (sg.)
exploiter	aus/beuten
l'extermination	die Ausrottung (en)
exterminer	aus/rotten
la mort, l'extinction	das Aussterben (sg.)
périr, se dépeupler, disparaître	aus/sterben (a, o, ist)
le braconnier	der Wilderer (-)
l'éléphant	der Elefant (en, en)
l'ivoire	das Elfenbein (sg.)
la défense	der Stoßzahn (¨e)
le commerce de l'ivoire	der Elfenbeinhandel (sg.)

---

l'eau — das Wasser

l'océan	der Ozean (e)
la mer	das Meer (e) ➢ die See (n)
le fleuve, la rivière	der Fluss (¨e)
les eaux souterraines, la nappe phréatique	das Grundwasser (sg.)
le niveau des eaux souterraines	der Grundwasserspiegel (sg.)
la pollution de l'eau	die Wasserverschmutzung (sg.)
le cloaque	die Kloake (n)
l'épandage excessif	die Überdüngung (sg.)
les nitrates	die Nitrate (pl.)
l'algue	die Alge (n)
la prolifération des algues	die Algenpest (sg.)
les algues prolifèrent	die Algen wuchern
l'eutrophisation	die Eutrophierung (sg.) ➢ das Wuchern der Algen

la marée noire	die Ölpest (sg.)
le pétrolier	der Öltanker (-)
la nappe de pétrole	der Ölteppich (e)
le phoque	die Robbe (n) ➢ der Seehund (e)
la mort des phoques	das Robbensterben (sg.)
la pêche	die Fischerei (en) ➢ der Fischfang (sg.)
les ustensiles de pêche	das Fanggerät (e)
surexploiter les mers	die Meere überfischen
le filet dérivant	das Treibnetz (e)
la chasse à la baleine	der Walfang (sg.)
les quotas de pêche	die Fangquoten (pl.)

les ordures, les déchets (pl.) — der Müll (sg.)

la société de gaspillage	die Wegwerfgesellschaft (en)
la surabondance, le surplus	der Überfluss (sg.)
jeter	weg/werfen (a, o, hat)
gaspiller, gâcher	vergeuden ➢ verschwenden
le déchet	der Abfall (¨e)
la décharge publique	die Müllkippe (n) ➢ die Mülldeponie (n) ➢ die Müllabladestelle (n) ➢ die Abfallhalde (n)
les ordures ménagères	der Hausmüll (sg.)
les déchets spéciaux	der Sondermüll (sg.)
les déchets toxiques	der Giftmüll (sg.)
les déchets hospitaliers	der Klinikmüll (sg.)
les ordures encombrantes	der Sperrmüll (sg.)
les déchets industriels	der Gewerbemüll (sg.)
la montagne de déchets	der Müllberg (e)
l'enlèvement des ordures	die Müllabfuhr (sg.)

décharger les ordures	Müll ab/laden (u, a, hat)
Les décharges sont arrivées à saturation.	Die Deponiekapazitäten sind erschöpft.
l'état d'urgence dans le domaine des déchets	der Müllnotstand (sg.)
l'envoi des déchets hors frontières	der Mülltourismus (sg.)
la décharge sauvage	die wilde Müllhalde
le scandale	der Skandal (e)
le traitement inapproprié des ordures	die unsachgemäße Behandlung des Mülls
l'élimination des déchets	die Müllbeseitigung (en)
l'éboueur	der Müllwerker (-) ➢ der Müllmann (-leute /-männer)
l'usine de traitement des ordures	die Müllaufbereitungsanlage (n)
l'usine d'incinération des ordures	die Hausmüllverbrennungsanlage (n)
la poubelle (d'intérieur)	der Mülleimer (-)
la poubelle (collective)	die Mülltonne (n)
la poubelle verte	die grüne Tonne ➢ die Biotonne (n)
trier	aus/sortieren
les eaux usées	das Abwasser (¨er)
l'élimination des eaux usées	die Abwasserentsorgung (sg.)
la station d'épuration	die Kläranlage (n)
❖ **les déchets radioactifs**	❖ **der Atommüll (sg.)** ➢ der radioaktive Abfall
les rayons	die Strahlen (pl.)
le danger d'irradiation	die Strahlengefahr (sg.)
la radioactivité	die Radioaktivität (sg.)
la panne, l'incident technique	der Störfall (¨e)
l'accident	der Unfall (¨e)
la catastrophe nucléaire	der GAU (größte anzunehmender Unfall)
l'aire de stockage provisoire	das Zwischenlager (-)
le stockage définitif	die Endlagerung (en)

le lieu de stockage définitif	das Endlager (-) ➢ die Endlagerungsstätte (n)
l'élimination des déchets (radioactifs)	die Entsorgung (sg.)
éliminer les déchets (radioactifs)	entsorgen
décontaminer	entgiften
le retraitement des déchets radioactifs	die Wiederaufbereitung (en)
l'usine de retraitement des déchets radioactifs	die Wiederaufbereitungsanlage (n)
le transport de matériel radioactif	der Castor-Transport (e)

---

le recyclage	**das Recycling (sg.)** ***pron. angl.*** ➢ die Wiederverwertung (en)
recycler	recyclen *pron. angl.* ➢ wiederverwerten
❖ l'emballage	**❖ die Verpackung**
l'emballage plastique	die Kunststoffverpackung (en)
le flot d'emballages	die Verpackungsflut (en)
la bouteille plastique	die Plastikflasche (n)
la bouteille en verre	die Glasflasche (n)
la bouteille non consignée	die Einwegflasche (n)
la bouteille consignée	die Pfandflasche (n) ➢ die Mehrwegflasche (n)
la consigne	das Pfand (sg.)
l'emballage perdu	die Einwegverpackung (en)
la vaisselle jetable	das Einweggeschirr (sg.)
le papier usagé	das Altpapier (sg.)
le papier recyclé	das Ökopapier (sg.)
le verre usagé	das Altglas (sg.)
les objets de récupération	die Altware (n)
❖ la voiture hors d'usage	**❖ der Altwagen**
la garantie de reprise	die Rücknahmegarantie (n) ➢ die Rücknahmezusage (n)

l'épave	das Autowrack (s)
le recyclage des vieilles voitures	die Altautoverwertung (en)
la ferraille	der Schrott (sg.)
la casse	der Schrottplatz (¨e)
envoyer à la casse	zum Verschrotten geben (a, e, hat) ➢ verschrotten lassen (ie, a, hat)
le commerce de la ferraille	der Schrotthandel (sg.)
démonter (une machine, une voiture)	(eine Maschine, ein Auto) zerlegen ➢ demontieren
démonter (en vue de réutiliser les pièces)	aus/schlachten
trier	aus/mustern
fondre, refondre	ein/schmelzen (o, o, hat)
réutiliser, récupérer	wieder/verwenden
utilisable	verwertbar
le parc automobile	der Autopark (s)
l'automobile neuve	der Neuwagen (-)
le constructeur automobile	der Autohersteller (-)

les produits chimiques — die Chemikalien

le phosphate	das Phosphat (e)
phosphaté	phosphathaltig
le PCB	das PCB (Polychlorbiphenyle)
le PVC	das PVC (Polyvinylidenchlorid)
la pile-bouton	die Knopfbatterie (n)
les métaux lourds	die Schwermetalle (pl.)
les résidus toxiques	die toxischen Rückstände (pl.)
l'empoisonnement des aliments	die Lebensmittelvergiftung (sg.)
les additifs chimiques	die künstlichen Zusatzstoffe (pl.)
le colorant	der Farbstoff (e)
le conservateur	das Konservierungsmittel (-)
être cancérigène	krebserzeugend ➢ krebserregend sein
les tests sur animaux	die Tierversuche (pl.)

la ville	die Stadt
la crise urbaine	die städtische Krise
région à forte concentration humaine	der Ballungsraum (¨e) ➢ das Ballungsgebiet (e)
la forte densité de population	die hohe Bevölkerungsdichte (sg.)
le développement urbain	die urbane Entwicklung ➢ die Stadtentwicklung (en)
l'urbanisation	die Verstädterung (en)
la densification de la ville	die Verdichtung der Städte
la banlieue (sens positif)	der Stadtrand (¨er) ➢ der Vorort (e) ➢ die Vorstadt (¨e)
la banlieue (sens négatif)	das Problemviertel (-)
s'étendre	sich aus/dehnen ➢ sich aus/breiten
la mégalopole	die Megalopole (n)
la ville tentaculaire	die Riesenstadt (¨e)
la croissance anarchique, incontrôlée	das unkontrollierte Wachstum (sg.)
être mal planifié(e)	schlecht geplant sein
l'asphalte, le bitume	der Asphalt (sg.)
le béton	der Beton (sg.)
bétonner	zu/betonieren
la destruction de l'espace de vie	die Zerstörung des Lebensraums
être inhumain, nuisible à l'homme	menschenfeindlich sein
la circulation	der Verkehr (sg.)
l'embouteillage	der Verkehrsstau (s)
l'embouteillage chronique	der Verkehrsinfarkt (sg.) ➢ der Verkehrskollaps (sg.)
l'accident	der Unfall (¨e)
le bruit	der Lärm (sg.)
la nuisance sonore	die Lärmbelästigung (en)
la pollution sonore	die Lärmbelastung (sg.)
le degré d'intensité sonore	der Lärmpegel (-)

le quartier insalubre	das Elendsviertel (-)
la cité insalubre	die Elendssiedlung (en)
la discrimination sociale et ethnique	die soziale und ethnische Diskriminierung
le ghetto	das Getto (s)
la criminalité	die Kriminalität (sg.)

le changement climatique — der Klimawandel

les changements climatiques	die Klimaschwankungen
la catastrophe climatique	die Klimakatastrophe (n)
le réchauffement global	die globale Erwärmung
la montée des températures moyennes	der Anstieg der Durchschnittstemperaturen
le chaos météorologique	das Wetterchaos (sg.)
provoqué par l'homme	vom Menschen erzeugt
un cycle naturel	ein natürlicher Zyklus
des villes détruites	zerstörte Städte
des paysages ravagés	verwüstete Landschaften
les difficultés d'approvisionnement	die Versorgungsschwierigkeiten
des extrêmes climatiques	die Klimaextreme
l'année la plus chaude	das wärmste Jahr
l'incendie	der Brand (¨e)
de fortes précipitations	heftige Niederschläge
des inondations extrêmes	extreme Hochwasserphänomene
d'énormes masses de neige	extreme Schneemassen
de terribles ouragans	schlimme Orkane
frapper tous les continents	alle Kontinente heim/suchen
une priorité pour tous les gouvernements	eine Priorität für alle Regierungen

la protection de l'environnement — der Umweltschutz

la politique de l'environnement	die Umweltpolitik (sg.)
le ministre de l'Environnement	der Umweltminister (-)
le chercheur en climatologie	der Klimaforscher (-)

les Verts	die Grünen (pl.)
le mouvement alternatif	die alternative Bewegung
le comité de citoyens	die Bürgerinitiative (n)
le protecteur de l'environnement	der Umweltschützer (-)
non polluant, écologique	umweltfreundlich ➢ umweltschonend ➢ umweltgerecht
le souci de l'environnement	das Umweltbewusstsein (sg.)
le principe pollueur-payeur	das Verursacherprinzip (sg.)
la protection de la nature	der Naturschutz (sg.)
mettre la nature sous protection	unter Naturschutz stellen
la préservation des climats	der Klimaschutz (sg.)
le site protégé	das Schutzgebiet (e)
la protection des espèces	der Artenschutz (sg.)
la protection des animaux	der Tierschutz (sg.)
reboiser	auf/forsten
le reboisement	die Aufforstung (en)
❖ la croissance qualitative	**❖ das qualitative Wachstum**
un ensemble des mesures	das Maßnahmenpaket (e)
l'exploitation agricole extensive	die extensive Landwirtschaft
la réduction des CFC	der Abbau von FCKW
la réduction des rejets	die Reduzierung der Emissionen
la modernisation des installations	die Modernisierung der Anlagen
le filtre	der Filter (-)
installer des filtres	Filter ein/bauen
les substances biodégradables	die biologisch abbaubaren Stoffe
les produits sans phosphates	die phosphatfreien Produkte
la loi sur les déchets	das Abfallgesetz (e)
la limitation des ordures	die Müllvermeidung (sg.)
endiguer le flot des ordures	die Müllflut ein/dämmen
développer les énergies alternatives	die alternativen Energien entwickeln
lancer le bouquet énergétique	den Energiemix fördern

la limitation de vitesse	das Tempolimit (sg.) ➢ die Geschwindigkeitsbegrenzung (en)
réduire la circulation privée	den privaten Verkehr reduzieren
développer les moyens de transport publics	die öffentlichen Transportmittel aus/bauen
l'essence sans plomb	das bleifreie Benzin (sg.)
passer à l'essence sans plomb	auf bleifrei um/steigen (ie, ie, ist)
le pot catalytique	der Katalysator (en)
sans gaz d'échappement	abgasfrei
la petite voiture économique	der sparsame Kleinwagen
l'automobile solaire	das Solarmobil (e)
le véhicule hybride	das Hybridauto (s)
l'automobile de ville	das City-Mobil (e)
silencieux	leise
l'écotaxe	die Ökosteuer (sg.)
l'augmentation de l'impôt sur le pétrole	die Erhöhung der Ölsteuer
la taxe carbone	die CO2-Steuer
le carburant vert	das Öko-Benzin (sg.)
l'agrocarburant	der Biotreibstoff (sg.)
isoler les bâtiments	die Gebäude isolieren
fixer un moratoire pour les plantes génétiquement modifiées	ein Moratorium auf Genpflanzen fest/legen

❖ l'éthique de l'urbanisme — ❖ die Ethik der Stadtplanung

la municipalité	die Stadtverwaltung (en)
l'urbanisme	der Städtebau (sg.)
l'urbanisme, l'aménagement des villes	die Stadtplanung (en)
l'urbaniste	der Stadtplaner (-)
l'infrastructure	die Infrastruktur (en)
surveiller la santé publique	den Gesundheitszustand der Bevölkerung überwachen
la lutte contre le bruit	die Lärmbekämpfung (en)

prendre des mesures contre le bruit	Lärmschutzmaßnahmen treffen (a, o, hat)
la zone piétonne	die Fußgängerzone (n)
interdire l'accès au centre-ville	die Innenstadt sperren
les espaces verts	die Grünflächen (pl.) ➢ die Grünanlage (n)
la rénovation des quartiers anciens	die Stadtsanierung (en)
conserver la couleur locale	das Lokalkolorit bewahren (sg.)
être vivant	lebhaft sein
permettre la détente, le repos	die Erholung ermöglichen
le charme urbain	der urbane Charme (sg.)
une ville humaine, agréable	eine menschenfreundliche Stadt

8. L'énergie

L'énergie est le moteur de l'économie et de la vie modernes. Les sources d'énergie les plus utilisées aujourd'hui sont les combustibles fossiles : pétrole, charbon, gaz. Ils sont efficaces, mais polluent l'environnement et ne sont, hélas, pas renouvelables. Un jour, les stocks seront épuisés. En outre, les nations industrialisées sont très dépendantes des pays de l'OPEP, ce qui conduit certaines — la France par exemple — à tendre à l'autonomie en développant la production d'énergie nucléaire. Cette dernière est certes propre mais peu sûre : les risques d'accident sont grands et le traitement des déchets nucléaires est difficile. La solution idéale serait le développement des énergies alternatives : soleil, vent, eau et géothermie. Ces sources sont toujours disponibles, inépuisables, non polluantes — appropriées aux pays en voie de développement surtout. À ce jour, elles sont toutefois encore trop coûteuses et donc non compétitives.

Le problème de l'énergie se posera de manière aiguë dans les années à venir. Il s'agit d'économiser l'énergie et d'opter pour des alternatives propres et sûres.

8. Die Energie

Die Energie ist die Triebkraft der modernen Wirtschaft und des modernen Lebens. Die Energiequellen, die heute am meisten verwendet werden, sind die fossilen Brennstoffe: Erdöl, Kohle und Gas. Sie sind effizient, verschmutzen aber die Umwelt und sind leider nicht unbegrenzt. Eines Tages sind die Vorräte erschöpft. Außerdem sind die Industrienationen stark von den OPEC-Ländern abhängig, was einige, wie zum Beispiel Frankreich, dazu bewegt, ihre Unabhängigkeit durch die Erhöhung der Kernenergieproduktion anzustreben. Letztere ist zwar sauber, aber nicht sicher: die Risiken eines Unfalls sind groß, und die Entsorgung des Atommülls ist schwer. Die ideale Lösung wäre die vermehrte Nutzung alternativer Energien aus Sonne, Wind, Wasser und Erdwärme. Diese Quellen sind allzeit vorhanden, unerschöpflich und umweltfreundlich – sowie für die Entwicklungsländer geeignet. Bis heute sind sie jedoch zu kostspielig, daher nicht konkurrenzfähig.

Das Energieproblem wird in den nächsten Jahren akut werden. Es geht darum, Energie zu sparen sowie auf saubere und sichere Energiequellen umzusteigen.

la source d'énergie	die Energiequelle (n) ➢ der Energieträger (-)
le combustible	der Brennstoff (e)
les ressources	die Ressourcen (pl.)
les réserves augmentent	die Reserven wachsen (u, a, ist)
les réserves diminuent	die Reserven schrumpfen
les besoins énergétiques	der Energiebedarf (sg.)
la consommation d'énergie	der Energieverbrauch (sg.)
la production énergétique	die Energieerzeugung (en) ➢ die Energieproduktion (en) ➢ das Energieaufkommen (-)
l'approvisionnement énergétique	die Energieversorgung (en)

l'économie énergétique — die Energiewirtschaft

le secteur de l'énergie	der Energiebereich (e)
le moteur de l'économie	die Triebkraft der Wirtschaft
le moteur de la croissance	die Triebkraft des Wachstums
satisfaire les besoins croissants	den steigenden Bedarf decken
le retard de l'Est	der Nachholbedarf im Osten
qui produit de l'énergie	energiegewinnend
qui consomme de l'énergie	energieverbrauchend
grand consommateur d'énergie	energieintensiv
une industrie "énergivore"	eine energiefressende Industrie
le gros consommateur	der Großabnehmer (-)
le petit consommateur	der Kleinverbraucher (-)
l'explosion démographique	die Bevölkerungsexplosion (sg.)
l'approvisionnement des ménages	die Versorgung der Haushalte
le chauffage	die Heizung (en)
chauffer	heizen
le confort, la commodité	die Bequemlichkeit (sg.)
le confort	der Komfort (sg.)
le gaspillage	die Verschwendung (en)
dépendre de l'importation d'énergie	von Energieimporten ab/hängen (i, a, hat)

la vulnérabilité des pays industrialisés	die Verwundbarkeit der Industrieländer
l'insuffisance de l'approvisionnement	die Versorgungslücke (n)

les énergies fossiles — die fossile Energie (sg.)

l'énergie primaire	die Primärenergie (n)
les sources d'énergies classiques	die herkömmlichen Energieträger
le gisement	das Vorkommen (-)
la réserve, le stock	der Vorrat (¨e)
la réserve limitée	der begrenzte Vorrat
l'extraction, la production	die Förderung (en)
la transformation, le traitement	die Verarbeitung (en)
le transport	der Transport (e)

❖ le pétrole — ❖ das Öl

- das Erdöl (sg.)
- das Mineralöl (sg.)

le produit pétrolier	das Mineralölprodukt (e)
la compagnie pétrolière	die Mineralölgesellschaft (en)
le champ pétrolifère	das Erdölfeld (er)
le carburant	der Treibstoff (e)
l'essence	das Benzin (sg.)
le gasoil, le gazole	der Diesel (sg.)
le baril	das Barrel (s) *pron. angl.*
exploiter de nouveaux gisements de pétrole	neue Erdölvorkommen erschließen (o, o, hat)
le derrick	der Bohrturm (¨e)
percer, forer, prospecter	bohren
le pipeline, l'oléoduc	die Pipeline (s) *pron. angl.*
le prix du pétrole	der Ölpreis (e)
la réserve de pétrole	die Ölreserve (n)
le producteur de pétrole	der Ölproduzent (en, en)
le magnat du pétrole	der Ölscheich (s)
l'exportateur de pétrole	der Ölexporteur (e)

l'OPEP (Organisation des pays exportateurs et producteurs de pétrole)	die OPEC (sg.)
le pays de l'OPEP	das OPEC-Land (¨er)
le pays producteur de pétrole	das Ölförderland (¨er)
la production de l'OPEP	die OPEC-Produktion (en)
la multinationale du pétrole	der Ölmulti (s)
❖ le gaz	**❖ das Gas**
le gaz naturel	das Erdgas (sg.)
le gisement de gaz naturel	das Erdgasvorkommen (-)
le gaz de ville	das Stadtgas (sg.)
le gaz de pétrole liquéfié	das Flüssiggas (sg.)
❖ le charbon	**❖ die Kohle**
la houille	die Steinkohle (sg.)
la lignite	die Braunkohle (sg.)
l'extraction de houille	die Kohlenförderung (en)
la mine	das Bergwerk (e) ➢ die Mine (en) ➢ die Zeche (n)
la fosse	die Grube (n)

le courant électrique — der Strom

l'électricité	die Elektrizität (sg.) terme scientifique
l'énergie secondaire	die Sekundärenergie (sg.)
le produit transformé	das Veredelungsprodukt (e)
la production d'électricité	die Stromproduktion (sg.)
produire de l'électricité	Strom erzeugen
stocker l'électricité	Strom speichern
stocker l'électricité de nuit	den Nachtstrom speichern
le secteur, le réseau	das Stromnetz (e)
la haute tension	die Hochspannung (sg.)
le réseau de haute tension	das Hochspannungsnetz (e)
le kilowatt	das Kilowatt (sg.)

le secteur économique de l'électricité	die Elektrizitätswirtschaft (sg.)
la centrale électrique	das Kraftwerk (e)

l'énergie nucléaire — die Kernenergie

la centrale nucléaire	das Atomkraftwerk (e) (Abk.: AKW) ➢ das Kernkraftwerk (e)
l'uranium	das Uran (sg.)
la fission nucléaire	die Kernspaltung (sg.)
la fusion nucléaire	die Kernfusion (sg.)
le réacteur nucléaire	der Kernreaktor (en)
la réaction en chaîne	die Kettenreaktion (en)
la technique nucléaire	die Kernkrafttechnik (sg.)
le débat autour de l'énergie atomique	die Kernenergiedebatte (n)
l'utilisation pacifique	die friedliche Nutzung (sg.)
le développement de l'énergie nucléaire	der Ausbau der Kernkraft (sg.)
l'énergie nucléaire comme alternative	die Atomenergie als Alternative (sg.)
le remplacement des combustibles fossiles	die Ersetzung fossiler Brennstoffe
la production d'électricité par le nucléaire	die nukleare Stromerzeugung (sg.)
se fonder sur l'énergie nucléaire	sich auf die Kernenergie stützen
le pays pronucléaire	das kernkraftfreudige Land
la propreté	die Sauberkeit (sg.)
la sûreté, la fiabilité	die Zuverlässigkeit (sg.)
la sécurité des réacteurs	die Reaktorsicherheit (sg.)
les conséquences sur l'environnement	die Umweltauswirkung (en)
la radioactivité	die Radioaktivität (sg.)
la technologie à risque	die Risikotechnologie (n)
le risque pour la sécurité	das Sicherheitsrisiko (-risiken)
la bombe à retardement	die Zeitbombe (n)
l'accident nucléaire de Tchernobyl	das Reaktorunglück in Tschernobyl (sg.)
renoncer à l'énergie atomique	auf Atomenergie verzichten ➢ aus der Kernenergie aus/steigen (ie, ie, ist)
l'abandon du nucléaire	der Ausstieg aus der Atomenergie

les énergies alternatives	die alternativen Energien
	➢ die sanften Energien (pl.)
la source d'énergie renouvelable	der erneuerbare Energieträger ➢ die regenerative Energie (sg.)
inépuisable	unerschöpflich
toujours disponible	immer verfügbar
le potentiel énorme	das gewaltige Potenzial
non polluant	umweltverträglich
propre	sauber
sûr	sicher
inutilisé	ungenutzt
non rentable	unrentabel
cher	teuer
les coûts d'investissement lourds	die hohen Investitionskosten
❖ le carburant vert	**❖ der Bio-Treibstoff**
le colza	der Raps (sg.)
❖ le soleil	**❖ die Sonne**
l'énergie solaire	die Sonnenenergie (sg.)
la transformation de la lumière en courant	die Umwandlung von Sonnenlicht in Strom
photovoltaïque	fotovoltaisch
l'électricité produite par le soleil	der Solarstrom (sg.)
la chaleur solaire	die Solarwärme (sg.)
le toit solaire	das Solardach (¨er)
le capteur solaire	der Sonnenspeicher (-)
l'alimentation des montres *– des calculatrices* *– des petits appareils*	die Versorgung von Uhren – Taschenrechnern – Kleingeräten
❖ le vent	**❖ der Wind**
l'énergie du vent	die Windenergie (sg.)
l'utilisation du vent	die Windnutzung (sg.)

le moulin à vent	die Windmühle (n)
la roue éolienne	das Windrad (¨er)
la centrale éolienne	das Windkraftwerk (e)
les problèmes écologiques	die ökologischen Probleme
la résistance des écologistes	der Widerstand der Naturschützer
la protection des oiseaux	der Vogelschutz (sg.)
❖ l'eau	**❖ das Wasser**
l'énergie hydraulique	die Wasserkraft (sg.)
la centrale hydroélectrique	die Wasserkraftanlage (n)
le lac de barrage	der Stausee (n)
la digue	der Deich (e) ➢ der Damm (¨e)
le réservoir	das Reservoir (e)
retenir (eau)	auf/stauen
l'énergie tirée de la mer	die Meeresenergie (sg.)
l'énergie tirée des vagues	die Wellenenergie (sg.)
la marée basse	die Ebbe (n)
la marée haute	die Flut (en)
le ressac	die Brandung (en)
les marées	die Gezeiten (pl.)
l'énergie marémotrice	die Gezeitenenergie (sg.)
la centrale marémotrice	das Gezeitenkraftwerk (e)
causer des dégâts	Schaden an/richten
le danger pour la faune et la flore	die Gefährdung von Tieren und Pflanzen
la modification du climat	die Veränderung des Klimas
le danger de séisme, la sismicité	die Erdbebengefahr (sg.)
❖ la biomasse	**❖ die Biomasse**
l'énergie de la biomasse	die Energie der Biomasse
la substance organique	die organische Substanz
des matières premières renouvelables	nachwachsende Rohstoffe

le bois	das Holz (¨er)
les fibres de végétaux	die Pflanzenfasern (pl.)
❖ la chaleur tellurique	**❖ die Erdwärme**
la géothermie	die Geothermie (sg.)
l'énergie géothermique	die geothermische Energie (sg.)
un potentiel énergétique inépuisable	unerschöpfliches Energiepotenzial
disponible partout	überall verfügbar
indépendant de la saison et du temps	unabhängig von Jahreszeit und Wetter
écologique à cent pour cent	absolut klimafreundlich
❖ l'hydrogène	**❖ der Wasserstoff**
la source d'énergie de l'avenir	der Energieträger der Zukunft
transportable	transportabel ➢ transportfähig
qui peut être stocké	speicherfähig
écologique, non polluant	umweltfreundlich
❖le bouquet énergétique	**❖ der Energiemix**
utilisation de plusieurs énergies	Verwendung von verschiedenen Energien
plus de souplesse	mehr Flexibilität
ne pas dépendre exclusivement des énergies fossiles	nicht ausschließlich von den fossilen Energien ab/hängen

la modification du comportement — die Veränderung des Verhaltens

des prix de l'énergie élevés	hohe Energiepreise
le bilan énergétique	die Energiebilanz (sg.)
des factures élevées	hohe Rechnungen
la consommation énergétique	der Energieverbrauch (sg.)
économiser l'énergie	Energie sparen
les mesures d'économie d'énergie	die Energiesparmaßnahme (n)
le programme de restriction	das Sparprogramm (e)
la consommation de pétrole diminue	der Mineralölverbrauch sinkt

moins de fuel domestique	weniger Heizöl
les conséquences de la température	der Temperatureffekt (sg.)
construire des voitures économiques	sparsame Autos bauen
des appareils ménagers économiques	sparsame Haushaltsgeräte
l'isolation des bâtiments	die Isolation der Gebäude
susciter la mauvaise conscience de l'utilisateur	das schlechte Gewissen des Verbrauchers wecken
l'utilisation rationnelle de l'énergie	die rationelle Energienutzung
développer de nouvelles sources d'énergie	neue Energiequellen erschließen (o, o, hat)
les programmes de recherche et de développement	die Forschungs- und Entwicklungsprogramme
les mesures de soutien de l'État	die staatlichen Fördermaßnahmen
rendre lucratif	lukrativ machen
rendre compétitif	konkurrenzfähig machen

❖ l'approvisionnement énergétique dans l'UE — ❖ die Energieversorgung der EU

la situation géopolitique	die geopolitische Lage
peu sûre	unsicher
extrêmement délicate	äußerst kompliziert
de nouvelles dépendances	neue Abhängigkeiten
des défis stratégiques	strategische Herausforderungen
une politique énergétique européenne	eine europäische Energiepolitik
l'approvisionnement futur de l'Europe	die künftige Energieversorgung für Europa
ouvrir les marchés européens du gaz et de l'électricité	die europäischen Gas- und Strommärkte öffnen
le renforcement de la solidarité	die Stärkung der Solidarität
faire des réserves	Vorräte bilden
une politique étrangère de l'énergie commune	eine gemeinsame Energieaußenpolitik

9. Les États industrialisés

Dans les pays industrialisés, la démocratie veille à ce que les Droits de l'homme soient garantis, à ce que chacun ait le droit à la vie et à la liberté et puisse poursuivre la recherche de son bonheur personnel. Dans ces petites sphères de prospérité, les médias, reflet de l'opinion publique, jouent un rôle essentiel. Les moyens de communication ont complètement modifié la vie, le travail et les mentalités. Des valeurs nouvelles sont apparues. Le travail n'est plus l'essentiel. On cherche d'abord son épanouissement personnel par la culture et une organisation constructive des loisirs. Les modes de vie s'individualisent. On vit plus vite, on se nourrit différemment, on se préoccupe davantage de son apparence. La cellule familiale s'est transformée, principalement à la suite de l'émancipation des femmes. Les personnes âgées sont plus nombreuses et en meilleure condition physique qu'autrefois.

Ce monde a néanmoins des zones d'ombre. La société vieillit de plus en plus. Les nouvelles valeurs signifient souvent l'uniformisation du style de vie et de la façon de penser. La perte des valeurs entraîne des difficultés à orienter sa vie, principalement chez les jeunes. Les personnes qui ne correspondent pas aux normes sociales sont marginalisées et constituent le quart-monde qui s'appauvrit de plus en plus. On évoque fréquemment le danger d'une société à deux vitesses. L'individualisme peut aussi devenir facteur de solitude, surtout dans les grandes villes. L'égoïsme, que ce soit au sein de la famille ou dans le groupe de travail, pourrait sonner le glas de ces États.

9. Die Industriestaaten

In den entwickelten Ländern sorgt die Demokratie dafür, dass die Menschenrechte garantiert werden, dass jeder das Recht auf Leben und Freiheit hat und sein eigenes Glück verfolgen kann. In diesen kleinen Wohlstandssphären spielen die Massenmedien, Spiegelbild der öffentlichen Meinung, eine wesentliche Rolle. Die Kommunikationsmittel haben das Leben, die Arbeit und die Denkweisen radikal verändert. Es gibt neue Wertvorstellungen. Arbeit ist nicht mehr das Wichtigste. Man strebt vorrangig nach der Entfaltung seiner Persönlichkeit durch Bildung und intelligente Freizeitgestaltung. Die Lebensformen individualisieren sich, man lebt schneller, isst anders, kümmert sich mehr um sein Aussehen. Die Familie hat sich verändert, prinzipiell durch die Emanzipation der Frauen. Die Senioren sind zahlreicher und vitaler als früher.

Diese Welt hat aber auch eine Schattenseite. Die Gesellschaft wird immer älter. Die neuen Werte bedeuten oft Uniformisierung des Lebensstils und der Denkweisen. Der Werteverlust führt zu Orientierungslosigkeit, insbesondere bei Jugendlichen. Menschen, die den gesellschaftlichen Normen nicht entsprechen, bleiben manchmal auf der Strecke und bilden eine untere Gesellschaftsschicht, die immer mehr verarmt. Man weist häufig auf die Gefahr einer Zweidrittel-Gesellschaft hin. Der Individualismus kann auch Einsamkeit mit sich bringen, insbesondere in den großen Städten. Egoistisches Verhalten, sei es in der Familie oder in der Arbeitsgruppe, könnte die innere Auflösung dieser Staaten bedeuten.

le pays développé	das entwickelte Land
le pays industrialisé	das Industrieland (¨er)
la nation industrialisée	die Industrienation (en)
les États-Unis	die USA
le Canada	Kanada
l'Australie	Australien
l'Europe	Europa
le Japon	Japan
la cinquième et la plus riche partie de la population mondiale	das reichste Fünftel der Weltbevölkerung

la prospérité — der Wohlstand

l'économie de marché	die Marktwirtschaft (sg.)
le libéralisme	der Liberalismus (sg.)
le principe de la concurrence	das Wettbewerbsprinzip (ien)
le profit, le gain	der Profit (e)
réaliser un profit	einen Profit erzielen
l'offre	das Angebot (e)
l'abondance des offres	die Fülle der Angebote
la demande	die Nachfrage (n)
la loi de l'offre et de la demande	das Gesetz von Angebot und Nachfrage
l'économie sociale de marché	die soziale Marktwirtschaft (sg.)
intervenir dans	ein/greifen (i, i, hat) in + A.
ne pas paralyser le principe de la concurrence	das Wettbewerbsprinzip nicht außer Kraft setzen
la société d'abondance	die Wohlstandsgesellschaft (en)
le citoyen aisé, le nanti	der Wohlstandsbürger (-)
la personne aisée, nantie	der Wohlhabende (n) *adj. subst.*
être aisé	wohlhabend sein
la sphère de prospérité	die Wohlstandssphäre (n)
le niveau de vie	der Lebensstandard (s)
le niveau de vie élevé	der hohe Lebensstandard
maintenir le niveau de vie	den Lebensstandard erhalten (ie, a, hat)

améliorer le niveau de vie	den Lebensstandard verbessern
la vie agréable, facile	das bequeme Leben (sg.)
la facilité	die Bequemlichkeit (sg.)
la consommation	der Konsum (sg.) ➢ der Verbrauch (sg.)
la société de consommation	die Konsumgesellschaft (en)
le consommateur	der Verbraucher (-) ➢ der Konsument (en, en)
consommer	verbrauchen ➢ konsumieren
la richesse	der Reichtum (¨er)
le luxe	der Luxus (sg.)
l'excédent, la surabondance	der Überfluss (sg.)
la société de surabondance	die Überflussgesellschaft (en)
le gaspillage	die Verschwendung (sg.)
gaspiller	verschwenden
la société de gaspillage	die Wegwerfgesellschaft (en)
la consommation élevée d'énergie	der hohe Energieverbrauch (sg.)
vivre au-dessus de ses moyens	über seine Verhältnisse leben
le besoin	das Bedürfnis (-se)
satisfaire les besoins	die Bedürfnisse befriedigen
susciter des besoins	Bedürfnisse wecken
le monde matérialiste	die materialistische Welt

la communication — die Kommunikation

communiquer	kommunizieren
la société de communication	die Kommunikationsgesellschaft (sg.)

❖ maîtriser l'espace — ❖ den Raum beherrschen

réduire les distances	die Distanzen vermindern
la vitesse	die Geschwindigkeit (en)
la grande vitesse	die hohe Geschwindigkeit
le gain de temps	der Zeitgewinn (sg.)

augmenter la performance	die Leistungsfähigkeit erhöhen
développer de nouvelles techniques de transport	neue Verkehrstechniken entwickeln
le ministère des Transports	das Verkehrsministerium (-ministerien)
une nouvelle politique des transports	eine neue Verkehrspolitik
fixer de nouvelles priorités	neue Prioritäten setzen
désengorger l'espace aérien et les routes	den Luft- und Straßenraum entlasten
améliorer la compétitivité ferroviaire	die Wettbewerbsfähigkeit der Bahn verbessern
le chemin de fer	die Bahn (sg.)
le train	der Zug (¨e)
le train de marchandises	der Güterzug (¨e)
le train à grande vitesse	der Hochgeschwindigkeitszug (¨e)
le train rapide interurbain	der ICE (Inter-City- Express) (sg.)
le train magnétique à grande vitesse	die Magnetschnellbahn (en) ➢ die Magnetschwebebahn (en)
le "transrapide"	der Transrapid (sg.)
le TGV français	der französische TGV *pron. française*
la ligne à grande vitesse ICE / TGV	die Hochgeschwindigkeitsstrecke ICE / TGV
le tracé	die Trasse (n)
le réseau	das Netz (e)
le réseau européen des trains à grande vitesse	das europäische Schnellbahnnetz
le trafic aérien	der Luftverkehr (sg.)
développer et démocratiser le trafic aérien	den Luftverkehr entwickeln und demokratisieren
l'avion	das Flugzeug (e)
la vitesse du son	die Schallgeschwindigkeit (sg.)
franchir le mur du son	die Schallmauer durchbrechen (a, o, hat)
l'avion supersonique	das Überschallflugzeug (e)
l'avion hypersonique	das Hyperschallflugzeug (e)
le bateau	das Schiff (e)
la navigation	die Schifffahrt (sg.)

le tunnel sous la Manche	der Tunnel unter dem Ärmelkanal ➢ der Eurotunnel ➢ der Kanaltunnel

❖ maîtriser le temps — ❖ die Zeit beherrschen

les nouvelles techniques de communication	die neuen Kommunikationstechniken
la mémorisation durable et illimitée des données	die langfristige und unbegrenzte Speicherung von Daten
générer des informations	Informationen erzeugen
transmettre des informations	Informationen übertragen (u, a, hat)
traiter des informations	Informationen verarbeiten
les télécommunications	die Telekommunikation (sg.)
la modernisation du réseau de télécommunication	die Modernisierung des Fernmeldenetzes
la fibre de verre	die Glasfaser (sg.)
la technique des fibres de verre	die Glasfasertechnik (en)
la vitesse de la lumière	die Lichtgeschwindigkeit (sg.)
transmettre à la vitesse de la lumière	mit Lichtgeschwindigkeit übertragen (u, a, hat)
le téléphone	das Telefon (e)
la liaison téléphonique	die Telefonverbindung (en)
le téléphone sans fil	das drahtlose Telefon ➢ das schnurlose Telefon
le téléphone portable	das Handy (s) *pron. angl.* ➢ das Mobiltelefon (e)
le télex, le téléscripteur	der Fernschreiber (-)
le télécopieur, l'appareil téléfax	das (Tele)Fax-Gerät (e)
le fax	das Fax (e)
faxer	faxen
le télétel, le minitel	Btx (der Bildschirmtext)
par minitel, par voie télématique	über Btx
la société informatique	die Informationsgesellschaft (sg.)
la société de services	die Dienstleistungsgesellschaft (sg.)
le tertiaire, les prestations de services	die Dienstleistungen (pl.)

nécessiter de nouveaux produits	neue Produkte benötigen
créer de nouveaux secteurs industriels	neue Industriezweige schaffen (u, a, hat)
ouvrir de nouveaux marchés	neue Märkte eröffnen
le changement profond dans la vie économique et sociale	die tiefgreifende Veränderung des wirtschaftlichen und gesellschaftlichen Lebens
une meilleure collaboration	eine bessere Zusammenarbeit
une structure de travail différente	eine andere Arbeitsstruktur
la surveillance automatisée	die elektronische Überwachung
la mutation des modes de pensée et des comportements	der Wandel im Denken und Wirken
l'échange rapide d'informations	der schnelle Informationsaustausch
les mass media, les médias	die (Massen)Medien (pl.)
le quatrième pouvoir	die Vierte Gewalt
la "médiacratie"	die „Mediakratie" (sg.)
le pouvoir des journalistes	die Macht der Journalisten
le pouvoir de la rue	die Macht der Straße
l'opinion publique	die öffentliche Meinung
le peuple souverain	das souveräne Volk
le rapprochement des peuples	die Annäherung der Völker
les profils requis changent	die Anforderungsprofile ändern sich
de nouvelles qualifications sont requises	neue Qualifikationen sind erforderlich
un niveau plus élevé est nécessaire	ein höheres Niveau ist nötig
développer la capacité d'adaptation	die Anpassungsfähigkeit aus/bauen
favoriser la culture générale	die Allgemeinbildung fördern
approfondir les connaissances techniques	das Fachwissen vertiefen
la formation professionnelle	die berufliche Ausbildung
la bipartition de la société	die Zweiteilung der Gesellschaft
peu d'initiés	wenig Wissende (pl.)
beaucoup d'ignorants	viele Unwissende (pl.)
le système éducatif doit réagir à cela	das Bildungssystem muss darauf reagieren
la réforme éducative	die Bildungsreform (en)

la complexité accrue des sociétés	die höhere Komplexität der Gesellschaften
la société est plus vulnérable	die Gesellschaft ist verwundbarer
l'interdépendance	die Interdependenz (en) ➢ die gegenseitige Abhängigkeit
l'interdépendance des individus et des nations est renforcée	die Abhängigkeit zwischen den Individuen und den Staaten wird verstärkt
la fin de l'État-nation	das Ende des Nationalstaates

la structure de la société — die Gesellschaftsstruktur

❖ la modification de la pyramide des âges — ❖ die Verschiebung der Alterspyramide

les nations riches à démographie déclinante	die schrumpfenden reichen Nationen
la faible croissance démographique	der geringe Bevölkerungszuwachs
le faible taux des naissances	die niedrige Geburtenrate
la dénatalité	der Geburtenrückgang (sg.)
le taux de mortalité en régression	die rückläufige Sterberate
le vieillissement de la population	die Alterung der Bevölkerung ➢ die Vergreisung der Bevölkerung
vieillir de plus en plus	immer älter werden
le vieillard	der Greis (e)
les personnes âgées	die Senioren (pl.) ➢ die alten Leute / Menschen
le retraité	der Rentner (-)
la pension, la retraite	die Rente (n)
la caisse de vieillesse	die Rentenkasse (n) ➢ die Alterskasse (n)
la mesure de prévoyance pour la vieillesse	die Altersvorsorge (sg.)
l'assurance retraite	die Rentenversicherung (en)
le problème du financement	das Finanzierungsproblem (e)
le déficit de la caisse de retraite	das Defizit der Rentenkassen
le cotisant	der Beitragszahler (-)

de moins en moins de cotisants	immer weniger Beitragszahler (pl.)
la pénurie de main-d'œuvre	der Arbeitskräftemangel (sg.)
le mi-temps pour personnes âgées	die Altersteilzeit (sg.)
la maison de retraite	das Altenheim (e) ➢ das Altersheim (e)
la maison de retraite médicalisée	das Pflegeheim (e)
nécessiter des soins	pflegebedürftig sein
être grabataire	bettlägerig sein
être handicapé	behindert sein
être tributaire d'une aide étrangère	auf fremde Hilfe angewiesen sein
s'y préparer	sich darauf ein/stellen
proposer une meilleure qualité de vie	eine bessere Lebensqualität bieten (o, o, hat)
le besoin en structures et en personnel	der Bedarf an Pflegeeinrichtungen und sanitaires Pflegepersonal
le traitement à domicile	die ambulante Behandlung
les soins hospitaliers	die stationäre Betreuung
les soins à domicile	die häusliche Pflege
l'intensification de la recherche en gériatrie	die Intensivierung der Altersforschung

❖ les "nouveaux vieux" — ❖ die „neuen Alten"

la retraite plus longue	der längere Ruhestand
la préretraite	der Vorruhestand (sg.)
partir en préretraite	in den Vorruhestand treten (a, e, ist)
partir en retraite	in den Ruhestand treten (a, e, ist)
prendre sa retraite	sich pensionieren lassen (ie, a, hat)
avoir un pouvoir d'achat considérable	eine beträchtliche Kaufkraft haben
la cible de la politique et de la publicité	die Zielgruppe von Politik und Werbung
s'adonner à ses hobbies	seinen Hobbys nach/gehen (i, a, ist)
être en meilleure santé	gesünder sein
plus aisé	wohlhabender
plus exigeant	anspruchsvoller

plus indépendant	unabhängiger ➢ selbständiger
l'espérance de vie plus élevée	die höhere Lebenserwartung ➢ die längere Lebensdauer
être jeune plus longtemps	länger jung sein
favoriser l'emploi des seniors	die Beschäftigung Älterer fördern
l'employé plus âgé	der ältere Arbeitnehmer
la mémoire de l'entreprise	das Gedächtnis der Firma
l'expérience	die Erfahrung (en)
la prudence	die Vorsicht (sg.)
compléter les compétences des plus jeunes	die Kompetenzen der Jüngeren aus/gleichen (i, i, hat)
un équilibre entre deux forces	ein Gleichgewicht zweier Kräfte
la mobilité de la limite d'âge	die Flexibilisierung der Altersgrenze
augmenter l'âge de la retraite	das Renteneintrittsalter erhöhen
le retournement de tendance	die Trendumkehr (sg.)
le changement des mentalités	der Mentalitätsumschwung (sg.)

❖ **la nouvelle famille**	❖ **die neue Familie**
l'éclatement de la cellule familiale	das Ende der intakten Familie
la famille "patchwork", recomposée	die Patchwork-Familie (n)
la vie commune	das Zusammenleben (sg.)
le couple	das Ehepaar (e)
le concubinage	die wilde Ehe
le PACS	die Eingetragene (Lebens)Partnerschaft
le niveau de vie fondé sur deux revenus	der Lebensstandard mit zwei Einkommen
le partage des travaux ménagers	die partnerschaftliche Arbeitsteilung
le père au foyer	der Hausmann (¨er)
le nouveau père	der neue Vater
l'émancipation de la femme	die Emanzipation der Frau
l'égalité des sexes	die Gleichberechtigung (sg.)
la libération de la morale sexuelle	die Liberalisierung der Sexualmoral

l'autonomie de l'homme d'aujourd'hui	die Autonomie des modernen Menschen
le succès professionnel	der berufliche Erfolg
la carrière	die Karriere (n)
la femme carriériste	die Karrierefrau (en)
l'ambition	der Ehrgeiz (sg.)
être ambitieux	ehrgeizig sein
l'égoïsme	der Egoismus (sg.)
la séparation	die Trennung (en)
le divorce	die Scheidung (en)
être divorcé	geschieden sein
le droit de visite	das Umgangsrecht (sg.)
le droit de garde	das Sorgerecht (sg.)
le parent isolé, la famille monoparentale	der Alleinerziehende (n) *adj. subst.*
celui qui vit seul	der Alleinlebende (n) *adj. subst.* ➢ der Single (s)
le ménage à une personne	der Einpersonenhaushalt (e) ➢ der Singelhaushalt (e)
la famille recomposée	die Patchwork-Familie (sg.)

le nouveau mode de vie — die neue Lebensweise

❖ les nouvelles habitudes alimentaires — ❖ die neuen Essgewohnheiten

avoir une alimentation équilibrée	sich vernünftig ernähren
la diététique	die Ernährungswissenschaft (sg.)
le régime	die Diät (sg.)
faire rapidement la cuisine	schnell kochen
manger rapidement	schnell essen
le fast-food, la restauration rapide	das Fastfood (sg.)
le snack(bar) lieu	der Schnellimbiss (sg.) ➢ der Imbiss (sg.) ➢ die Imbissstube (n)
le repas rapide, la collation	der Imbiss (e)
la nourriture surgelée	die Tiefkühlkost (sg.)
le plat préparé	das Fertiggericht (e)

le four à micro-ondes	die Mikrowelle (n) ➢ der Mikrowellenherd (e)
être suralimenté	überernährt sein
mal se nourrir	sich falsch ernähren
la malnutrition	die falsche Ernährung
les calories	die Kalorien (pl.)
l'hydrate de carbone	das Kohlehydrat (e)
trop de glucides	zu viele Kohlehydrate (pl.)
trop de sucres	zu viel Zucker (sg.)
trop de graisses, de lipides	zu viel Fett (sg.)
la surcharge pondérale	das Übergewicht (sg.)
le manque d'exercice	der Mangel an Bewegung
s'amollir, devenir indolent	träge werden
la paresse, l'indolence	die Trägheit (sg.)
la paresse	die Faulheit (sg.) ➢ die Bequemlichkeit (sg.)

❖ les maladies de société — ❖ die Zivilisationskrankheit

la maladie moderne	die moderne Krankheit
le stress	der Stress (sg.)
l'agitation	die Hektik (sg.)
le trouble du sommeil, l'insomnie	die Schlafstörung (en)
les troubles circulatoires	die Kreislaufstörungen (pl.)
les troubles cardio-vasculaires	die Herz- und Kreislaufstörungen (pl.)
l'infarctus	der Herzinfarkt (e)
le cancer	der Krebs (sg.)
la névrose	die Neurose (n)
la carie	die Karies (sg.)
avoir des caries	Karies haben

❖ l'apparence extérieure — ❖ das Aussehen

accorder une grande importance à l'apparence extérieure	großen Wert auf das Aussehen legen
le culte du corps	der Körperkult (sg.)

suivre une mode	einer Mode folgen
être en forme	fit sein
la forme physique	die Fitness (sg.)
le centre de mise en forme	das Fitness-Center (-)
le bodybuilding	das Bodybuilding (sg.)
être mince, svelte	schlank sein
la cure d'amaigrissement	die Schlankheitskur (en)
être bronzé	braun sein ➢ braungebrannt sein

❖ les nouvelles valeurs — ❖ die neuen Werte

le changement des valeurs	der Wertewandel (sg.)
la nouvelle tendance	der neue Trend
la nouvelle conception de la vie	die neue Sinnorientierung
la nouvelle façon de construire sa vie	die neue Lebensgestaltung
le triomphe de l'individualisme	der Triumph des Individualismus
partir en quête de son propre bonheur	das eigene Glück verfolgen
l'épanouissement personnel	die Entfaltung der Persönlichkeit
la quête d'une satisfaction personnelle	die Suche nach subjektiver Befriedigung
l'individualisation des modes de vie	die Individualisierung der Lebensformen
la liberté de pensée et d'action	die Freiheit des Denkens und des Handelns
le pluralisme des valeurs	der Pluralismus der Werte
la démocratie	die Demokratie (n)
l'État de droit	der Rechtsstaat (en)
les Droits de l'homme	die Menschenrechte (pl.)
garantir les Droits de l'homme	die Menschenrechte garantieren
le droit à la vie, à la liberté et au bonheur	das Recht auf Leben, Freiheit und Glück
le droit à l'instruction et à la formation	das Recht auf Bildung und Ausbildung
l'égalité des chances	die Chancengleichheit (sg.)
avoir accès à la culture	Zugang zur Bildung haben
plus de tolérance	mehr Toleranz

la prostituée	die Prostituierte (n)
la prostitution	die Prostitution (sg.) ➢ das Rotlichtgewerbe (sg.)
le plus vieux métier du monde	das älteste Gewerbe der Welt
une nouvelle législation	eine neue gesetzliche Regelung
la situation juridique et sociale	die rechtliche und soziale Situation
ne plus être contraire aux bonnes mœurs	nicht mehr sittenwidrig sein
❖ le temps libre, le temps des loisirs	**❖ die Freizeit (sg.)**
l'activité-loisir	die Freizeitbeschäftigung (en)
l'organisation des loisirs	die Freizeitgestaltung (en)
l'industrie des loisirs	die Freizeitindustrie (n)
le hobby	das Hobby (s)
l'oisiveté	der Müßiggang (sg.)
la société des loisirs	die Freizeitgesellschaft (en)
le loisir actif	die Freizeitarbeit (sg.)
la société du loisir actif	die Freizeit-Arbeitsgesellschaft (en)
continuer à se former, à se cultiver	sich weiter/bilden ➢ sich fort/bilden
la société en quête de sensations fortes	die „Erlebnisgesellschaft" (sg.)
la chasse aux événements	die Jagd nach Erlebnissen
la société du plaisir	die Spaß-Gesellschaft
"Nous voulons nous amuser."	„Wir wollen Spaß haben."
le plaisir, l'amusement	das Vergnügen (-)
sans entraves	unbeschränkt
sans risques	risikofrei
❖ l'uniformisation	**❖ die Uniformisierung**
correspondre à l'attente de la société	den Erwartungen der Gesellschaft entsprechen (a, o, hat)
l'adaptation	die Anpassung (sg.)
s'adapter	sich an/passen + D.
être sans imagination	fantasielos sein
l'appauvrissement de la culture	die Verarmung der Kultur

la fin du pluralisme linguistique	das Ende der Sprachenvielfalt
la fin d'une éthique du travail	das Ende der Arbeitsmoral
la fin d'une intégrité morale	das Ende einer moralischen Integrität
l'industrie de la culture	die Kulturindustrie (sg.)
la culture de masse	die Massenkultur (sg.)
le style de vie internationalisé	der internationale Lebensstil
le mode d'existence uniforme	die einheitliche Lebensform
uniforme	gleichförmig
monotone	eintönig
le vide	das Vakuum (sg.)
le vide religieux, éthique, spirituel	die religiöse, ethische, geistige Leere
le matérialisme à l'état brut	der krasse Materialismus
l'implosion de l'idéologie socialiste	der Zerfall der sozialistischen Ideologie
la fin du rêve américain	das Ende des amerikanischenTraums
le manque de repères	die Orientierungslosigkeit (sg.)
l'éveil du nationalisme	das Aufleben des Nationalismus
le succès des partis extrémistes	der Erfolg der extremen Parteien
la radicalisation politique	die politische Radikalisierung
la radicalisation religieuse	die religiöse Radikalisierung
l'intégriste	der Fundamentalist (en, en)
l'intégrisme	der Fundamentalismus (sg.)

le quart-monde — die Vierte Welt

la pauvreté au cœur de l'abondance	die Armut im Wohlstand
la pauvreté relative	die relative Armut
ne pas atteindre le niveau de vie moyen	den durchschnittlichen Lebensstandard nicht erreichen
vivre à la limite du seuil de pauvreté	an der Armutsschwelle leben
vivre sous le seuil de pauvreté	unter der Armutsgrenze leben ➢ unter dem Existenzminimum leben
ne pas avoir accès à la société de consommation	keinen Zugang zur Konsumgesellschaft haben

être en reste, rester sur le bord de la route	auf der Strecke bleiben (ie, ie, ist)
les moyens d'existence	der Lebensunterhalt (sg.)
l'inégale répartition de la richesse	die ungleiche Wohlstandsverteilung
le SMIC	der gesetzliche Minimallohn ➢ der garantierte Mindestlohn (sg.)
le RMI	die Sozialhilfe (sg.)
le salarié au petit revenu, le "smicard"	der Einkommensschwache (n) *adj. subst.*
le laissé-pour-compte	der Zukurzgekommene (n) *adj. subst.*
la famille à faible revenu	die einkommensschwache Familie
les services de l'aide sociale	das Sozialamt (¨er)
l'aide, la subvention	die Unterstützung (en)
l'allocation-chômage	das Arbeitslosengeld (sg.) ➢ die Arbeitslosenunterstützung (sg.)
l'assistance-chômage	die Arbeitslosenhilfe (sg.)
demander une aide de l'État	eine staatliche Unterstützung beantragen
l'État-providence	der Wohlfahrtsstaat (en)
la demande d'aide sociale	der Antrag auf Sozialhilfe
la personne qui cherche de l'aide	der Hilfesuchende (n) *adj. subst.*
nécessiter de l'aide	auf Hilfe angewiesen sein
le bénéficiaire de l'aide sociale, le RMIste	der Sozialhilfeempfänger (-) ➢ der Fürsorgeempfänger (-)
la société à deux vitesses	die Zweidrittel-Gesellschaft (sg.)
la détresse sociale	die soziale Not (sg.)
la famille nombreuse	die kinderreiche Familie
l'handicapé	der Behinderte (n) *adj. subst.*
la personne âgée	der Alte (n) *adj. subst.*
le chômeur	der Arbeitslose (n) *adj. subst.*
le demandeur d'asile	der Asylbewerber (-)
les nouveaux pauvres	die neuen Armen
la récession	die Rezession (en)
la misère croissante	das wachsende Elend
le coût élevé du logement	die hohen Wohnungskosten (pl.)

le loyer	die Miete (n)
les loyers en forte hausse	die stark gestiegenen Mieten
le manque de logements	der Wohnungsmangel (sg.)
le phénomène marginal	das Randphänomen (e)
ne plus être un phénomène marginal	kein Randphänomen mehr sein
le quotidien pour beaucoup d'actifs	der Alltag vieler Erwerbstätiger
ne pas pouvoir résister à la tentation	der Versuchung nicht widerstehen können
ne pas savoir gérer son argent	nicht mit Geld umgehen können
avoir des difficultés de paiement	Zahlungsschwierigkeiten haben
le crédit à la consommation	der Verbraucherkredit (e)
acheter à crédit	auf Kredit kaufen
payer à tempérament	auf Raten zahlen
ne pas pouvoir rembourser des crédits	Kredite nicht zurückzahlen können
les intérêts élevés	die hohen Zinsen (pl.)
faire des dettes	Schulden machen
l'endettement des ménages	die Verschuldung der Haushalte
être très endetté	hochverschuldet sein
le surendettement des familles	die Überschuldung der Familien
l'échec	das Versagen (sg.)
l'humiliation	die Demütigung (sg.)
la honte	die Scham (sg.)
avoir honte	sich schämen
perdre le sentiment de sa propre valeur	das Selbstbewusstsein verlieren (o, o, hat)
être exclu, rejeté	ausgeschlossen sein ➢ ausgegrenzt werden
être sans abri, sans logis	die Obdachlosigkeit (sg.)
le sans-abri, le sans-logis	der Obdachlose (n) *adj. subst.*
le sans domicile fixe	der Nichtsesshafte (n) *adj. subst.*
le clochard	der Stadtstreicher (-) ➢ der „Clochard“ (s)
le local de fortune pour la nuit	die Notschlafstelle (n)
le logement d'urgence	die Notunterkunft (¨e)

le quartier miséreux	das Elendsviertel (-)
le bidonville	die Slums (pl.) *pron. angl.*
l'insécurité, la précarité	die Unsicherheit (sg.)
la violence	die Gewalt (sg.)
la frustration	der Frust (sg.)
l'ennui	die Langeweile (sg.)

la contestation des jeunes — der Jugendprotest

la bande de jeunes	die Jugendbande (n)
la violence croissante des jeunes	die wachsende Jugendbrutalität
la révolte	die Revolte (n)
la révolte, le soulèvement	die Auflehnung (en)
l'effritement de l'autorité	der Zerfall der Autorität
le refus des nouvelles valeurs	die Ablehnung der neuen Werte
le manque de perspectives d'avenir	die Perspektivarmut (sg.)
le manque de repères	die Orientierungslosigkeit (sg.)
être démuni	hilflos sein
être psychologiquement instable	psychisch labil sein
la déception	die Enttäuschung (en)
la lacune (en culture générale)	die Bildungslücke (n) ➢ die Wissenslücke (n)
le chômage des jeunes	die Jugendarbeitslosigkeit (sg.)
la criminalité	die Kriminalität (sg.)
recourir à la drogue	zu Drogen greifen (i, i, hat)
la proie facile pour les extrémistes	das leichte Opfer für die Extremisten
le suicide	der Selbstmord (sg.)
le taux élevé de suicides	die hohe Selbstmordrate
le mouvement religieux	die religiöse Bewegung
la secte	die Sekte (n)
le mouvement new-age	die New-Age-Bewegung (sg.)
l'adepte	der Anhänger (-)

10. La société

Les rêves des hommes sont restés inchangés. Depuis des temps immémoriaux, nous rêvons à la vie éternelle : nous cherchons à prolonger notre vie ou, à défaut, notre jeunesse. Dans notre société de compétition, cela semble être devenu une fin en soi.

Les médicaments de confort arrivent nombreux sur le marché. On en attend souvent des miracles ; au mieux, ils améliorent le quotidien.

En même temps, la mort ne peut plus être définie de la même manière depuis que la médecine de haute technologie peut faire survivre un être atteint de mort cérébrale. La question de l'euthanasie, active ou passive, devient de plus en plus pressante avec l'augmentation de l'espérance de vie et le coût des soins intensifs. Il faudra veiller à ce que l'impératif économique ne préside pas à une telle décision qui reste très délicate. L'euthanasie doit rester un fait exceptionnel.

Refouler la vieillesse et la mort, lutter souvent désespérément contre le cours normal de la vie sont des formes de violence que les hommes s'infligent en pensant qu'il s'agit d'un progrès.

La violence dans nos sociétés est souvent larvée quand il s'agit de précarité ou d'illettrisme.

Elle prend des formes beaucoup plus visibles quand des pressions s'exercent sur certains groupes — que ce soit à l'école ou sur le lieu de travail — plus nettement encore quand l'État, sous prétexte de mettre un terme aux agissements du grand banditisme, poursuit le citoyen dans sa sphère privée en plaçant les téléphones sur écoute et en contrôlant Internet.

Il va falloir que les sociétés réfléchissent au moyen de remédier à ces difficultés, inventent un système pénal plus humain, qui viserait la réinsertion, l'éducation d'êtres humains, pour lesquels la violence est souvent la seule réponse à l'exclusion et à l'isolement.

10. Die Gesellschaft

Die Träume der Menschen sind stets die gleichen gewesen. Seit undenklichen Zeiten träumen wir vom ewigen Leben und versuchen, wenn nicht unser Leben, so doch unsere Jugend zu verlängern. In unserer Wettbewerbsgesellschaft scheint dies zum Selbstzweck geworden zu sein.

Zahlreiche Wohlstandsdrogen kommen auf den Markt. Man erhofft sich oft Wunder von ihnen; sie erleichtern aber höchstens den Alltag.

Zur gleichen Zeit, seit die High-Tech-Medizin hirntote Patienten weiter am Leben erhalten kann, lässt der „Tod" sich nicht mehr auf dieselbe Weise wie früher definieren. Mit der steigenden Lebenserwartung und den Kosten, welche von der Intensivmedizin verursacht werden, stellt sich die Frage der Euthanasie, ob der passiven oder der aktiven, immer dringender. Wir werden darauf achten müssen, dass wirtschaftliche Kriterien keinerlei Einfluss auf eine solche sehr heikle Entscheidung haben. Die Euthanasie muss ein Ausnahmefall bleiben.

Alter und Tod zu verdrängen und oft verzweifelt gegen den normalen Verlauf des Lebens zu kämpfen, sind eine Art Gewalt, die sich die Menschen selbst antun, weil sie denken, es handle sich um einen Fortschritt.

Gewalt wird in unserer Gesellschaft oft überspielt, wenn es um unsichere Lebensverhältnisse oder Analphabetentum geht. Sie nimmt viel sichtbarere Formen an, wenn auf gewisse Gruppen Druck ausgeübt wird, ob in der Schule oder am Arbeitsplatz, und sie wird noch sichtbarer, wenn der Staat unter dem Vorwand, gegen Kriminalität zu kämpfen, den Bürger in seiner Privatsphäre verfolgt, indem er Telefone abhört und das Internet kontrolliert.

Die Gesellschaft muss sich Maßnahmen einfallen lassen, um diese Schwierigkeiten zu beheben und um ein menschlicheres Strafrecht zu schaffen, das die Resozialisierung und die Erziehung dieser Menschen, für welche Gewalt oft die einzige Antwort auf Ausgrenzung und Vereinsamung ist, ins Auge fasst.

la vie éternelle	das ewige Leben
prolonger la vie	das Leben verlängern
être plus sain, plus beau, plus performant	gesünder, schöner, leistungsfähiger sein
croire en la jeunesse	junggläubig sein
surévaluer la jeunesse	die Jugend überbewerten
une culture du corps	eine körperbetonte Kultur
la fontaine de jouvence	der Jungbrunnen (sg.)
le rêve immémorial de l'immortalité	der uralte Traum von Unsterblichkeit
❖ la cryobiologie	**❖ die Kryobiologie**
le cryobiologiste	der Kryobiologe (n, n)
la cryogénisation	die Kryogenisierung (sg.)
cryogénique	kryogenisch
se faire conserver	sich konservieren lassen (ie, a, hat)
se faire congeler	sich einfrieren lassen (ie, a, hat)
la résurrection	die Wiederauferstehung (sg.)
ressusciter à une nouvelle vie	zu neuem Leben erwecken
❖ les drogues à la mode	**❖ die Lifestyle-Drogen**
le mode de vie ambiant	der Lifestyle *pron. angl.*
la fontaine de jouvence médicamenteuse	der medikamentöse Jungbrunnen
les pilules pour le bien-être	die Pillen für das Wohlbefinden
le médicament de confort	die Wohlstandsdroge (n) ➢ die kleinen Helfer (pl.)
la drogue miracle	die Wunderdroge (n)
retarder l'âge	das Alter hinaus/zögern
lutter contre	kämpfen gegen + A.
la chute des cheveux	der Haarausfall (sg.)
le produit capillaire	das Haarwuchsmittel (-)
les rides	die Hautfalten (pl.)
la surcharge pondérale	das Übergewicht (sg.)

les pilules amaigrissantes	die Schlankheitspillen ➢ die Pillen gegen Übergewicht
l'impuissance	die Impotenz (sg.)
la pilule contre l'impuissance	die Potenzpille (n)
souffrir de troubles de l'humeur	unter Stimmungsschwankungen leiden (i, i, hat)
les crises d'angoisse	die Angstzustände (pl.)
les troubles du sommeil	die Schlafstörungen (pl.)
les psychotropes	die Psychopharmaka (pl.)
l'antidépresseur	der Stimmungsheber (-) ➢ das Antidepressivum (-va)
le somnifère	das Schlafmittel (-)
l'hormone de croissance	das Wachstumshormon (e)
la perte de mémoire	die Gedächtnisschwäche (sg.) ➢ der Gedächtnisschwund (sg.)
le dopage du cerveau	das Hirndoping (sg.)
améliorer les capacités intellectuelles	die geistigen Fähigkeiten auf/bessern
la gérontologie	die Altersforschung (sg.) ➢ die Gerontologie (sg.)

la mort — der Tod (sg.)

le vide culturel autour de la mort	die fehlende Kultur des Sterbens
refuser	verweigern
fuir	fliehen (o, o, ist)
refouler	verdrängen
faire partie de la vie	zum Leben gehören
penser à la mort	sich mit dem Tod befassen
avoir des rites mortuaires	eine Sterbekultur haben
À partir de quel moment un homme est-il mort ?	Ab wann ist ein Mensch tot?
une notion fluctuante	ein schwankender Begriff
difficile à définir	schwer zu definieren
pas de vérité immuable	keine unveränderliche Wahrheit
chaque culture répond différemment	jede Kultur antwortet anders

❖ **le mourant**	❖ **der Sterbende (n)** ***adj. subst.***
le diagnostic fatal	die fatale Diagnose
être condamné	sterbenskrank sein ➢ todkrank sein
sans espoir	hoffnungslos
être désespéré	verzweifelt sein
la situation sans issue	die Ausweglosigkeit (sg.)
souffrir	leiden (i, i, hat)
devenir de plus en plus vieux	immer älter werden
devenir dépendant	abhängig werden
être dans le coma	im Koma liegen (a, e, hat)
le patient dans le coma, le comateux	der Komapatient (en, en)
le service de réanimation	die Intensivstation (en)
les soins intensifs	die Intensivpflege (sg.)
la formation spécialisée	die Spezialausbildung (en)
maintenir en vie	am Leben erhalten (ie, a, hat)
être maintenu en vie artificiellement	künstlich am Leben erhalten bleiben (ie, ie, ist)
la médecine de haute technologie	die High-Tech-Medizin (sg.)
torturer le patient	den Patienten quälen
disposer du patient	über den Patienten verfügen
❖ **l'euthanasie**	❖ **die Euthanasie** ➢ die Sterbehilfe (sg.)
euthanasier	euthanasieren ➢ beim Sterben helfen (a, o, hat)
atteindre le dernier stade	das letzte Stadium erreichen
le mourant	der todkranke Patient
être mourant	im Sterben liegen (a, e, hat)
avoir droit à sa propre mort	das Recht auf seinen eigenen Tod haben
la mort à la demande	der Tod auf Verlangen
la mort anticipée	der vorzeitige Tod

la délivrance	der Gnadentod ➢ die Erlösung (sg.)
une mort digne	ein würdiger Tod
respecter la volonté du patient	den Willen des Patienten respektieren
le testament biologique	das „biologische Testament“ (sg.)
fonder qch juridiquement	etwas (D.) eine gesetzliche Grundlage geben (a, e, hat) ➢ eine gesetzliche Grundlage schaffen (u, a, hat) für + A.
l'euthanasie par amour du prochain	Euthanasie aus Nächstenliebe
l'euthanasie passive	die passive Sterbehilfe
arrêter le traitement	die Behandlung ab/brechen (a, o, hat)
débrancher les appareils	die Apparate ab/stellen
assister un mourant	einem Sterbenden bei/stehen (a, a, hat)
le suicide assisté	die Beihilfe zum Selbstmord
l'euthanasie : un crime	Sterbehilfe als Mord
l'euthanasie active	die aktive Sterbehilfe ➢ aktiv töten
aider activement à mourir doucement	einem „sanftem Tod“ verhelfen (a, o, hat)
l'injection mortelle	die Todesspritze (n)
la détresse des familles	die Not der Familien
assister la famille	der Familie bei/stehen (a, a, hat)
calculer les chances de survie	die Überlebenschancen errechnen
dépendre de critères économiques	von wirtschaftlichen Kriterien ab/hängen (i, a, hat)
supporter les frais	die Kosten tragen (u, a, hat)
la caisse de maladie	die Krankenkasse (n)
le trou dans la caisse de maladie	das Loch in der Krankenkasse

❖ la responsabilité morale — ❖ die ethische Verantwortung

faire le bon choix	die richtige Wahl treffen (a, o, hat)
un cas exceptionnel	ein Ausnahmefall (¨e)
l'éthique médicale	die ärztliche Ethik (sg.)

la déontologie	die Berufspflicht (sg.)
le serment d'Hippocrate	der hippokratische Eid
le secret médical	die Schweigepflicht (sg.)
la discussion autour de l'euthanasie	die Euthanasiediskussion (en)
l'impunité	die Straffreiheit (sg.)
dépénaliser	entkriminalisieren
légaliser	legalisieren
une question embarrassante	eine peinliche Frage
la question litigieuse	die Streitfrage (n)
un débat animé	eine lebhafte Debatte
le débat national	die landesweite Debatte
un problème délicat	ein heikles Problem
le code de conduite au niveau international	der Kodex auf internationaler Ebene
le consensus social	der gesellschaftliche Konsens
respecter l'opinion publique	die öffentliche Meinung respektieren
décider seul	allein entscheiden (ie, ie, hat)
la décision collective	die kollektive Entscheidung
consulter les confrères, la famille, le patient	die Kollegen, die Familie, den Patienten befragen

---

le nouveau visage de la violence — das neue Gesicht der Gewalt

❖ l'État-espion — ❖ der Überwachungsstaat

les écoutes téléphoniques	der Lauschangriff (e)
mettre les téléphones sur écoute	die Telefone belauschen ➢ die Telefone ab/hören
placer des dispositifs d'écoute	Wanzen an/bringen (a, a, hat)
placer des micros dans les appartements	die Wohnungen verwanzen
surveiller les appartements privés	die Privatwohnungen überwachen
la surveillance électronique	die elektronische Überwachung
le microphone	das Mikrofon (e)
surveiller Internet	das Internet überwachen
les services secrets	der Geheimdienst (sg.)
lutter contre la mafia	die Mafia bekämpfen

mettre un terme à la criminalité	der Kriminalität ein Ende setzen
la surveillance totale	die totale Überwachung
les excès de l'État	die staatlichen Exzesse
la violation de la Loi fondamentale	die Verletzung des Grundgesetzes
l'atteinte à la Constitution	der Verstoß gegen die Verfassung
la perte de la sphère privée	der Verlust der Privatsphäre
"L'habitation est inviolable."	„Die Wohnung ist unverletzlich."
l'effraction légale	der legale Einbruch
renoncer aux libertés fondamentales	auf Freiheitsrechte verzichten

❖ la précarité — ❖ unsichere Lebensverhältnisse

vivre dans la précarité	in unsicheren Verhältnissen leben
être privé de certains droits	gewisse Rechte entbehren
ne pas avoir d'enfance	keine Kindheit haben
ne pas savoir lire	nicht lesen können

❖ l'analphabétisme *(état de l'analphabète)* — ❖ der Analphabetismus (sg.)

l'analphabétisme (ensemble des analphabètes)	das Analphabetentum (sg.)
l'analphabète	der Analphabet (en, en)
ne savoir ni lire ni écrire	weder lesen noch schreiben können
mal travailler à l'école	in der Schule schlecht lernen
être peu doué	unbegabt sein
un manque d'intelligence	mangelnde Intelligenz
être socialement défavorisé	sozial benachteiligt sein
grandir dans un contexte difficile	in schwierigen Verhältnissen auf/wachsen (u, a, ist)
passer beaucoup de temps devant la télé	viel Zeit vor der Glotze hocken *fam.*
perdre l'habitude de lire et d'écrire	das Lesen und Schreiben verlernen
échouer	scheitern (ist)
passer pour idiot	als dumm gelten (a, o, hat)
avoir peu de débouchés professionnels	wenig Berufschancen haben
le chômage de longue durée	die Dauerarbeitslosigkeit (sg.)
le cas social	der Sozialfall (¨e)

marginaliser quelqu'un	jemanden an den gesellschaftlichen Rand drängen
se sentir rejeté	sich ausgestoßen fühlen
passer le problème sous silence	das Problem tot/schweigen (ie, ie, hat)
dissimuler son handicap	sein Unvermögen vertuschen
perdre la confiance en soi	sein Selbstbewusstsein verlieren (o, o, hat)
développer une technique de survie	eine Überlebenstechnik entwickeln
le programme d'aide	das Hilfsprogramm (e)
la formation pour adultes	die Erwachsenenbildung (sg.)
l'alphabétisation	die Alphabetisierung (sg.)
les cours d'alphabétisation	die Alphabetisierungskurse

❖ la violence au quotidien — ❖ die Alltagsgewalt

être sous pression	unter Druck stehen (a, a, hat)
la concurrence	der Konkurrenzkampf (¨e)
partir à la quête des extrêmes	nach Extremen suchen
éprouver un besoin d'exaltation	sich nach Rausch sehnen
se procurer une poussée d'adrénaline	sich einen Adrenalin-Kick verschaffen
le potentiel croissant d'agressivité	das wachsende Aggressionspotenzial
devenir violent	gewalttätig werden
l'agression	die Aggression (en)
l'explosion de violence	der Gewaltausbruch (¨e)
profaner les tombes juives	jüdische Grabmäler schänden
blesser	verletzen
abuser de	missbrauchen
brutaliser	brutalisieren
forcer, contraindre	nötigen
la pression, la contrainte	die Nötigung (sg.)

❖ la pression sur le lieu de travail — ❖ der Belastungsdruck am Arbeitsplatz

les tracasseries sur le lieu de travail	die Arbeitsplatzbelästigung (en)
le harcèlement moral	das Mobbing (sg.)
amener qn à démissionner	jdn hinaus/ekeln *fam.*

le harcèlement sexuel	die sexuelle Belästigung
un environnement hostile	eine feindliche Umgebung
❖ la délinquance juvénile	**❖ die Jugendkriminalität**
la montée de la délinquance juvénile	der Anstieg der Jugendkriminalität
la délinquance enfantine	die Kinderkriminalität (sg.)
le vol	der Diebstahl (¨e)
le vol à la tire	der Taschendiebstahl (¨e)
le vol à l'étalage	der Ladendiebstahl (¨e)
le vol de voitures	der Autodiebstahl (¨e)
le cambriolage	der Einbruch (¨e)
la criminalité liée à la toxicomanie	die Beschaffungskriminalität (sg.)
la violence à l'école	die Gewalt an Schulen ➢ das Bullying (sg.)
❖ la corruption	**❖ die Korruption**
la malversation	die Untreue (sg.)
la fraude, l'escroquerie	der Betrug (sg.)
faire des affaires louches	dunkle Geschäfte machen
le pot-de-vin	das Schmiergeld (er)
le scandale des pots-de-vin	der Schmiegeldskandal (e)
la caisse noire	die schwarze Kasse
le parachute doré	der goldene Handschlag (sg.) ➢ der goldene Fallschirm (sg.)
Tu n'auras pas de parachute doré.	Du bekommst keine goldene Klinke in die Hand.
abuser de la confiance	das Vertrauen missbrauchen
l'abus de confiance	der Vertrauensbruch (sg.)
accorder des avantages	Vorteile gewähren
accepter des avantages	Vorteile an/nehmen (a, o, hat)
le redressement fiscal	die Steuernachzahlung (en)

❖ le crime organisé	**❖ die organisierte Kriminalität**
le crime	das Verbrechen (-)
le délit	die Straftat (en) ➢ das Delikt (e)
coups et blessures	die Körperverletzung (en)
commettre un crime	ein Verbrechen begehen (i, a, hat)
commettre un meurtre	einen Mord begehen (i, a, hat)
le trafic d'armes	der Waffenhandel (sg.)
le trafic de drogues	der Drogenhandel (sg.)
le trafic d'hommes	der Menschenhandel (sg.)
l'espionnage industriel	die Industriespionage (sg.)
le suspect	der Tatverdächtige (n) *adj. subst.*
le coupable	der Täter (-)
le délinquant	der Straftäter (-)
encourir une peine	straffällig werden
avoir des antécédents judiciaires	vorbestraft sein
❖ l'agression sexuelle	**❖ das Sexualverbrechen**
la contrainte sexuelle	die sexuelle Nötigung
la prostitution forcée	die Zwangsprostitution (sg.)
l'exploitation sexuelle	die sexuelle Ausbeutung
le viol	die Vergewaltigung (en)
violer	vergewaltigen
le violeur	der Vergewaltiger (-)
le maniaque sexuel	der Triebtäter (-)
le délinquant sexuel	der Sexualstraftäter (-)
le crime sexuel	der Sexualmord (e)
l'auteur d'un crime sexuel	der Sexualmörder (-)
le criminel en série	der Serientäter (-)
le pédophile	der Pädophile (n) *adj. subst.*
la pédophilie	die Pädophilie (sg.)
la prostitution d'enfants	die Kinderprostitution (sg.)
la pornographie pour pédophiles	die Kinderpornographie (sg.)

le bordel utilisant des enfants	das Kinderbordell (e)
le trafic de jeunes filles	der Mädchenhandel (sg.)
le souteneur	der Zuhälter (-)
un marché lucratif	ein lukrativer Markt

le combat contre la criminalité — der Kampf gegen die Kriminalität

la Justice	die Justiz (sg.)
le Droit	das Recht (sg.)
l'enquête, l'instruction	die Ermittlung (en)
mener une enquête	ermitteln
la police judiciaire	die Kriminalpolizei (sg.)
l'officier de la police judiciaire	der Kriminalbeamte (n) *adj. subst.*
les mesures policières	die Polizeimaßnahmen
la poursuite judiciaire	die Strafverfolgung (en)
l'empreinte génétique	der genetische Fingerabdruck
l'autopsie	die Obduktion (en)
faire l'autopsie	obduzieren
autoriser l'autopsie d'un cadavre	eine Leiche zur Obduktion frei/geben (a, e, hat)
médico-légal	forensisch
la médecine légale	die forensische Medizin ➢ die Forensik (sg.)
empêcher des crimes	Verbrechen verhindern
protéger contre le crime	vor Verbrechen schützen
prévenir la criminalité	der Kriminalität vor/beugen
la détention préventive	die Untersuchungshaft (sg.)
être en détention préventive	sich in Untersuchungshaft befinden (a, u, hat)
traduire en justice	vor Gericht stellen
comparaître en justice	vor Gericht erscheinen (ie, ie, ist)
prononcer un jugement	ein Urteil sprechen (a, o, hat)
être condamné à	verurteilt werden zu + D.

❖ **la prison**	❖ **das Gefängnis**
emprisonner	inhaftieren
être emprisonné	inhaftiert werden
l'emprisonnement, la réclusion criminelle	die Freiheitsstrafe (n) ➢ der Freiheitsentzug (sg.)
la détention	die Haft (sg.)
le prisonnier	der Häftling (e) ➢ der Gefangene (n) *adj. subst.* ➢ der Inhaftierte (n) *adj. subst.*
des prisons surpeuplées	überfüllte Gefängnisse
le mode de pensée revanchard	das Rache- und Vergeltungsdenken (sg.)
prendre des mesures plus énergiques	härter durch/greifen (i, i, hat)
à perpétuité	lebenslänglich
la réclusion criminelle à perpétuité	der lebenslängliche Freiheitsentzug
le rétablissement de la peine de mort	die Wiedereinführung der Todesstrafe
❖ **la réforme pénitentiaire**	❖ **die Strafvollzugsreform**
l'abolition de la peine de mort	die Abschaffung der Todesstrafe
donner un sens à la punition	der Strafe einen Sinn geben (a, e, hat)
une prison plus humaine	ein humaneres Gefängnis
amender le criminel	den Kriminellen von der schiefen Bahn ab/bringen (a, a, hat)
ne plus exclure	nicht mehr aus/grenzen
ramener dans la société	in die Gesellschaft zurück/führen
la peine de remplacement	die Ersatzstrafe (n)
faire un travail d'intérêt général	gemeinnützigen Arbeitsdienst leisten
la réinsertion	die Resozialisierung (sg.)
réinsérer	resozialisieren
le travail de réinsertion	die Integrationsarbeit (sg.)
l'aide à la réinsertion	die Wiedereingliederungshilfe (sg.)
une alternative à l'emprisonnement	die Alternative zur Haft
l'assignation à domicile	der Hausarrest (sg.)
être surveillé électroniquement	elektronisch überwacht werden

porter un émetteur au pied	einen Funksender am Fuß tragen (u, a, hat)
ne pas être arraché à sa vie	nicht aus seinem Leben gerissen werden
pouvoir continuer à travailler	weiter arbeiten können
pouvoir habiter chez soi	zu Hause wohnen können
restreindre la liberté	die Freiheit ein/schränken
n'emprunter qu'un itinéraire autorisé	auf genehmigte Routen beschränkt sein
le contrôle à l'improviste	die unangemeldete Kontrolle
la liberté conditionnelle, le sursis	die Bewährung (sg.)
mettre en liberté conditionnelle	auf Bewährung frei/lassen (ie, a, hat)
le sursis	die Bewährungsfrist (sg.)
la mise en liberté	die Haftentlassung (en)
libérer	entlassen (ie, a, hat)

❖ l'éthologie / ❖ die Verhaltensforschung

le profil de l'auteur d'un délit	das Täterprofil (sg.) ➢ das Profiling (sg.) *pron. angl.*
le comportementaliste	der Verhaltensforscher (-)
la criminologie	die Kriminalwissenschaft (sg.) ➢ die Kriminologie (sg.)
le criminologiste	der Kriminalpsychologe (n, n)
l'expert en psychologie criminelle	der Experte für Täterprofile ➢ der Profiler (-) *pron. angl.*

❖ le traitement / ❖ die Behandlung

la méthode de traitement	die Behandlungsmethode (n)
la psychothérapie	die Psychotherapie (n)
les psychotropes	die Psychopharmaka (pl.)
la psychochirurgie	die Psychochirurgie (sg.)
la castration chimique	die Kastration durch Medikamente
récidiver	rückfällig werden
poser la question de la liberté de l'individu	die Frage nach der Freiheit des Individuums stellen
l'échec de l'État de droit libéral	das Versagen des liberalen Rechtsstaates

11. La ville

La ville sera probablement dans les années à venir le lieu de tous les dangers, mais aussi de toutes les innovations, de l'expression d'une sensibilité artistique originale.

Elle devra sûrement être repensée. La ville au tissu distendu grignote l'espace autour d'elle, envahit la nature et crée des centres commerciaux monstrueux. Elle génère la mort du cœur des villes. La ville compacte, ramassée sur une surface limitée, permet en revanche de sauvegarder la nature alentour. Cela supposera une politique sérieuse de l'environnement, des innovations pour préserver la qualité de vie du citoyen, relancer le commerce dans le centre des villes et concentrer à nouveau l'industrie et l'habitat.

L'architecture devra être en mesure d'utiliser de nouveaux matériaux, de concevoir des structures nouvelles correspondant aux nouvelles exigences de la vie moderne.

Circulation et pollution semblent pour l'instant être les problèmes les plus urgents, bien que l'agitation sporadique des quartiers sensibles soit un souci qui prendra de l'ampleur si on n'y prend pas garde.

Ces quartiers sensibles, foyers de violence et de problèmes sociaux, sont pourtant une terre fertile, mais en friche, capable de générer une culture urbaine que l'on commence lentement à prendre au sérieux.

Expression d'un mal de vivre, elle débouche souvent sur des œuvres riches. On ne pourra pas ignorer longtemps ces expressions artistiques.

11. Die Stadt

Die Stadt wird wahrscheinlich in den kommenden Jahren der Ort sein, von dem allerlei Gefahren, aber auch Neuerungen ausgehen werden und an dem eine ganz originelle künstlerische Sensibilität zum Ausdruck kommen wird.

Die Städte werden sicher völlig neu umgestaltet werden müssen. Eine ausgedehnte Stadt nimmt immer mehr Raum um sich herum in Anspruch, verschlingt die Natur und schafft monströse Einkaufszentren. Das hat die Verödung des Stadtkerns zur Folge. Eine kompakte Stadt hingegen, die auf eine begrenzte Fläche zusammengedrängt ist, ermöglicht es, die umgebende Natur zu schonen. Dies wird eine konsequente Umweltpolitik und Neuerungen voraussetzen, die darauf abzielen, die Lebensqualität des Bürgers zu bewahren, den Handel in den Innenstädten wieder anzukurbeln sowie Gewerbe- und Wohnsiedlungen wieder zusammenzuführen.

Die Architektur muss im Stande sein, neue Baustoffe zu benutzen und neue Strukturen zu erfinden, die den neuen Bedürfnissen des modernen Lebens entsprechen.

Verkehrs- und Umweltprobleme scheinen fürs Erste am dringendsten zu sein, obwohl die sporadischen Unruhen in den Problemvierteln zu einer besorgniserregenden Plage werden, die weiter um sich greifen wird, wenn man nicht aufpasst.

Diese Problemviertel, in denen soziale Spannungen und Gewaltbereitschaft konzentriert auftreten, sind brachliegender, aber auch fruchtbarer Boden, der die Fähigkeit besitzt, eine urbane Kultur hervorzubringen, die man allmählich ernster nimmt.

Diese Kultur ist Ausdruck von Unbehagen und mündet daher oft in expressive Kunstwerke, die man nicht lange wird übersehen können.

l'urbanisme — die Städteplanung

l'urbanisme	**die Städteplanung** ➢ der Städtebau (sg.) ➢ der Urbanismus (sg.)
l'urbaniste	der Städteplaner (-)
l'aménagement du territoire	die Raumplanung (en)
l'urbanisme de demain	der künftige Städtebau
le projet	das Projekt (e)
réaliser un projet	ein Projekt durch/führen
le grand projet	das Großprojekt (e)
participer à un grand projet	an einem Großprojekt beteiligt sein
les devoirs de l'urbaniste	die Aufgaben des Städteplaners
urbain	städtisch ➢ urban
économique	wirtschaftlich
social	sozial
écologique	ökologisch

❖ la politique du logement — ❖ die Wohnungspolitik

le marché de l'immobilier	der Wohnungsmarkt (sg.)
favoriser l'accès à la propriété	das Eigenheim fördern
des prix avantageux pour la construction et l'achat d'un logement	günstige Bau-und Kaufpreise
développer l'infrastructure sociale	die soziale Infrastruktur fördern
les écoles	die Schulen
les jardins d'enfants	die Kindergärten
les espaces verts	die Grünanlagen
les administrations	die öffentliche Verwaltungen
les commerces	die Geschätswelt
le monde associatif	das Vereinswesen
les églises	die Kirchen
l'infrastructure technique	die technische Infrastruktur
l'eau	das Wasser
les eaux usées	die Abwasser
l'enlèvement des ordures	die Müllabfuhr

la circulation	der Verkehr
l'approvisionnement en énergie	die Energieversorgung
responsabiliser les citoyens	die Bürger mit ein/beziehen (o, o, hat)
rapprocher les populations	die Leute einander näher bringen
la vie dans le quartier	das Leben in dem Viertel
mieux intégrer les immigrés	die Zuwanderer besser integrieren
permettre une vie en commun	das Zusammenleben ermöglichen

❖ la ville compacte — ❖ die kompakte Stadt

la concentration, la densité	die Dichte (sg.)
dense	dicht
être fortement urbanisé	dichtbesiedelt sein
à forte densité de population	dichtbevölkert
une architecture concentrée	eine verdichtete Architektur
l'entassement vers le haut	die Aufstapelung (sg.)
la tour, le building	das Hochhaus (¨er)
le quartier des affaires	das Büroviertel (-)
une nouvelle politique urbaine	eine neue Stadtpolitik
le cœur de la ville	der Stadtkern (e)
concentrer industrie, commerce, habitat	Gewerbe, Handel, Wohnen zusammen/führen
redonner vie au centre	die Innenstadt wieder beleben
relancer le commerce dans le centre	den Handel im Zentrum wieder an/kurbeln
attirer à nouveau les clients	die Kunden zurück/locken
constituer une zone commerciale attractive	eine attraktive Einkaufszone gestalten
créer des parkings supplémentaires	zusätzliche Parkplätze schaffen (u, a, hat)
harmoniser les heures d'ouverture (des magasins)	gemeinsame Öffnungszeiten haben

❖ la ville au tissu distendu — ❖ die aufgelockerte Stadt

quitter le centre	aus dem Zentrum gehen (i, a, ist)
la mort du centre-ville	die Verödung der Innenstadt
la disparition des commerces	das Schwinden der Geschäfte

le recul du chiffre d'affaires	der Rückgang des Umsatzes
enlever au centre-ville son attraction	der Innenstadt die Anziehungskraft nehmen (a, o, hat)
la ville tentaculaire	die Flächenstadt (¨e)
envahir les alentours	die Umgebung an sich reißen (i, i, hat)
l'urbanisation des campagnes	die Verstädterung des Landes
le mitage	die Zersiedlung der Natur
la ville-satellite	die Satellitenstadt (¨e)
la banlieue	die Vorstadt (¨e) ➢ der Vorort (e)
la périphérie	die Peripherie (n) ➢ der Stadtrand (sg.)
le quartier sensible	das Problemviertel (-)
le ghetto	das G(h)etto (s)
marginaliser	aus/grenzen
un habitat inhumain	inhumanes Wohnen
les constructions préfabriquées	die vorgefertigten Bauten
mettre le commerce au vert	den Handel ins Grüne versetzen
le supermarché	der Supermarkt (¨e)
l'hypermarché	der Handelsriese (n)
le cinéma multiplexe	das Multiplexkino (s)
de gigantesques temples de la consommation	riesige Konsumtempel
des centres commerciaux monstrueux	monströse Einkaufszentren
aux portes de la ville	vor den Toren der Stadt
la pollution optique	die optische Verschmutzung (sg.)

l'architecture — die Architektur

	➢ die Baukunst (sg.)
l'architecte	der Architekt (en, en)
le concept de "beau"	der Schönheitsbegriff (sg.)
sobre	nüchtern
fonctionnaliste	funktionalistisch

esthétique	ästhetisch
coloré	bunt
protéiforme	vielgestaltig
un peu fou	ein wenig verrückt
trouver des solutions nouvelles	neue Lösungen finden (a, u, hat)
des constructions humaines	humane Bauten
des quartiers calmes	ruhige Wohngebiete
vivre en harmonie avec la nature	in Harmonie mit der Natur leben
réduire efficacement le trafic	den Verkehr wirksam reduzieren
une plastique architecturale aérée	eine luftige Bauplastik
la légèreté	die Leichtheit (sg.)
la simplicité	die Schlichtheit (sg.)
des installations facilitant la communication	kommunikative Wohnanlagen
un nouvel agencement de l'espace	eine neue Raumgestaltung (sg.)
une architecture moderne, ouverte	eine moderne, offene Architektur
la construction high-tech	die High-Tech-Konstruktion (en)
des colosses de pierre, béton et verre	Kolosse aus Stein, Beton und Glas
des matériaux modernes	moderne Baustoffe
rompre avec les modèles historiques	mit den historischen Mustern brechen (a, o, hat)
de courte durée	kurzlebig
de longue durée	langlebig
peu cher	billig
inventif	innovativ

la culture urbaine — die urbane Kultur

la vie urbaine	das Stadtleben (sg.)
la culture marginale	die Randkultur (en)
la sous-culture	die Subkultur (en)
la culture des rues	die Straßenkultur (en)
la culture mondiale des jeunes	die weltweite Jugendkultur

❖ **la culture hip-hop**	❖ **die Hip-Hop-Kultur**
une réaction à la vie urbaine	eine Reaktion auf das Stadtleben
une nouvelle génération	eine neue Generation
cesser de lire	das Lesen auf/geben (a, e, hat)
la perte de la culture du verbe	der Verlust der Sprachkultur
s'exprimer	sich aus/drücken
l'expression artistique	der künstlerische Ausdruck
de nouvelles formes d'expression	neue Ausdrucksmittel
les nouveaux langages artistiques	die neuen künstlerischen Sprachen
une forme d'expression codée	eine codierte Ausdrucksform
de nouveaux codes, de nouveaux vêtements	neue Codes und Kleider
la musique urbaine	die urbane Musik
la danse urbaine	der urbane Tanz
la breakdance	der Breakdance (sg.)
le danseur de break	der Breakdancer (-)
les graffitis	Graffiti (pl.) ➢ die Graffitibemalung (en)
l'art des graffitis	die Sprühkunst (sg.) ➢ die gesprühte Kunst
des œuvres authentiques et originales	authentische, originelle Werke
des créations éblouissantes	atemberaubende Kunstwerke
une sensibilité artistique	eine künstlerische Sensibilität
des œuvres métissées	multikulturelle Werke
être expressif	ausdrucksvoll sein
utiliser des couleurs vives	grelle Farben benutzen
❖ **le rap**	❖ **Rap** ***pron. angl.***
le groupe de rap	die Rap-Gruppe (n)
le rappeur	der Rapper (-)
la résistance musicale	der musikalische Widerstand
une critique sociale musicale	eine musikalische Sozialkritik

le tag	die Sprühschrift (sg.) ➢ das Sprühzeichen (-)
tagger	Graffitizeichen sprühen
tagger un mur	eine Wand (mit Graffiti) besprühen
la bombe	die Sprühdose (n)
le tagger	der Graffiti-Sprayer (-)
délivrer un message	eine Botschaft mit/teilen
un message subversif	eine subversive Botschaft
prôner la violence et le sexisme	Gewalt und Sexismus verherrlichen
la recherche de la provocation	die Suche nach Provokation
un mouvement de contestation	eine Bewegung der Revolte
être contre des structures étatiques répressives	gegen repressive Machtstrukturen sein
la politisation	die Politisierung (sg.)
l'opposition	die Opposition (en)
dénoncer le système	das System an/prangern
l'utopie de libération	die Befreiungsutopie (n)
le tumulte destructuré des quartiers sensibles	der chaotische Tumult der Problemviertel
la rupture avec les tabous	der Tabubruch (¨e)
rompre avec	brechen (a, o, hat) mit + D.
un mode de vie déviant	eine abweichende Lebensführung
la marginalisation	die Marginalisierung (sg.)
marginaliser	an den gesellschaftlichen Rand drängen ➢ zum Außenseiter ab/stempeln ➢ marginalisieren
le marginal (involontaire)	der Außenseiter (-)
le marginal (volontaire)	der Aussteiger (-)
le groupe marginal	die Randgruppe (n)
le rebelle	der Rebelle (n)
le ghetto	das Getto (s)

❖ le mouvement techno	**❖ die Techno-Bewegung**
la scène techno	die Techno-Szene (n)
la musique techno	die Techno-Musik (sg.)
la rave partie	die Rave-Party (-ties) *pron. angl.*
le raver	der Raver (-) *pron. angl.*
la Love parade	die Love Parade (sg.) *pron. angl.*
les open air parties	die Freiluft-Happenings
l'extasy	(das) Ecstasy (sg.)
euphorisant	euphorisierend
le phénomène de mode	das Modephänomen (e)
aucune revendication	keine Forderung
exprimer un mal de vivre	Unbehagen aus/drücken

les dangers / die Gefahren

une croissance désordonnée	ein chaotisches Wachstum
une dynamique en friche	eine brachliegende Dynamik
la violence dans les cités	die Gewalt in den Problemvierteln
les conflits sociaux	die sozialen Konflikte
un potentiel d'agressivité croissant	ein wachsendes Aggressionspotenzial
un lieu d'échecs et de révoltes	ein Ort des Scheiterns und der Revolte
le vandalisme	der Vandalismus (sg.)
des lieux de non-droit	rechtsfreie Räume ➢ No-go-Area
commettre des actes de vandalisme	randalieren
salir	verschmutzen
détériorer	beschädigen
dévaliser	aus/plündern
tout casser	alles kaputt/schlagen (u, a, hat)
le casseur	der Randalierer (-) ➢ der Chaot (en, en)
le voyou	der Rowdy (-dies) *pron. angl.*

les utopies urbaines	**urbane Utopien**
l'utopie citadine	die Stadtutopie (n)
la ville intelligente	die intelligente Stadt
une ville sans voitures	eine Stadt ohne Autos
sans pollution	umweltfreundlich
adaptée aux piétons	fußgängerfreundlich
adaptée aux enfants	kinderfreundlich
la cyberville	die digitale Stadt
les télécommunications remplacent la proximité	Telekommunikation ersetzt die räumliche Nähe

12. Le monde du travail

Le travail occupe une place importante dans la vie de l'homme. Il lui permet de se nourrir, de gagner sa vie, mais également de rester en contact avec ses semblables, de jouer un rôle social. À l'ère industrielle, il s'agissait de produire en quantité afin que les prix baissent et que chacun puisse consommer. Les conditions de travail étaient de ce fait souvent difficiles : production de masse signifiait travail à la chaîne, voire travail aux pièces. Les syndicats ont tenté depuis toujours de protéger les travailleurs contre les atteintes à la santé ou les licenciements. Les acquis sociaux ont été remarquables.

Actuellement, alors que nous entrons dans l'ère postindustrielle, le travail prend un autre sens. Pour l'homme moderne, la qualité de la vie, l'épanouissement de la personnalité deviennent plus importants. Le travail, devenu plus accessoire, doit, de ce fait, faire plaisir. Cette conception nouvelle est rendue possible par la haute technologie. Les machines, et surtout les microprocesseurs, déchargent l'homme, le débarrassent des travaux les plus durs, les plus ennuyeux, lui rendent un peu de sa liberté.

Il y a pourtant une ombre au tableau, à savoir l'augmentation du chômage — qui touche surtout la main-d'œuvre la moins qualifiée. Ce fléau va probablement s'étendre plus encore. Dans les prochaines années, il faudra repenser la notion de travail, mener une nouvelle politique de l'emploi. Ceci transformerait radicalement notre société.

12. Die Arbeitswelt

Arbeit nimmt einen wichtigen Platz im Leben des Menschen ein. Sie erlaubt es ihm, sich zu ernähren und seinen Lebensunterhalt zu verdienen, aber auch mit seinen Mitmenschen zu kommunizieren und eine Rolle in der Gesellschaft zu spielen. Im industriellen Zeitalter galt es, Quantität zu produzieren, damit die Preise sanken und jeder Zugang zu den Konsumgütern haben konnte. Die Arbeitsbedingungen waren deswegen oft schlecht. Massenproduktion bedeutete Fließbandarbeit oder sogar Akkordarbeit. Die Gewerkschaften versuchten seit jeher, die Arbeiter vor Gesundheitsschäden zu bewahren oder vor Entlassung zu schützen. Die sozialen Errungenschaften waren bemerkenswert.

Die Arbeit bekommt jedoch heute, da wir in das postindustrielle Zeitalter eintreten, einen anderen Sinn. Für den modernen Menschen ist Lebensqualität und die Entfaltung der Persönlichkeit wichtiger. Die Arbeit, der oft weniger Bedeutung beigemessen wird, muss also Spaß machen. Dieser Wandel wird durch Neuerungen im High-Tech-Bereich ermöglicht. Maschinen und insbesondere Mikroprozessoren entlasten den Menschen, nehmen ihm die schwerste, langweiligste Arbeit ab und geben ihm ein Stück Freiheit zurück.

Das hat jedoch eine Schattenseite: die steigende Arbeitslosigkeit. Vor allem unqualifizierte Arbeitskräfte bleiben auf der Strecke. Diese Problematik wird sich aber wahrscheinlich noch verschärfen. In den nächsten Jahren wird man den Begriff Arbeit überdenken und eine neue Arbeitsmarktpolitik betreiben müssen. Dies würde unsere Gesellschaft tiefgreifend verändern.

le travail	die Arbeit (en)
le paysage de l'emploi	die Arbeitslandschaft (sg.)
le marché de l'emploi	der Arbeitsmarkt (¨e)
l'Agence pour l'emploi	das Arbeitsamt (¨er)
l'employeur	der Arbeitgeber (-)
le chef d'entreprise	der Betriebsleiter (-) ➢ der Unternehmensleiter (-)
l'entrepreneur	der Unternehmer (-)
le chef	der Chef (s) ➢ der Boss (e / *fam.*)
la firme, la maison	die Firma (Firmen)
l'entreprise	das Unternehmen (-) ➢ der Betrieb (e)
l'usine	die Fabrik (en)
le bureau	das Büro (s)
la gestion de l'entreprise	die Betriebswirtschaft (sg.)
l'économie nationale	die Volkswirtschaft (en)
le personnel	die Belegschaft (en) ➢ das Personal (sg.)
le salarié	der Arbeitnehmer (-) ➢ der Beschäftigte (n) *adj. subst.*
la personne active, l'actif	der Erwerbstätige (n) *adj. subst.* ➢ der Berufstätige (n) *adj. subst.*
la main-d'œuvre (l'ensemble des salariés)	die Arbeitskräfte (pl.)
le métier manuel, l'artisanat	das Handwerk (e)
l'artisan, l'homme du métier	der Handwerker (-)
l'ouvrier, le travailleur	der Arbeiter (-)
l'ouvrier qualifié	der Facharbeiter (-)
l'ouvrier spécialisé, l'O.S.	der Angelernte (n) *adj. subst.*
l'ouvrier non qualifié, le manœuvre	der Ungelernte (n) *adj. subst.*
le manœuvre	der Handlanger (-)
le personnel auxiliaire	die Hilfskraft (¨e)

l'apprenti	der Auszubildende (n) *adj. subst.* *Abk.:* Azubi (s) ➢ der Lehrling (e)
le travailleur au noir	der Schwarzarbeiter (-)
le travailleur immigré	der Gastarbeiter (-)
la main-d'œuvre étrangère	die ausländischen Arbeitskräfte (pl.)
le métier	der Beruf (e)
l'emploi, le poste	der Arbeitsplatz (¨e)
la place, l'emploi	die Stelle (n)
solliciter un emploi	sich um eine Stelle bewerben (a, o, hat)
occuper un poste	eine Stelle haben

l'époque industrielle — das industrielle Zeitalter

❖ la production — ❖ die Produktion

produire des biens, des richesses	Güter produzieren
produire plus	mehr produzieren
la concurrence	der Wettbewerb (e) ➢ die Konkurrenz (en)
le principe de rentabilité	das Leistungsprinzip (ien)
la production en série	die Serienfertigung (en)
la grande série	die Großserie (n)
la fabrication en grande série	die Fertigung in Großserien
la quantité	die Quantität (en)
la quantité, le grand nombre	die Menge (n)
la production de masse	die Massenfertigung (en) ➢ die Massenproduktion (en)
la chaîne	das Fließband (¨er)
le travail à la chaîne	die Fließbandarbeit (en)
le travailleur à la chaîne	der Fließbandarbeiter (-)
le travail à la tâche, aux pièces	der Akkord (sg.) ➢ die Akkordarbeit (en)
le travailleur au rendement	der Akkordarbeiter (-)
l'équipe, la relève de huit heures	die Schicht (en)

le travail posté, par roulement	die Schichtarbeit (en)
celui qui fait les trois-huit	der Schichtarbeiter (-)
le travail du week-end	die Wochenendarbeit (en)
le travail de nuit	die Nachtarbeit (en)
l'heure supplémentaire	die Überstunde (n)
l'activité de routine	die Routinetätigkeit (en)
le travail monotone	die monotone Arbeit

❖ la lutte sociale — ❖ der Arbeitskampf

l'exploitation	die Ausbeutung (sg.)
exploiter	aus/beuten
défendre les intérêts des salariés	die Interessen der Arbeitnehmer vertreten (a, e, hat)
l'ouvrier syndiqué	der organisierte Arbeiter
le syndicaliste	der Gewerkschaft(l)er (-)
le syndicat	die Gewerkschaft (en)
la confédération des syndicats allemands	der Deutsche Gewerkschaftsbund (sg.) *Abk.:* der DGB
l'union syndicale	die Industriegewerkschaft (en) *Abk.:* die IG
l'union syndicale des métallurgistes	die IG Metall (sg.)
le métallurgiste	der Metaller (-)
le syndicat uni du secteur tertiaire	ver.di (Verband der Diensleistungsgewerkschaften)
la tête de file	der Vorreiter (-)
la revendication	die Forderung (en)
le conflit social	der Arbeitskonflikt (e)
la grève	der Streik (s)
la menace de grève	die Streikdrohung (en)
appeler à la grève	zum Streik auf/rufen (ie, u, hat) ➢ den Streik aus/rufen (ie, u, hat)
se mettre en grève	in den Streik treten (a, e, hat)
faire la grève	streiken
débrayer	die Arbeit nieder/legen

❖ la politique tarifaire	**❖ die Tarifpolitik**
le salaire	der Lohn (¨e)
l'augmentation salariale	die Lohnerhöhung (en)
les partenaires sociaux	die Sozialpartner (pl.) ➢ die Tarifpartner (pl.)
la négociation tarifaire	das Tarifgespräch (e) ➢ die Tarifrunde (n) ➢ die Tarifverhandlung (en)
la négociation salariale	die Lohnverhandlung (en)
la convention collective	der Tarifvertrag (¨e)
la signature d'une convention collective	der Tarifabschluss (¨e)
❖ l'acquis, la conquête sociale	**❖ die Errungenschaft**
la paix sociale	der Arbeitsfrieden (sg.)
le consensus	der Konsens (sg.)
le consensus social	der soziale Konsens
la cogestion	die Mitbestimmung (en)
des structures salariales fixées par accord	festgelegte Lohnstrukturen
la protection sociale	das soziale Netz (sg.)
la protection (sociale) du travail	der Arbeitsschutz (sg.)
la protection contre le licenciement	der Kündigungsschutz (sg.)
l'abolition du travail des enfants	die Abschaffung der Kinderarbeit
les congés payés	der bezahlte Urlaub (sg.)
la prime de vacances	das Urlaubsgeld (sg.)
la réglementation de la durée du travail	die Arbeitszeitregelung (en)
la journée de huit heures	der 8-Stunden-Tag (e)
le temps de travail hebdomadaire	die wöchentliche Arbeitszeit (sg.)
la semaine de quarante heures	die 40-Stunden-Woche (n)
❖ l'objectif	**❖ das Ziel**
la réduction du temps de travail	die Arbeitszeitverkürzung (en)
la réduction journalière	die Verkürzung der täglichen Arbeitszeit
la réduction hebdomadaire	die Verkürzung der Wochenarbeitszeit
instaurer la semaine de 35 heures	die 35-Stunden-Woche ein/führen

améliorer les conditions de travail	die Arbeitsbedingungen verbessern
protéger contre les atteintes à la santé	vor Gesundheitsschäden schützen
réduire la fatigue physique	die körperliche Belastung vermindern
préserver du surmenage	vor Überforderung bewahren
maintenir la paix sociale	den sozialen Frieden bewahren
maintenir le plein emploi	die Vollbeschäftigung erhalten (ie, a, hat)
la sécurité de l'emploi	die Arbeitsplatzsicherung (sg.)
rendre les conditions de travail plus humaines	die Humanisierung der Arbeit (sg.)
être conforme à la dignité de l'homme	der Würde des Menschen gerecht werden
la qualité plutôt que la quantité	Qualität statt Quantität

le chômage — die Arbeitslosigkeit (sg.)

la raréfaction du travail	die Verknappung der Arbeit (sg.)
la fin de la stabilité professionnelle	das Ende der beruflichen Sicherheit
la suppression d'emplois	der Abbau von Arbeitsplätzen
le licenciement	die Entlassung (en)
la compression de personnel	die Personaleinsparung (en)
le chômage structurel	die strukturbedingte Arbeitslosigkeit
le chômage conjoncturel	die konjunkturbedingte Arbeitslosigkeit
le chômage massif	die Massenarbeitslosigkeit (sg.)
le chômage de longue durée	die Langzeitarbeitslosigkeit (sg.)
le chômeur de longue durée	der Langzeitarbeitslose (n) *adj. subst.*
le chômage partiel	die Kurzarbeit (sg.)
la résignation	die Resignation (sg.)
l'isolement	die Isolation (sg.)
la perte de confiance en soi	der Verlust an Selbstvertrauen
l'identité par le métier	die Identität durch den Beruf
la perte de son identité	der Identitätsverlust (sg.)
la déchéance sociale	der soziale Abstieg (sg.)
l'émigration	die Abwanderung (en)
la navette des travailleurs frontaliers	der Pendelverkehr (sg.)

❖ les causes	**❖ die Ursachen**
l'insuffisance de formation professionnelle	die mangelhafte Berufsausbildung
la main-d'œuvre non qualifiée	die ungelernten Arbeitskräfte (pl.)
l'âge	das Alter (sg.)
les personnes de plus de 50 ans	Menschen über 50
le handicap	die Behinderung (en)
le handicapé	der Behinderte (n) *adj. subst.*
la maladie	die Krankheit (en)
le malade	der Kranke (n) *adj. subst.*
l'étranger	der Ausländer (-)
la femme	die Frau (en)
la discrimination	die Diskriminierung (en)
la non-compétitivité	die mangelnde Wettbewerbsfähigkeit
rester compétitif	wettbewerbsfähig bleiben (ie, ie, ist)
la haute technologie	(die) High-Tech (sg.)
la récession	die Rezession (en)
la délocalisation	die Stellenverlagerung (sg.)
le pays à faible coût salarial	das Niedriglohnland (¨er)
la crise du pétrole	die Ölkrise (n)
l'augmentation du prix du pétrole	die Ölpreiserhöhung (en)
le désarmement	die Abrüstung (sg.)
le chômage dû au désarmement	die abrüstungsbedingte Arbeitslosigkeit
la protection de l'environnement ralentissant la croissance	der Wachstum verzögernde Umweltschutz
l'arrivée d'Allemands venus d'ex-RDA	der Zustrom von Übersiedlern
❖ le marché de l'emploi	**❖ der Arbeitsmarkt**
la politique de l'emploi	die Arbeitsmarktpolitik (sg.)
la politique orientée vers la création d'emplois	die beschäftigungsorientierte Politik
la loi en faveur de l'emploi	das Arbeitsförderungsgesetz (e)
la mesure en faveur de l'emploi	die Arbeitsbeschaffungsmaßnahme (n) *Akz.:* ABM
le remaniement des postes	die Umschichtung der Arbeitsstellen

le changement des emplois	die Veränderung der Arbeitsplätze
la protection de l'environnement crée de nouveaux emplois	der Umweltschutz schafft neue Arbeitsplätze
la croissance par le marché intérieur	das Wachstum durch den Binnenmarkt
la demande d'emploi	das Stellengesuch (e)
l'offre d'emploi	das Stellenangebot (e)
l'emploi vacant	die offene Stelle ➢ die unbesetzte Stelle
l'exigence d'une qualification accrue	die verstärkte Forderung nach Qualifikationen
la pénurie de main-d'œuvre	der Mangel an Arbeitskräften
la pénurie en main-d'œuvre qualifiée	der Fachkräftemangel (sg.)
la défaillance en matière de qualification	das Qualifikationsdefizit (sg.)
la crise de la formation	die Engpässe in der Ausbildung
prendre des mesures en faveur de la qualification	Qualifizierungsmaßnahmen treffen (a, o, hat)
la formation continue	die Fortbildung (sg.)
le recyclage, la reconversion professionnelle	die Umschulung (en)
la préretraite	der Vorruhestand (sg.)
la retraite	der Ruhestand (sg.)

l'époque postindustrielle — das postindustrielle Zeitalter

❖ le changement des structures — ❖ der Strukturwandel (sg.)

la révolution qualitative	die qualitative Revolution
la mutation technologique	der technologische Wandel (sg.)
l'utilisation de nouvelles techniques *– au bureau* *– dans l'administration* *– dans le secteur industriel*	der Einsatz neuer Techniken – im Büro – in der Verwaltung – im Industriesektor
le progrès technique	der technische Fortschritt
la microélectronique	die Mikroelektronik (sg.)
la technologie de pointe	die Spitzentechnologie (n)
la technologie de base	die Basistechnologie (n)
l'innovation	die Innovation (en)

la rationalisation	die Rationalisierung (en)
l'informatisation	die Informatisierung (en)
l'informatique	die Informatik (sg.) ➢ die EDV
l'outil de travail commandé par programme	das programmgesteuerte Arbeitsmittel
l'automatisation	die Automatisierung (sg.)
le robot	der Roboter (-)
le robot industriel	der Industrieroboter (-)
robotiser	robotisieren
l'utilisation croissante de robots	der zunehmende Robotereinsatz
le gain de productivité	der Produktivitätsgewinn (sg.)
l'augmentation de la productivité	die Erhöhung der Produktivität ➢ die Produktivitätssteigerung (en)
le gain de temps de travail	die Einsparung von Arbeitszeit ➢ die Arbeitszeitersparnis (sg.)
le maintien de la compétitivité	die Erhaltung der Wettbewerbsfähigkeit
la garantie de qualité	der Qualitätsnachweis (sg.)
l'échange accéléré d'informations	der schnellere Informationsaustausch
la création de nouveaux emplois	die Schaffung neuer Arbeitsplätze
la mise en marche des installations *– leur contrôle* *– leur maintenance* *– leur réparation*	die Inbetriebnahme der Anlagen – ihre Steuerung – ihre Wartung – ihre Reparatur

❖ la société postindustrielle	**❖ die postindustrielle Gesellschaft**
une conjoncture de l'emploi dynamique	eine dynamische Arbeitslandschaft
moderniser sans exclure	modernisieren ohne auszuschließen (o, o, hat)
adapter le travail aux besoins de l'entreprise	die Arbeit den betrieblichen Bedürfnissen an/passen
la nouvelle politique du travail	die neue Arbeitszeitpolitik
la nouvelle répartition du travail	die neue Verteilung der Arbeit
le partage de l'emploi	die Arbeitsplatzteilung (en)

la nouvelle répartition des revenus	die neue Verteilung der Einkommen
la modification de l'organisation du travail	die Veränderung der Arbeitsorganisation
supprimer l'entrave que représentent les hiérarchies	die hinderlichen Hierarchien ab/bauen
la réduction de la fatigue physique	die Abnahme physischer Belastung
des structures de travail dignes de l'homme	menschengerechte Arbeitsstrukturen
le bureau à personnel réduit	das menschenarme Büro
l'usine à personnel réduit	die menschenarme Fabrik
arriver à plus de flexibilité	mehr Beweglichkeit erreichen
rendre le temps de travail plus flexible	die Arbeitszeitflexibilisierung (sg.)
l'horaire souple	die flexible Arbeitszeit
la main-d'œuvre souple	die flexiblen Arbeitskräfte (pl.)
l'horaire mobile	die Gleitzeit (sg.)
l'année sabbatique	das Sabbat-Jahr (e) ➢ das Ruhejahr (e)
l'activité à durée déterminée	die befristete Beschäftigung
le job, le travail provisoire	der Job (s)
le travail saisonnier	die Saisonarbeit (en)
l'emploi à temps partiel	die Teilzeitarbeit (en)
introduire le travail en équipes au bureau	die Schichtarbeit ins Büro ein/führen
le travail à domicile sur réseau, le télétravail	die Telearbeit (sg.) ➢ die Tele-Heimarbeit (sg.) ➢ die außerbetriebliche Arbeitsstätte
le "travail de bureau mobile"	die „mobile Büroarbeit"
changer l'univers du bureau	die Bürowelt verändern
l'emploi plus humain	der humanere Arbeitsplatz
mieux concilier métier et famille	Beruf und Familie besser vereinbaren
désengorger les rues	die Straßen entlasten
moins de coûts pour l'entreprise	weniger Kosten für den Betrieb
liberté croissante d'aménagement du temps	mehr Gestaltungsfreiheit (sg.)
l'autodiscipline	die Selbstdisziplin (sg.)
l'indépendance	die Selbständigkeit (sg.)

❖ le désavantage	**❖ der Nachteil**
la déréglementation du droit du travail	die Deregulierung des Arbeitsrechts
perte du statut de salarié	der Verlust des Arbeitnehmerstatus
moins de protection contre le licenciement	weniger Kündigungsschutz
l'absence de la dynamique de groupe	die fehlende Gruppendynamik
le manque de contact	der mangelnde Kontakt
le stress	der Stress (sg.)
le stress lié au travail	der Arbeitsdruck (sg.)
l'augmentation de la fatigue psychique	die Zunahme psychischer Belastung
la monotonie sur le lieu de travail	die Monotonie am Arbeitsplatz
exiger plus d'attention et de minutie	mehr Aufmerksamkeit und Sorgfalt fordern
une plus grande complexité des tâches	eine größere Komplexität der Aufgabenbereiche
les connaissances et le savoir-faire sont plus vite dépassés	Wissen und Können veralten schneller
❖ la collaboration	**❖ die Zusammenarbeit**
un monde hautement complexe	eine hochkomplexe Welt
l'explosion du savoir	die Wissensexplosion (sg.)
le savoir spécialisé	das Spezialwissen (sg.)
se spécialiser	sich spezialisieren
être hautement spécialisé	hochspezialisiert sein
les limites de l'individu	die Unzulänglichkeit des Einzelnen
le travail d'équipe	die Teamarbeit (sg.)
le travail en groupe	die Gruppenarbeit (sg.)
interdisciplinaire	interdisziplinär
réfléchir par-delà le cadre de ses compétences	fächerübergreifend denken (a, a, hat)
résoudre ensemble des problèmes complexes	komplexe Probleme zusammen lösen
se maintenir dans la concurrence internationale	im internationalen Wettbewerb bestehen (a, a, hat)
encourager la créativité	die Kreativität fördern

innover par le biais d'équipes	die Innovationen durch Teams erbringen (a, a, hat)
mettre la réalisation individuelle au service de la communauté	die Einzelleistung in den Dienst der Allgemeinheit stellen
intégrer ses connaissances dans des contextes plus larges	seines Kenntnisse in größere Zusammenhänge ein/ordnen

❖ les nouveaux profils / ❖ die neuen Profile

la dévalorisation des qualifications traditionnelles	die Entwertung der traditionellen Qualifikationen
une plus grande qualification	eine Höherqualifizierung (sg.)
les nouvelles vertus professionnelles	die neuen Arbeitstugenden
la responsabilité	die Verantwortung (sg.)
la persévérance	das Durchhaltevermögen (sg.)
la créativité	das Kreativvermögen (sg.)
la souplesse intellectuelle	die geistige Beweglichkeit (sg.)
la mobilité	die Mobilität (sg.)
le pouvoir d'adaptation	die Anpassungsfähigkeit (sg.)
la flexibilité	die Flexibilität (sg.)
l'envie d'apprendre	die Lernmotivation (sg.)
la formation continue	die Weiterbildung (sg.)
un apprentissage permanent	ein ewiges Lernen (sg.)

❖ le rôle du travail / ❖ die Rolle der Arbeit

la valeur matérielle	der materielle Wert
produire	produzieren
consommer	verbrauchen
la sécurité	die Sicherheit (sg.)
assurer son existence	die Existenzsicherung (sg.)
l'approvisionnement	die Versorgung (en)
gagner son pain	sein Brot verdienen
gagner sa vie	seinen Lebensunterhalt verdienen
le statut social	der Sozialstatus (sg.)
être utile	nützlich sein

participer à la vie sociale	am gesellschaftlichen Leben teil nehmen (a, o, hat)
la communication	die Kommunikation (sg.)
communiquer	kommunizieren
le plaisir procuré par le travail	der Spaß an der Arbeit
avoir un sens	einen Sinn haben

❖ le nouveau rôle du travail — ❖ die neue Rolle der Arbeit

le changement de sens	der Sinneswandel (sg.)
le changement des valeurs	der Wertewandel (sg.)
les valeurs postmatérielles	die postmateriellen Werte
produire moins, vivre mieux	weniger produzieren, besser leben
dissocier travail et salaire	Arbeit und Lohn entkoppeln
encourager l'activité non productive	die unproduktive Tätigkeit fördern
l'activité sociale	die soziale Tätigkeit
l'éducation	die Erziehung (sg.)
le travail est accessoire	die Arbeit ist nebensächlich
trouver son identité à l'extérieur du travail	seine Identität außerhalb der Arbeit finden (a, u, hat)
la distanciation par rapport à la vie professionnelle	die Distanzierung zum Berufsleben
mettre en valeur les potentialités de l'homme	die Kräfte im Menschen erschließen (o, o, hat)
l'autodétermination	die Selbstbestimmung (sg.)
la réalisation de soi	die Selbstverwirklichung (sg.)
l'épanouissement de la personnalité	die Entfaltung der Persönlichkeit
un besoin accru de temps libre	ein erhöhtes Freizeitbedürfnis
disposer souverainement de son temps	die Zeitsouveränität (sg.)
le rôle des loisirs	die Rolle der Freizeit
organiser ses loisirs de manière constructive	die Freizeit sinnvoll gestalten
la valorisation des loisirs	die Aufwertung der Freizeit
l'allongement du temps de loisir	die Ausweitung der Freizeit

13. Les pays en voie de développement

Dans de nombreuses parties du monde — principalement dans l'hémisphère sud, c'est-à-dire en Amérique latine, en Afrique et en Asie — la pauvreté absolue sévit. Des millions de gens vivent en dessous du seuil de pauvreté, dans la plus grande des misères, et ne peuvent pas atteindre le minimum vital. Les facteurs de pauvreté sont nombreux. Ils sont tout d'abord de nature politique : dépenses pour l'armement souvent élevées et argent dilapidé, en l'absence de toute démocratie, par des généraux et des dictateurs. La situation économique est instable elle aussi : les méthodes de production sont inefficaces, les ressources sont exploitées de manière abusive et le poids de la dette de ces pays augmente. De plus, les catastrophes climatiques entraînent dévastations et mauvaises récoltes. Faim et manque d'eau sont le quotidien de beaucoup de peuples. Comme il n'y a pas de protection sociale, qu'il n'existe que peu d'information et de formation scolaire, ces pays connaissent une forte natalité. Cette explosion démographique génère une misère et une pollution accrues.

La bipartition du monde est dangereuse pour les pays en voie de développement comme pour les nations industrialisées car les deux parties sont interdépendantes. Si l'on ne vient pas en aide aux pays pauvres, un nombre toujours croissant de personnes voudra fuir la misère : les nations industrialisées ne pourront pas intégrer ce flot d'immigration massive. C'est pourquoi de grands organismes s'occupent de l'aide au développement à court terme. L'essentiel reste néanmoins qu'une politique de développement rationnelle, favorisant l'effort personnel, aide les pays en voie de développement à devenir autonomes.

13. Die Entwicklungsländer

In zahlreichen Teilen der Welt – prinzipiell auf der Südhalbkugel, das heißt in Lateinamerika, Afrika und in Asien – herrscht absolute Armut. Millionen Menschen leben unter der Armutsgrenze, im größten Elend und erreichen nicht das Existenzminimum. Die Armutsfaktoren sind zahlreich. Sie sind zuerst einmal politischer Natur: In nicht demokratischen Ländern wird von Diktatoren und Generälen viel Geld verschwendet, etwa für Rüstungsausgaben. Nicht nur die politische, sondern auch die wirtschaftliche Situation ist instabil: Die Produktionsverfahren sind ineffizient, die Ressourcen werden schonungslos ausgebeutet und die Schuldenlast dieser Länder steigt. Die Klimakatastrophen führen zudem zu Verwüstungen und Missernten. Hunger und Wassermangel sind das tägliche Los vieler Völker. Da es kein soziales Netz, wenig Aufklärung und Schulbildung gibt, erleben diese Länder einen wachsenden Kinderreichtum. Diese Bevölkerungsexplosion führt noch mehr Elend und noch mehr Umwelverschmutzung herbei.

Die Zweiteilung der Welt ist gefährlich für die Industrienationen wie für die Entwicklungsländer, denn diese zwei Welten sind voneinander abhängig. Wenn den armen Ländern nicht geholfen wird, werden immer mehr Menschen ihrem Elend entfliehen wollen. Die Industrienationen können diesen massiven Einwanderungsdruck nicht verkraften. Deshalb sorgen große Organisationen für kurzfristige Entwicklungshilfe. Das wichtigste bleibt eine rationelle Entwicklungspolitik sowie die Hilfe zur Selbsthilfe, damit die Entwicklungsländer selbständig werden.

la pauvreté — die Armut (sg.)

❖ pauvre	**❖ arm**
être pauvre comme Job (très pauvre)	bettelarm sein
les pauvres	die Armen
les plus pauvres	die Ärmsten
le seuil de pauvreté	die Armutsgrenze (sg.) ➢ die Armutsschwelle (sg.)
vivre sous le seuil de pauvreté	unter der Armutsgrenze leben
la privation	die Entbehrung (en)
manquer de qch	etwas entbehren
le démuni	der Bedürftige (n) *adj. subst.*
être démuni, dans le besoin	bedürftig sein
le besoin	der Bedarf (sg.)
la misère	das Elend (sg.)
la paupérisation massive	die Massenverelendung (sg.)
le pays en voie de développement	das Entwicklungsland (¨er)
l'hémisphère sud	die Südhalbkugel
le continent africain	der afrikanische Kontinent
le continent noir	der schwarze Kontinent
la Corne de l'Afrique	das Horn von Afrika
l'Amérique latine	Lateinamerika
l'Asie	Asien

les facteurs de pauvreté — die Armutsfaktoren

❖ le mauvaix choix politique	**❖ die politische Fehlentscheidung**
la tyrannie	die Tyrannei (en)
la dictature	die Diktatur (en)
le dictateur	der Diktaktor (en)
l'armée	die Armee (n)
le général	der General (e / ¨e)
le despote	der Despot (en, en)

le système autoritaire	das autoritäre System
le système totalitaire	das totalitäre System
le népotisme, le favoritisme	die Vetternwirtschaft (sg.)
les bureaucrates incompétents	die unfähigen Bürokraten
l'instabilité	die Instabilität (sg.)
la corruption	die Korruption (sg.) ➢ die Bestechung (en)
être corrompu, être corruptible	korrupt sein ➢ bestechlich sein
corrompre	korrumpieren ➢ bestechen (a, o, hat)

❖ la violence — ❖ die Gewalt (sg.)

le blocus alimentaire	die Lebensmittelblockade (n)
la persécution	die Verfolgung (en)
persécuter	verfolgen
l'oppression	die Unterdrückung (sg.)
opprimer	unterdrücken
la minorité	die Minderheit (en)
la violation des Droits de l'homme	die Verletzung der Menschenrechte
le mépris	die Verachtung (sg.)
mépriser, dédaigner	verachten
l'injustice	die Ungerechtigkeit (sg.)
l'inégalité	die Ungleichheit (en)
la tension	die Spannung (en)
l'explosion de haine et de violence	der Ausbruch von Hass und Gewalt
la persécution propre à un sexe	die geschlechtsspezifische Verfolgung
la querelle ethnique	die ethnische Fehde
la querelle tribale	die Stammesfehde (n)
les troubles raciaux	die Rassenunruhen
l'émeute, l'échauffourée	der Krawall (e)
le pillage	die Plünderung (en)
piller	plündern

le soulèvement	der Aufstand (¨e)
la révolution	die Revolution (en)
les violences intégristes	die Ausschreitungen der Fundamentalisten
le Front islamique du salut	die Islamische Heilsfront
la guerre	der Krieg (e)
la guerre civile	der Bürgerkrieg (e)
le combat	der Kampf (¨e)
se battre pour son pays	für sein Land (+A.) kämpfen
se battre pour un droit	um ein Recht (+A) kämpfen
se battre contre, combattre	kämpfen gegen +A.
le combat pour la liberté	der Freiheitskampf (¨e)
la résistance	der Widerstand (sg.)
le mouvement de résistance	die Widerstandsbewegung (en)

❖ le budget militaire — ❖ das Militärbudget (sg.)

➢ der Wehretat (sg.)

les grosses dépenses militaires	die hohen Militärausgaben
l'armement	die Rüstung (sg.) ➢ die Aufrüstung (sg.)
le surarmement	die Überrüstung (sg.)
l'arme	die Waffe (n)
l'achat d'armes	der Waffenkauf (sg.)
l'importation d'armes	der Waffenimport (e)
l'exportation d'armes	der Waffenexport (e)
le trafic d'armes	der Waffenhandel (sg.)
le marchand d'armes	der Waffenhändler (-)
le fournisseur d'armes	der Waffenlieferant (en, en)

❖ des économies secouées par la crise — ❖ krisengeschüttelte Volkswirtschaften

ne pas être compétitif	nicht konkurrenzfähig sein
la situation économique	die Wirtschaftslage (n)
l'exploitation économique	die wirtschaftliche Ausbeutung

produire à tout prix	um jeden Preis produzieren
une production orientée vers l'exportation	eine auf Export ausgerichtete Produktion
produire des produits de luxe à bon marché pour les nations industrialisées	billige Luxusgüter für die Industrienationen produzieren
les deux chocs pétroliers	die beiden Ölkrisen
la chute des prix des matières premières	der Verfall der Rohstoffpreise
les entraves douanières et commerciales	die Zoll- und Handelshemmnisse
la taxation des importations	die Versteuerung der Importe

❖ les catastrophes naturelles / ❖ die Naturkatastrophen

le climat	das Klima (-mata)
la chaleur	die Hitze (sg.)
le manque d'eau	der Wassermangel (sg.)
la sécheresse	die Dürre (sg.)
le désert	die Wüste (n)
la désertification	die Versteppung (sg.) ➢ die Desertifikation (sg.)
l'avancée du désert	die Ausdehnung der Wüste
le tourbillon	der Wirbelwind (e)
le cyclone	der Wirbelsturm (¨e) ➢ der Zyklon (e)
la tornade	der Tornado (s)
le tremblement de terre	das Erdbeben (-)
les pluies excessives	die übermäßigen Regenfälle
la pluie diluvienne	der sintflutartige Regen (sg.)
l'inondation	die Überschwemmung (en) ➢ das Hochwasser (sg.)
la terre inculte	das Brachland (sg.)
la mauvaise récolte	die Missernte (n)
la sauterelle	die Heuschrecke (n)

❖ l'explosion démographique	**❖ die Bevölkerungsexplosion**
la croissance démographique	das Bevölkerungswachstum (sg.) ➢ die Bevölkerungszunahme (sg.)
le taux des naissances augmente	die Geburtenrate steigt (ie, ie, ist)
le nombre élevé d'enfants	die hohe Kinderzahl (sg.) ➢ der Kinderreichtum (sg.)
assurer la sécurité pour ses vieux jours	fürs Alter vor/sorgen
la surpopulation	die Übervölkerung (sg.)
la population mondiale s'accroît	die Weltbevölkerung steigt (ie, ie, ist)
les nations les plus peuplées	die bevölkerungsreichsten Nationen
les métropoles grouillantes du Tiers Monde	die wuchernden Drittwelt-Metropolen
le cercle vicieux de la pauvreté et de la descendance trop nombreuse	der Teufelskreis von Armut und Kinderreichtum
❖ pas de protection sociale	**❖ kein soziales Netz**
être dépendant d'une aide extérieure	auf fremde Hilfe angewiesen sein
pas de régime de retraite	keine Altersversorgung
une infrastructure insuffisante	eine mangelnde Infrastruktur
la situation sociale explosive	der soziale Sprengstoff
❖ le manque d'éducation et de formation	**❖ mangelnde Bildung und Ausbildung**
le manque d'information	mangelde Aufklärung
l'ignorance	die Unwissenheit (sg.)
l'analphabétisme (état de l'analphabète)	der Analphabetismus (sg.)
l'analphabète	der Analphabet (en, en)
la superstition	der Aberglaube (sg.)

les conséquences de la pauvreté — die Folgen der Armut

la pauvreté absolue	die absolute Armut (sg.)
le minimum vital	das Existenzminimum (sg.)
ne pas atteindre le minimum vital	das Existenzminimum nicht erreichen
le sous-développement	die Unterentwicklung (sg.)
la difficulté d'approvisionnement	die Versorgungsschwierigkeit (en)

❖ **la faim**	❖ **der Hunger**
le manque de nourriture	der Nahrungsmangel (sg.)
la sous-alimentation	die Unterernährung (sg.)
être sous-alimenté	unterernährt sein
la famine	die Hungersnot (sg.)
mourir de faim	an Hunger sterben (a, o, ist) ➢ verhungern
le territoire où sévit la famine	das Hungergebiet (e)
(se) nourrir	(sich) ernähren

❖ **la maladie**	❖ **die Krankheit**
mettre la santé en danger	die Gesundheit gefährden
l'épidémie	die Seuche (n) ➢ die Epidemie (n)
le manque d'hygiène	mangelnde Hygiene
le manque d'approvisionnement en eau potable	mangelnde Versorgung mit sauberem Wasser
être menacé de sida	Aids-gefährdet sein
peu de soins médicaux	mangelnde medizinische Versorgung ➢ die medizinische Unterversorgung
l'espérance de vie courte	die kurze Lebenserwartung
survivre	überleben
de mauvaises conditions de survie	schlechte Überlebensbedingungen (pl.)
le taux de mortalité	die Sterblichkeitsrate (n)
le taux de mortalité élevé	die hohe Sterblichkeit (sg.)
la mortalité des enfants et des femmes	die Kinder- und Frauensterblichkeit (sg.)

❖ **la misère des enfants**	❖ **die Not der Kinder**
l'enfant	das Kind (er)
les enfants des rues	die Straßenkinder
la vente d'enfants	der Verkauf von Kindern
l'exploitation des enfants	die Kinderausbeutung (sg.)
le mauvais traitement à enfants	die Kindermisshandlung (en)
la prostitution infantile	die Kinderprostitution (sg.)

le travail des enfants	die Kinderarbeit (sg.)
les enfants soldats	die Kindersoldaten (pl.)

❖ les conséquences écologiques — ❖ die ökologischen Folgen

la destruction de l'environnement	die Umweltzerstörung (en)
la catastrophe écologique	die Umweltkatastrophe (n)
une production polluante	umweltfeindliche Produktionsverfahren
les préjudices pour le climat	die Schäden für das Klima
épuiser le sol	den Boden aus/laugen
défricher la forêt	den Wald roden
le déboisement	die Abholzung (en)
le surpâturage	die Überweidung (sg.)
la monoculture intensive	die intensive Monokultur
des ressources qui se raréfient	knapp werdende Ressourcen (pl.)

❖ la migration — ❖ die Wanderung

l'exode, la migration des peuples	die Völkerwanderung (en)
l'émigration	die Auswanderung (en)
l'émigrant	der Auswanderer (-)
émigrer	aus/wandern ➢ emigrieren ➢ ins Ausland um/siedeln
l'immigration	die Einwanderung (en)
l'immigrant	der Einwanderer (-) ➢ der Zuzügler (-) ➢ der Zuwanderer (-)
immigrer	ein/wandern
l'afflux (d'immigrants)	der Zustrom (sg.) ➢ der Zuzug (sg.)
le flux d'immigration	die Einwanderungsflut (sg.)
la pression de l'immigration	der Einwanderungsdruck (sg.)
le pays d'accueil	das Einwanderungsland (¨er)
le pays de destination	das Zielland (¨er)
le pays d'origine	das Herkunftsland (¨er)

fuir	fliehen (o, o, ist)
la fuite	die Flucht (sg.)
le réfugié	der Flüchtling (e)
celui qui fuit la guerre civile	der Bürgerkriegsflüchtling (e)
le migrant économique	der Wirtschaftsflüchtling (e)
le réfugié de la misère	der Armutsflüchtling (e)
l'État oppresseur	der Verfolgerstaat (en)
l'État non oppresseur	der Nicht-Verfolgerstaat (en)
l'apatride	der Staatenlose (n) *adj. subst.*
le réfugié politique	der Asylant (en, en)
le demandeur d'asile	der Asylbewerber (-)
la demande d'asile	der Asylantrag (¨e)
déposer une demande de droit d'asile	einen Asylantrag stellen
la requête	das Gesuch (e)
présenter une requête	ein Gesuch stellen
la Convention de Genève	die Genfer Konvention
l'harmonisation du droit d'asile au sein de l'UE	die Harmonisierung des EU-Asylrechts
le sujet délicat	das heikle Thema
le camp de réfugiés	das Flüchtlingslager (-)
le séjour dans un camp de réfugiés	der Lageraufenthalt (e)
le permis de séjour	die Aufenthaltsgenehmigung (en)
le quota d'immigration	die Einwanderungsquote (n)
la limitation à l'immigration	die Einwanderungsbeschränkung (en)
se protéger contre, se fermer à	sich ab/schotten gegen + A.
la défense contre les étrangers	die Fremdenabwehr (sg.)
arrêter l'accueil des étrangers	der Aufnahmestopp (sg.)
rendre les frontières moins perméables	die Grenzen dichter machen
les barrières contre l'immigration	die Sperren gegen die Einwanderung
se débarrasser de, expulser	ab/schieben (o, o, hat)
débouter, renvoyer	ab/weisen (ie, ie, hat)
repousser	ab/wehren
reconduire aux frontières	an die Grenzen zurück/befördern

l'aide au développement	die Entwicklungshilfe
l'aide humanitaire	die humanitäre Hilfe (sg.)
les fonds de développement	der Entwicklungsfonds (sg.)
l'UNICEF	die UNICEF
la FAO (Organisation pour l'alimentation et l'agriculture)	die FAO
l'ONU (Organisation des Nations unies)	die UNO
la Banque mondiale	die Weltbank
le Fonds monétaire international	der Internationale Währungsfonds
❖ l'aide à court terme	**❖ die kurzfristige Hilfe**
le pays donateur	das Geberland (¨er)
l'organisation humanitaire	die Hilfsorganisation (en)
les produits de première nécessité	die Hilfsgüter (pl.)
le don	die Spende (n)
donner, distribuer	spenden
la nourriture	das Nahrungsmittel (-)
approvisionner en nourriture	mit Nahrungsmitteln versorgen
le médicament	das Medikament (e)
envoyer des médicaments	Medikamente schicken
le pont aérien	die Luftbrücke (n)
le convoi	der Konvoi (s)
la protection des convois	der Schutz der Konvois
assurer le passage des convois humanitaires	das Durchkommen von Hilfskonvois sichern

la politique de développement	die Entwicklungspolitik
le conflit nord-sud	der Nord-Süd-Konflikt
la bipartition	die Zweiteilung (sg.)
un monde bipartite	eine zweigeteilte Welt
un ordre mondial instable	eine instabile Weltordnung

l'interdépendance des deux continents	die Interdependenz der zwei Kontinente
la responsabilité des nations industrialisées	die Verantwortlichkeit der Industrienationen

❖ **l'aide à long terme**	❖ **die langfristige Hilfe**
éliminer les causes de l'exode	die Fluchtursachen beseitigen
favoriser l'effort personnel	die Hilfe zur Selbsthilfe fördern
viser l'indépendance	auf die Unabhängigkeit hin/arbeiten
le calcul politique et économique	das politische und wirtschaftliche Kalkül
réduire l'écart entre le Nord et le Sud	das Nord-Süd-Gefälle reduzieren
le clivage dû à l'inégale répartition des richesses	die Wohlstandskluft (sg.)
le commerce équitable	der faire Handel (sg.)
les boutiques du monde	die Weltläden (pl.)
le tourisme équitable	der faire Tourismus (sg.)
le développement durable	die nachhaltige Entwicklung (sg.)
la durabilité	die Nachhaltigkeit (sg.)
le principe directeur du XXIe siècle	das Leitprinzip des 21. Jahrhunderts

❖ **encourager la baisse de la natalité**	❖ **den Geburtenrückgang fördern**
introduire le contrôle des naissances	die Geburtenkontrolle ein/führen
le planning familial	die Familienplanung (sg.)
le moyen contraceptif	das Verhütungsmittel (-)
la pilule abortive	die Abtreibungspille (sg.)
l'information	die Aufklärung (en)
informer	auf/klären über + A.
s'adresser principalement aux femmes	sich prinzipiell an die Frauen wenden

❖ **les dettes élevées**	❖ **die hohen Schulden**
les dettes à long terme	die langfristigen Schulden
les dettes extérieures	die Auslandsschulden
la crise de la dette	die Schuldenkrise (n)
la montagne de dettes	der Schuldenberg (e)
le poids de la dette	die Schuldenlast (sg.)

être endetté	verschuldet sein
être criblé de dettes	hochverschuldet sein
les taux d'intérêt élevés	die hohen Zinsen (pl.)
le taux d'inflation élevé	die hohe Inflationsrate
le débiteur	der Schuldner (-)
le pays débiteur	das Schuldnerland (¨er)
le pays endetté	das verschuldete Land
l'emprunteur	der Kreditnehmer (-)
le créancier	der Gläubiger (-)
l'État créancier	der Gläubigerstaat (en)
le retard de paiement	der Zahlungsverzug (sg.)
les difficultés de paiement	die Zahlungsschwierigkeiten (pl.)
être solvable	kreditwürdig sein ➢ kreditfähig sein
être insolvable	kreditunfähig sein ➢ kreditunwürdig sein
la dépendance politique	die politische Abhängigkeit
la tutelle, la curatelle	die Kuratel (en)
être sous tutelle	unter Kuratel stehen (a, a, hat)
placer sous tutelle	unter Kuratel stellen
tenir en tutelle	bevormunden
le remboursement	die Rückzahlung (en)
céder les revenus provenant de l'exportation	die Exporteinnahmen ab/treten (a, e, hat)

❖ l'intervention — ❖ die Intervention

le droit d'ingérence	das Eingriffsrecht (sg.)
intervenir dans	ein/greifen (i, i, hat) in + A.
s'immiscer dans	sich ein/mischen in + A.
la protection de la population civile	der Schutz der zivilen Bevölkerung
des critères de distribution plus sévères	strengere Vergabekriterien
lier aide et désarmement	die Hilfe an Abrüstung knüpfen
la limitation de l'armement	die Rüstungsbeschränkung (en)
réduire les dépenses militaires	die Militärausgaben kürzen

la limitation de l'exportation d'armes	die Einschränkung des Waffenexports
lier aide et démocratisation	die Hilfe an die Demokratisierung knüpfen
stabiliser politiquement	politisch stabilisieren
encourager la démocratisation	die Demokratisierung fördern

❖ le soutien financier et technique / ❖ die finanzielle und technische Unterstützung

encourager économiquement	wirtschaftlich fördern
la coopération économique	die wirtschaftliche Kooperation
mener une politique rigoureuse d'austérité	eine rigorose Sparpolitik betreiben (ie, ie, hat)
le règlement des dettes	die Schuldenregelung (en)
l'amortissement des dettes	die Schuldentilgung (en) ➢ die Entschuldung (en)
amortir	tilgen
le plan d'échelonnement des dettes	der Entschuldungsplan (¨e)
la remise de dettes	der Schuldenerlass (-e)
remettre une dette	eine Schuld erlassen (ie, a, hat)
le transfert des capitaux et de la technologie	der Kapital- und Technologietransfer
mettre en place une infrastructure	die Infrastruktur auf/bauen
améliorer la protection sociale	das soziale Netz verbessern
procéder à des vaccinations collectives	Massenimpfungen vor/nehmen (a, o, hat)
cultiver des produits alimentaires de base	Grundnahrungsmittel an/bauen
des méthodes de culture améliorées	verbesserte Anbaumethoden
le prêt, le crédit	das Darlehen (-)
accorder un crédit	ein Darlehen bewilligen
l'utilisation efficace des moyens financiers	der effiziente Einsatz der Finanzmittel
la suppression des barrières commerciales	die Beseitigung der Handelshemmnisse
l'ouverture des marchés mondiaux	die Öffnung der Weltmärkte
rattacher au marché mondial	an den Weltmarkt an/schließen (o, o, hat)
garantir des prix minimaux	Mindestpreise sichern

14. Les drogues

Le problème de la drogue est devenu un fléau mondial, qu'il s'agisse de drogue dure ou de drogue douce. Ses causes sont économiques et politiques. Des bénéfices considérables rendent la mafia de la drogue toute-puissante, de sorte que la lutte contre elle est difficile. La guerre doit être menée à l'échelle mondiale si l'on veut démanteler définitivement cette organisation criminelle. En effet, si les stupéfiants nuisent aux drogués, ils nuisent aussi à l'ensemble de la société. Le sevrage reste dur, la politique moderne contre la drogue un sujet délicat.

Le problème est d'autant plus aigu que le sida est souvent lié à la prise de stupéfiants. Les drogués constituent un groupe à risque : aiguilles infectées et prostitution liée à la toxicomanie transmettent la maladie. Toutefois, des transfusions sanguines faites inconsidérément, des médicaments contaminés par le virus HIV ou des rapports sexuels non protégés contribuent à la propagation de l'agent pathogène. Outre leur maladie, les malades du sida souffrent également de discrimination sociale. La guérison est encore impossible à l'heure actuelle. On ne peut que prendre des mesures préventives en informant et en agissant de manière responsable.

Malgré les risques pour la santé et bien que les anabolisants soient sur la liste des substances interdites, l'usage des drogues est largement répandu dans le sport de haut niveau. Le sportif en espère un accroissement de sa performance, ce qui pourrait lui apporter davantage de succès et donc plus d'argent.

Le tabac est une drogue encore plus largement répandue. Le tabagisme faisant dans les sociétés modernes de nombreuses victimes et suscitant des coûts de santé élevés, les nations industrialisées organisent en permanence des campagnes antitabac. L'interdiction de fumer, ressentie comme une entrave à la liberté de l'individu, indigne parfois les fumeurs.

Dans beaucoup de pays, l'alcool fait lui aussi partie du quotidien, habitude qui peut devenir dangereuse si elle conduit à la dépendance.

14. Die Drogen

Das Rauschgiftproblem ist zur weltweiten Plage geworden, ob es um weiche oder harte Droge geht. Die Ursachen sind wirtschaftlicher und politischer Natur. Der Drogen-Umsatz ist so hoch, dass die Drogenmafia allmächtig und ihre Bekämpfung mühsam ist. Dieser Krieg muss weltweit geführt werden, wenn der Mafia das Handwerk endgültig gelegt werden soll. Denn Rauschgift schadet den Fixern und der ganzen Gesellschaft. Der Entzug bleibt schwer, die moderne Drogenpolitik ein heikles Thema.

Das Problem ist umso akuter, als Rauschgift häufig mit Aids in Zusammenhang gebracht wird. Rauschgiftsüchtige sind eine Risikogruppe: Die Krankheit wird durch infizierte Nadeln und Beschaffungsprostitution verbreitet. Doch auch leichtsinnig durchgeführte Blutübertragungen, Aids-verseuchte Arzneimittel und ungeschützter Geschlechtsverkehr tragen zur Ausbreitung des Krankheitserregers bei. Außer an den mit Aids einhergehenden Krankheiten leiden Aids-Kranke noch unter gesellschaftlicher Diskriminierung. Eine Heilung ist heute noch unmöglich. Man kann nur vorbeugen, und zwar durch Aufklärung und verantwortungsbewusstes Handeln.

Trotz der Gesundheitsrisiken und obwohl Anabolika auf der Verbotsliste stehen, sind auch im Hochleistungssport Drogen weit verbreitet. Der Sportler erhofft sich davon eine Leistungssteigerung, die ihm mehr Erfolg und dementsprechend mehr Geld einbringen könnte.

Eine noch viel weiter verbreitete Droge ist der Tabak. Der Tabakkonsum fordert in den modernen Gesellschaften zahlreiche Opfer. Wegen der verursachten Gesundheitskosten organisieren die Industriestaaten ständig Anti-Tabak-Kampagnen. Das Rauchverbot löst manchmal bei den Rauchern Empörung aus, da sie eine solche Maßnahme als Angriff auf die persönliche Freiheit empfinden.

Auch der Alkohol gehört in vielen Ländern zum Alltag; eine Gewohnheit, die gefährlich werden kann, wenn sie zur Sucht führt.

le stupéfiant	das Rauschgift (sg.)
la drogue	die Droge (n)
la drogue dure	die harte Droge
la drogue douce	die weiche Droge
la drogue synthétique	die synthetische Droge ➢ die Designer-Droge (n)
la substance hallucinogène	das Rauschmittel (-) ➢ das Halluzinogen (e)
la colle	der Klebstoff (e)
le narcotique, l'anesthésique	das Betäubungsmittel (-) ➢ das Narkotikum (-ka)
le joint fam.	der Joint (s) *fam.- pron. angl.*
la première drogue	die Einstiegsdroge (n)
l'amphétamine	das Amphetamin (sg.)
le haschich	(das) Haschisch (sg.)
le cannabis	(der) Cannabis (sg.)
la marihuana	(das) Marihuana (sg.)
l'opium	(das) Opium (sg.)
la cocaïne	(das) Kokain (sg.) ➢ (der) Koks (sg.) *fam.*
prendre de la coke	koksen *fam.*
l'héroïne	(das) Heroin (sg.)
le crack	(das) Crack (sg.) *pron. angl.*
l'XTC-Extasy	die Love-Droge XTC - „Ecstasy" (sg.)
le taux de pureté le plus élevé	der höchste Reinheitsgrad
fumer	rauchen
fumer du haschich, de la marihuana	kiffen *fam.*
sniffer (fam.)	schnupfen *fam.* ➢ sniffen *fam.*
injecter	spritzen
se piquer	fixen *fam.*

le toxicomane	**der Rauschgiftsüchtige (n) *adj. subst.***
être toxicomane	süchtig sein
le toxicomane	der Fixer (-) ➢ der Junkie (s) *pron. angl.*
le "voyage"	der „Trip" (s) *fam.*
prendre du LSD	einen „Trip" schmeißen (i, i, hat) *fam.*
la dépendance	die Abhängigkeit (sg.) ➢ die Sucht (sg.)
être dépendant (de)	süchtig sein ➢ abhängig sein (von + D.)
psychologique(ment)	seelisch
la dégradation de la personnalité	der Verfall der Persönlichkeit
physiquement	körperlich
la lésion cérébrale	der Gehirnschaden (¨)
la maladie mentale	die Geisteskrankheit (en)
l'overdose	die Überdosis (sg.)
la mort par overdose	der Drogentod (sg.)
la déchéance sociale	der soziale Abstieg
la prostitution	die Prostitution (sg.)
la délinquance liée à la toxicomanie	die Beschaffungskriminalität (sg.)
le délit	das Delikt (e)
le crime	das Verbrechen (-)
le criminel	der Verbrecher (-)
❖ le sevrage	**❖ der Entzug**
le syndrome de sevrage	die Entzugserscheinung (en)
la cure de sevrage	die Entziehungskur (en)
le danger de rechute	die Rückfallgefahr (en)
la rechute	der Rückfall (sg.)
rechuter	rückfällig werden
la prise en charge psychologique et sociale	die psychosoziale Betreuung
la thérapie	die Therapie (n)

trouver une place en thérapie	einen Therapieplatz finden (a, u, hat)
tenir bon	durch/halten (ie, a, hat)
être motivé pour	Motivation zeigen zu + D.
se sortir de la drogue	von der Droge weg/kommen (a, o, ist)
ne pas retomber dans le milieu	nicht wieder in die Szene ab/gleiten (i, i, ist)

la puissance mondiale de la drogue — die Weltmacht Droge

le baron de la cocaïne	der Kokain-Baron (e)
le prince de l'opium	der Opium-Fürst (en, en)
le parrain de la drogue	der Rauschgiftboss (e)
l'industrie de la drogue	die Rauschgiftindustrie (n)
le commerce de la drogue	das Drogengeschäft (sg.)
le trafic de drogue	der Drogenhandel (sg.)
le trafiquant de drogue	der Drogenhändler (-)
la mafia de la drogue	die Drogenmafia (sg.)

❖ le crime organisé — ❖ das organisierte Verbrechen

le milieu de la drogue	die Drogenszene (n)
le cartel de la drogue	das Drogenkartell (e)
le Cartel de Medellin	das Kartell von Medellin
la multinationale de la drogue	der Narco-Multi (s)
le trafic illégal	der illegale Handel
le marché noir	der Schwarzmarkt (sg.)
le marché de la drogue	der Drogenmarkt (sg.)
le fournisseur de drogue	der Drogenlieferant (en, en)
le dealer	der Dealer (-)

❖ le profit — ❖ der Profit

le chiffre d'affaires de la drogue	der Drogen-Umsatz (¨e)
l'argent de la drogue	das Drogengeld (er)
les narco-dollars	die Narco-Dollars (pl.)
le blanchiment de l'argent	die Geldwäsche (sg.)

l'argent blanchi, recyclé	das gewaschene Geld
la corruption	die Korruption (sg.)

❖ l'économie fondée sur la cocaïne	**❖ die Kokainwirtschaft**
la culture de la cocaïne	der Coca-Anbau (sg.)
le pays producteur	das Erzeugerland (¨er) ➢ das Produktionsland (¨er)
le produit d'exportation n° 1	der Exportartikel Nr.1 (Nummer Eins)
le Tiers Monde	die Dritte Welt

la politique contre la drogue — die Drogenpolitik

l'acceptation morale	die moralische Akzeptanz
la légalisation	die Legalisierung (sg.)
légaliser la consommation de la drogue	den Drogenkonsum legalisieren
la distribution légale de la drogue	der legale Vertrieb der Droge
la libre distribution	die völlige Freigabe
la distribution contingentée	die eingeschränkte Freigabe
la légalisation sévèrement contrôlée	die streng kontrollierte Legalisierung
la drogue de substitution	die Ersatzdroge (n)
la méthadone	(das) Methadon
être sous contrôle médical sévère	unter strenger ärztlicher Kontrolle stehen (a, a, hat)
l'interdiction de détenir de la drogue	das Drogenverbot (sg.)
la criminalisation	die Kriminalisierung (sg.)

❖ la répression de la drogue	**❖ die Drogenbekämpfung**
lever le secret bancaire	das Bankgeheimnis auf/heben (o, o, hat)
démanteler l'organisation de la mafia	der Mafia das Handwerk legen
déclarer la guerre à la drogue	dem Rauschgift den Krieg erklären
mener cette guerre à l'échelle mondiale	diesen Krieg weltweit führen
la destruction des récoltes	die Vernichtung der Ernten
la campagne d'information	die Aufklärungskampagne (n)
la prévention	die Vorbeugung (en)
prévenir	vor/beugen + D.

❖ **la chasse à la drogue**	❖ **die Drogenfahndung**
l'enquêteur	der Fahnder (-)
saisir	beschlagnahmen
la saisie	die Beschlagnahme (n)
le coup de filet	der Riesenfang (sg.)

le dopage — das Doping

doper	dopen
se doper	sich dopen
l'utilisateur de dopants	der Dopingsünder (-)
le sportif de haut niveau	der Spitzensportler (-)
l'athlète	der Athlet (en, en)
la compétition de haut niveau	der Hochleistungssport (sg.)
le sportif de haut niveau	der Hochleistungssportler (-)
les anabolisants	die Anabolika (sg.)
les stéroïdes anabolisants	die anabolen Steroide
l'hormone	das Hormon (e)
la testostérone	das Testosteron (sg.)
la cortisone	das Cortison (sg.)
le stimulant	das Aufputschmittel (-)
le dopage par autotransfusion sanguine	das Blutdoping (sg.)
se bourrer de fam.	sich voll/pumpen mit + D. *fam.*
avaler	schlucken
❖ **l'objectif**	❖ **das Ziel**
l'accroissement de la performance	der Leistungszuwachs (sg.) ➢ die Leistungssteigerung (sg.)
une endurance accrue	eine erhöhte Belastbarkeit
les muscles enflent	die Muskeln schwellen (o, o, ist)
qui renforce la musculature	muskelbildend
vaincre à l'aide de la chimie	mit Hilfe der Chemie gewinnen (a, o, hat)
la chasse aux records	die Rekordsucht (sg.)

être prêt à tout pour vaincre	alles für den Sieg tun (tat, hat getan)
être prêt à tout pour l'argent	für Geld alles tun (tat, hat getan)
la commercialisation du sport	die Vermarktung des Sports

❖ le contrôle — ❖ die Kontrolle

la médecine sportive	die Sportmedizin (sg.)
être sur la liste des produits interdits	auf der Verbotsliste stehen (a, a, hat)
l'éthique	die Ethik (sg.)
le respect devant les grandes performances disparaît	der Respekt vor großen Leistungen verschwindet (a, u, ist)
le non-respect des règles du sport	der Verstoß gegen die Regeln des Sports
des méthodes astucieuses	raffinierte Methoden
la conviction, la preuve convaincante	die Überführung (en)
convaincre de (d'un délit)	überführen + G.
être convaincu de dopage	des Dopings überführt werden
le test urinaire	die Urinprobe (n)
déceler	auf/spüren
déceler, prouver	nach/weisen (ie, ie, hat)
décelable	nachweisbar
prouver	beweisen (ie, ie, hat)
prouvable	beweisbar
découvrir	entdecken
suspendre	mit einer Sperre bestrafen
la suspension	das Spielverbot (sg.)

le tabac — der Tabak (sg.)

➢ die Tabakware (n)

l'industrie du tabac	die Tabakindustrie (n)
la consommation du tabac	der Tabakkonsum (sg.)
le fumeur	der Raucher (-)
le gros fumeur	der starke Raucher
le fumeur invétéré	der Gewohnheitsraucher (-)

le fumeur acharné	der Kettenraucher (-)
la cigarette	die Zigarette (n)
le cigare	die Zigarre (n)
la pipe	die Pfeife (n)
fumer	rauchen ➢ qualmen *fam.*
avaler la fumée	auf Lunge rauchen ➢ den Rauch inhalieren
le plaisir	das Vergnügen (-) ➢ der Genuss (¨e)
savourer	genießen (o, o, hat)
le stimulant, l'excitant	das Genussmittel (-)
le vice	das Laster (-)
s'adonner à son vice	seinem Laster frönen

❖ la substance nocive — ❖ der Schadstoff

la nicotine	das Nikotin (sg.)
la teneur en nicotine	der Nikotingehalt (sg.)
le goudron	der Teer (sg.)
le monoxyde de carbone	das Kohlenmonoxid (sg.)
l'esclave de la nicotine	der Nikotinsklave (n, n)
le fumeur involontaire	der Passivraucher (-)
fumer sans le vouloir	das Passivrauchen (sg.)
le non-fumeur	der Nichtraucher (-)
l'initiative des non-fumeurs	die Nichtraucherinitiative (n)
arrêter de fumer	das Rauchen ein/stellen
les coûts de santé élevés	die hohen Krankheitskosten (pl.)
la bronchite	die Bronchitis (sg.)
la pneumonie	die Lungenentzündung (en)
le cancer des poumons	der Lungenkrebs (sg.)
le mort, la victime	das Todesopfer (-)
la campagne antitabac	die Antitabak-Kampagne (n)

la campagne d'information antitabac	die Aufklärungskampagne gegen Tabak
les directives de Bruxelles réglementant l'étiquetage	die Brüsseler Etikettierungsrichtlinien
l'impôt spécial	die Sondersteuer (n)
l'impôt sur le tabac	die Tabaksteuer (n)
interdire la publicité pour les cigarettes	das Werbeverbot für Zigaretten
l'interdiction de fumer	das Rauchverbot
une vie sans tabac	ein Leben ohne Tabak
faire de la publicité contre le tabac	gegen den Tabakkonsum werben (a, o, hat)
la zone non-fumeur	die rauchfreie Zone
enfreindre les Droits de l'homme	gegen die Menschenrechte verstoßen (ie, o, hat)
enfreindre la liberté de choix	die Meinungsfreiheit verletzen
s'immiscer dans la vie privée	sich in das Privatleben ein/mischen
anticonstitutionnel	verfassungswidrig
porter plainte contre	Klage ein/reichen gegen + A.

l'alcool — der Alkohol (sg.)

la drogue légale	die legale Droge
la consommation d'alcool	der Alkoholkonsum (sg.)
l'alcoolisme	der Alkoholismus (sg.) ➢ die Alkoholsucht (sg.)
l'alcoolique	der Alkoholiker (-) ➢ der Alkoholkranke (n) *adj. subst.*
devenir alcoolique	zum Trinker werden
boire jusqu'au coma	das Komatrinken (sg.)
le mélange	das Mixgetränk (e)
le mélange alcoolisé	das alkoholische Mixgetränk
le prémix, l'alcopop	das Prämixgetränk (e) ➢ die Alcopops (pl.)
apprécié	beliebt
sucré	süß

dangereux	gefährlich
être dépendant de l'alcool et des médicaments	alkohol- und medikamentabhängig sein
être ivre	betrunken sein ➢ blau sein *fam.* ➢ einen sitzen haben *fam.*
un problème délicat	ein heikles Problem
le tabou	das Tabu (s)
tabouiser l'alcool	den Alkohol tabuisieren
minimiser	verharmlosen

❖ les conséquences / ❖ die Folgen

le risque pour la santé	das Gesundheitsrisiko (-risiken)
malsain, nocif	gesundheitsschädlich
dans la vie privée	im Privatleben
être irrité	gereizt sein
ne plus être abordable	nicht mehr ansprechbar sein
devenir violent	gewalttätig werden
le cauchemar	der Alptraum (¨e)
le cercle vicieux	der Teufelskreis (sg.)
le divorce	die Ehescheidung (en)
détruire son mariage	seine Ehe zerrütten
les mauvais traitements à enfants	die Kindesmisshandlung (en)
le manque de compétitivité au travail	mangelnde Arbeitsleistung
la perte de l'emploi	der Verlust des Arbeitsplatzes
s'endetter	in Schulden geraten (ie, a, ist)
ne plus savoir où donner de la tête	weder ein noch aus wissen *fam.*
l'accident de la route	der Verkehrsunfall (¨e)
l'accident dû à l'alcool	der Alkoholunfall (¨e)
risquer sa vie	sein Leben aufs Spiel setzen
le dégât matériel	der Sachschaden (¨)
le dommage corporel	der Personenschaden (¨)

commettre le délit de fuite	Fahrerflucht begehen (i, a, hat)
retirer le permis de conduire	den Führerschein entziehen (o, o, hat)
❖ la thérapie de sevrage	**❖ die Entwöhnungstherapie**
être sevré	entgiftet sein
être à nouveau sobre	wieder „trocken“ sein *fam.*
ne pas être ivre	nüchtern sein
éviter l'alcool, être sobre	abstinent sein
le service de consultation des toxicomanes	die Suchtberatungsstelle (n)
la thérapie de groupe	die Gruppentherapie (sg.)
❖ la prohibition	**❖ die Prohibition**
l'interdiction de l'alcool	das Alkoholverbot (sg.)
l'attrait de l'interdit	der Reiz des Verbotenen
la prohibition stimulant la consommation	die konsumfördernde Prohibition

15. Les enjeux de la médecine

Dans les pays industrialisés, la médecine a fait, en très peu de temps, des progrès considérables, grâce à la haute technologie et à l'avancée dans d'autres domaines scientifiques — tels le nucléaire, l'aéronautique et l'informatique par exemple. Cela lui ouvre des voies insoupçonnées.

Des molécules et des médicaments entièrement nouveaux, des techniques chirurgicales plus efficaces, la recherche sur la douleur révolutionnent les traitements prodigués au patient.

Les neurosciences permettent non seulement de mieux comprendre et donc de guérir les pathologies cérébrales, mais bouleverseront également la connaissance que nous avons de nous-mêmes.

La recherche génétique, et plus particulièrement le séquençage du génome humain, reste l'enjeu majeur des prochaines années. Ses implications sont lourdes de conséquences dans le combat que nous menons contre certaines maladies comme la maladie d'Alzheimer ou l'obésité d'origine génétique. Elle nous aidera peut-être aussi à mieux comprendre le rôle que jouent les gènes dans notre comportement.

Cette orientation nouvelle de la médecine a des implications éthiques. Le plus grand danger pourrait bien venir d'une mauvaise utilisation du clonage ; mais les questions concernant le début et la fin de la vie, c'est-à-dire la vie fœtale ainsi que la mort et la transplantation d'organes se posent avec une acuité de plus en plus pressante.

L'Allemagne est peut-être plus sensible à ces points touchant à la bioéthique. Néanmoins, l'ensemble des sociétés industrialisées est confronté à ces points litigieux qui devraient être traités au niveau international afin de préserver la dignité, l'inviolabilité de l'être humain.

15. Die Herausforderungen an die Medizin

Innerhalb sehr kurzer Zeit hat die Medizin in den Industrieländern beachtliche Fortschritte gemacht, dank High-Tech und Entdeckungen auf anderen wissenschaftlichen Gebieten, wie zum Beispiel der Kernphysik, der Luftfahrt und der Informatik. Dies erschließt ihr ungeahnte Möglichkeiten.

Ganz neue Moleküle und Medikamente, effizientere chirurgische Techniken und die Schmerzforschung verändern die Behandlungsmethoden radikal.

Die Neurowissenschaften ermöglichen es nicht nur, Erkrankungen des Gehirns besser zu verstehen und folglich zu heilen, sondern werden auch unser Selbstverständnis grundlegend verändern.

Die Genforschung, insbesondere die Entschlüsselung des menschlichen Genoms, bleibt die größte Herausforderung der nächsten Jahre. Sie wird von Gewicht sein in dem Kampf, den wir gegen gewisse Krankheiten führen — wie die Alzheimer-Krankheit oder genetisch bedingte Fettleibigkeit. Sie wird vielleicht auch dazu beitragen, dass wir den Einfluss der Gene auf unser Verhalten besser verstehen.

Diese neue Orientierung der Medizin wirft ethische Fragen auf. Die größte Gefahr könnte im Missbrauch des Klonens bestehen. Die Frage jedoch, wo Leben beginnt und wo es aufhört — eine Frage also, die embryonales Leben, den Tod und Organtransplantationen betrifft — wird immer akuter.

Deutschland reagiert vielleicht empfindlicher auf die Problematik der Bioethik. Jedoch sind alle Industrienationen mit diesen Streitfragen konfrontiert — Fragen, die auf internationaler Ebene besprochen werden müssten, um die Würde und die Unantastbarkeit des Menschen zu bewahren.

le cerveau	**das Gehirn (e)**
	➢ das Hirn (e)
le cortex	der Kortex (e) ➢ die Hirnrinde (n)
le cervelet	das Kleinhirn (e)
les méninges	die Gehirnhaut (¨e)
le neurone	die Nervenzelle (n) ➢ das Neuron (en)
le réseau de neurones	das Neuronengeflecht (e)
la cellule	die Zelle (n)
la cellule cérébrale	die Gehirnzelle (n)
les cellules grises	die grauen Zellen
la connexion des cellules nerveuses	das Zusammenspiel von Nervenzellen
le nerf	der Nerv (en)
le nerf cérébral	der Gehirnnerv (en)
le système nerveux	das Nervensystem (e)
le système nerveux central	das zentrale Nervensystem
le cordon nerveux	der Nervenstrang (¨e)
❖ la conquête de l'esprit humain	**❖ die Erforschung des menschlichen Geistes**
la structure la plus complexe de l'univers	das komplexeste Gebilde des Universums
un organe fascinant	ein faszinierendes Organ
le centre de notre vie	das Zentrum unseres Lebens
l'objet de la science	das Objekt der Wissenschaft
le voyage au centre du cerveau	die Reise in die Mitte des Gehirns
comprendre la biologie de l'esprit	die Biologie des Geistes verstehen (a, a, hat)
la tâche majeure de la recherche médicale	die Hauptaufgabe der medizinischen Forschung
la terre inconnue de la connaissance	das unbekannte Reich des Wissens

comprendre le fonctionnement du cerveau *– physiologique* *– fonctionnel* *– psychologique* *– culturel et social*	die Hirnleistung verstehen (a, a, hat) – physiologisch – funktionell – psychologisch – kulturell und sozial
la chimie du cerveau	die Gehirnchemie (sg.)
élucider les voies chimiques	die chemischen Vorgänge verstehen (a, a, hat)
la neurobiologie moléculaire	die molekulare Neurobiologie
les méthodes de biologie moléculaire	die molekularbiologischen Methoden
les composantes moléculaires du cerveau	die molekularen Komponenten des Gehirns
identifier les mécanismes moléculaires	die molekularen Mechanismen identifizieren
expliquer l'origine des maladies	die Krankheitsursachen erklären
la perte d'une fonction	der Funktionsausfall (sg.)
l'attaque cérébrale	der Hirnschlag (¨e)
la tumeur cérébrale	der Gehirntumor (en)
l'hémorragie cérébrale	die Gehirnblutung (en)
la commotion cérébrale	die Gehirnerschütterung (en)
l'encéphalite	die Gehirnentzündung (en)
la méningite	die Hirnhautentzündung (en)
la lésion	die Läsion (en)
le traumatisme crânien	die Gehirnverletzung (en)
les maladies neurologiques	die neurologischen Erkrankungen
l'épilepsie	die Epilepsie (sg.)
les troubles psychiques	die psychischen Störungen
les maladies dégénératives	die degenerativen Erkrankungen
les maladies dues à l'âge	die altersbedingten Krankheiten
augmenter avec l'âge	mit dem Alter zu/nehmen (a, o, hat)
la maladie d'Alzheimer	die Alzheimerkrankheit
la débilité mentale	der Schwachsinn (sg.)
déboucher sur la débilité	zu Schwachsinn führen

❖ la guérison de pathologies	**❖ die Heilung von Krankheiten**
de nouveaux traitements	neue Behandlungsmethoden
des thérapies efficaces *– par des médicaments* *– par l'intervention chirurgicale*	wirksame Therapien – medikamentös – operativ
la chirurgie du cerveau	die Gehirnchirurgie (sg.)
la neurochirurgie	die Neurochirurgie (sg.)
le neurochirurgien	der Neurochirurg (en, en)
❖ les sciences du cerveau	**❖ die (Ge)Hirnwissenschaft**
la naissance d'une science	die Geburt einer Wissenschaft
une nouvelle langue	eine neue Sprache
décoder le mode de fonctionnement du cerveau	die Funktionsweise des Gehirns entschlüsseln
regarder son cerveau travailler	seinem Gehirn bei der Arbeit zu/sehen (a, e, hat)
regarder le cerveau penser et sentir	dem Gehirn beim Denken und Fühlen zu/sehen (a, e, hat)
la région du cerveau	die Gehirnregion (en)
enregistrer les influx nerveux du cerveau	die Gehirnströme registrieren
Où naissent les impressions visuelles ?	Wo entstehen visuelle Eindrücke?
Où sont gérées les émotions ?	Wo werden Emotionen verarbeitet?
établir la cartographie des fonctions cérébrales	die Kartographie der Gehirnfunktionen fest/legen
trouver le lien entre : *– la pensée* *– la réaction physique du cerveau*	den Zusammenhang finden zwischen: – dem Gedankenvorgang – der physischen Reaktion des Gehirns
expliquer les phénomènes mentaux	die mentalen Phänomene erklären
les capacités cognitives	die kognitiven Leistungen
pénétrer dans la sphère la plus intime	in die innerste Sphäre vor/dringen (a, u, ist)
comprendre les structures mentales	die Denkstrukturen verstehen (a, a, hat)
la mémoire	das Gedächtnis (sg.)

les souvenirs	die Erinnerungen
l'attention	die Aufmerksamkeit (sg.)
les pensées	die Gedanken
les sentiments	die Gefühle
les émotions	die Emotionen
la conscience	das Bewusstsein (sg.)
l'identité	die Identität (sg.)
la collaboration de plusieurs disciplines	die Zusammenarbeit mehrerer Disziplinen
les neurosciences	die Neurowissenschaften (pl.)
le spécialiste du cerveau	der Hirnforscher (-)
le neurologue	der Neurologe (n, n)
le biochimiste	der Biochemiker (-)
le psychologue	der Psychologe (n, n)
le comportementaliste	der Verhaltensforscher (-)

❖ les implications éthiques / ❖ die ethischen Implikationen

des changements lourds de conséquences	tiefgreifende Veränderungen
être confronté à de nouvelles questions	mit neuen Fragen konfrontiert sein
l'autocompréhension de l'être humain	das Selbstverständnis des Menschen
– ses capacités sensorielles et motrices	– seine sensorischen und motorischen Leistungen
– ses fonctions mentales et psychiques	– seine mentalen und psychischen Funktionen
notre autocompréhension se modifie	unser Selbstverständnis verändert sich
plus de dichotomie entre corps et âme	keine Dichotomie mehr zwischen Körper und Seele
ceci pose la question	Dadurch stellt sich die Frage
– du sentiment de culpabilité	– des Schuldgefühls
– de la responsabilité	– der Verantwortung
– de la liberté	– der Freiheit
une nouvelle approche des sciences humaines	eine neue Vorgehensweise der Geisteswissenschaften
améliorer techniquement le cerveau	das Gehirn technisch verbessern

le remplacer par une machine	es durch eine Maschine ersetzen
le transférer sur des systèmes informatiques	es auf Computersysteme übertragen (u, a, hat)

la médecine de la reproduction — die Reproduktionsmedizin

la procréation naturelle	die natürliche Fortpflanzung
l'ovule	die Eizelle (n)
le spermatozoïde	das Spermium (Spermien)
le sperme	das Sperma (Spermen ou Spermata)
féconder	befruchten
engendrer	zeugen
l'utérus	die Gebärmutter (¨) ➢ der Uterus (Uteri)
le placenta	der Mutterkuchen (-) ➢ die Plazenta (s / -ten)
le tissu placentaire	das Plazentagewebe (sg.)
le cordon ombilical	die Nabelschnur (¨e)
le liquide amniotique	das Fruchtwasser (sg.)
l'embryon	der Embryo (s / nen)
porter à terme	aus/tragen (u, a, hat)
mettre au monde	gebären (a, o, hat) ➢ zur Welt bringen (a, a, hat)
le hasard génétique	der genetische Zufall
la grossesse à risques	die Risikoschwangerschaft (en)
la grossesse multiple	die Mehrlingsschwangerschaft (en)

❖ la stérilité — ❖ die Unfruchtbarkeit (sg.)

être stérile	unfruchtbar sein
le traitement de la stérilité	die Behandlung der Unfruchtbarkeit
intervenir dans	ein/greifen (i, i, hat) in + A.
la procréation médicalement assistée	die medizinisch unterstützte Empfängnis ➢ die Empfängnis mit medizinischer Hilfe

l'insémination artificielle	die künstliche Befruchtung
le donneur de sperme	der Samen-Spender (-)
la banque du sperme	die Samenbank (sg.)
le père biologique	der biologische Vater
la fécondation in vitro	die In-vitro-Fertilisation (en)
la multiplication in vitro	die Vermehrung mittels Reagenzglas
l'éprouvette	das Reagenzglas (¨er)
le transfert de gamètes	der Gameten-Transfer (sg.)
le traitement hormonal	die Hormonbehandlung (en)
l'insémination intra-utérine	die Intrauterin-Insemination (en)
l'embryon congelé	der tiefgefrorene Embryo
le bébé-éprouvette	das Retorten-Baby (s)
la mère porteuse	die Leihmutter (¨er)
➢ *la gestation par autrui*	
féconder et congeler des ovocytes	Eizellen befruchten und ein/frieren (o, o, hat)
les cellules congelées	die tiefgefrorenen Zellen
les embryons stockés	die vorrätigen Embryone
le surplus de l'insémination artificielle	der Überschuss aus der künstlichen Befruchtung
la destruction des embryons	die Vernichtung der Embryone
détruire	vernichten
décongeler	auf/tauen
le temps de stockage de cinq ans	die fünfjährige Lagerzeit
le stockage illimité	die unbegrenzte Lagerung
le délai	die Frist (sg.)
prolonger le délai de cinq ans	die Frist um fünf Jahre verlängern
mettre à la disposition d'autres femmes	für andere Frauen frei/geben (a, e, hat)
congeler avant le stade embryonnaire	vor dem Embryostadium ein/frieren
juridiquement pas un embryon	juristisch gesehen kein Embryo
trouver une solution acceptable	eine akzeptable Lösung finden (a, u, hat)

trouver une issue	einen Ausweg finden (a, u, hat)
la réaction du Vatican et des activistes	die Reaktion des Vatikans und der Aktivisten

le fœtus : un patient — der Fötus, ein Patient

le fœtus	der Fötus (Föten) ➢ die Leibesfrucht (¨e)
le fœtus malade	die kranke Leibesfrucht
le fœtus mal formé	der fehlgebildete Fötus
la malformation	die Fehlbildung (en)
la maladie héréditaire	das Erbleiden (-)
dépister les maladies	die Krankheiten erkennen (a, a, hat)
traiter de plus en plus tôt	immer früher behandeln
la médecine fœtale	die Fötalmedizin (sg.)
le diagnostic prénatal	die pränatale Diagnostik
la thérapie prénatale	die pränatale Therapie
l'examen génétique des cellules fœtales	die genetische Untersuchung fötaler Zellen
l'ultrason	der Ultraschall (sg.)
l'écran de contrôle	der Monitor (e / en)
l'échographe	das Ultraschallgerät (e)
l'échographie	die Ultraschalldiagnostik (sg.)
l'amniocentèse	die Fruchtwasseruntersuchung (en)
l'intrusion dans l'utérus	der Vorstoß in den Uterus
anesthésier l'enfant à naître	das Ungeborene betäuben
l'anesthésie du fœtus	die Fötus-Narkose
l'intervention prénatale	der pränatale Eingriff
la chirurgie au laser in utero	die Laserchirurgie in utero
l'intervention invasive minimale	der minimal invasive Eingriff
la chirurgie douce	die sanfte Chirurgie
onéreuse	aufwendig
risquée	riskant

la médecine arrive à ses limites	die Heilkunst geht an ihre Grenzen
considérer les droits du patient à naître	die Rechte des ungeborenen Patienten erwägen (o, o, hat)

la gérontologie — die Gerontologie

	➢ die Altersforschung (sg.)
le gérontologue	der Gerontologe (n, n)
vieillir	altern ➢ älter werden
la personne âgée	der ältere Mensch
le vieillard	der Greis (e)
le processus de vieillissement	der Alterungsprozess (sg.)
être déterminé génétiquement	genetisch bestimmt sein
l'horloge biologique	die biologische Uhr
la durée de vie	die Lebensdauer (sg.)
l'espérance de vie individuelle	die individuelle Lebenserwartung
comprendre le processus de vieillissement	den Alterungsprozess verstehen (a, a, hat)
intervenir dans ce processus	in diesen Prozess ein/greifen (i, i, hat)
prolonger l'espérance de vie	die Lebenserwartung verlängern
rendre la cellule immortelle	die Zelle unsterblich machen
recourir à des techniques de biologie moléculaire	molekularbiologische Methoden ein/setzen

la transplantation d'organes — die Organtransplantation

l'organe	das Organ (e)
le greffon	das Transplantat (e)
le centre de transplantation	das Transplantationszentrum (-zentren)
transplanter un organe	ein Organ verpflanzen
le receveur	der Empfänger (-)
le donateur	der Spender (-)
le don d'organe	die Organspende (n)
donner un organe	ein Organ spenden
le cadavre	die Leiche (n)

le mort	der Tote (n) *adj. subst.*
la mort	der Tod (sg.)
la banque d'organes	die Organbank (en)
le cœur	das Herz (en)
le foie	die Leber (n)
le rein	die Niere (n)
la moelle épinière	das Rückenmark (sg.)
la moelle osseuse	das Knochenmark (sg.)
le rejet	die Abstoßung (sg.)
rejeter les cellules étrangères	artfremde Zellen ab/stoßen (ie, o, hat)
le prélèvement d'organes	die Entnahme von Organen
le critère de prélèvement	das Entnahmekriterium (-rien)
la crise de l'approvisionnement	die Versorgungskrise (sg.)
le manque cruel d'organes	der Organnotstand (sg.)
donner son accord	seine Zustimmung geben (a, e, hat)
prendre une disposition (testamentaire)	eine (letztwillige) Verfügung treffen (a, o, hat)
l'inscription sur liste d'attente	die Aufnahme in die Warteliste
sélectionner les patients	die Patienten selektieren
une distribution injuste	eine ungerechte Verteilung
juger les marginaux comme indignes	die Außenseiter als unwürdig bewerten
les mêmes critères pour tous	dieselben Kriterien für alle
l'égalité des chances pour les candidats à la transplantation	die Chancengleichheit für Transplantationskandidaten
l'arbitraire médical	die ärztliche Willkür
le commerce avec le corps	das Geschäft mit dem Körper
le marché des organes	der Organmarkt (sg.)
le commerce des organes	der Organhandel (sg.)

❖ l'industrie du corps — ❖ die Industrie des Körpers

la culture de tissus	die Züchtung von Gewebe ➢ die Explantation (en)
cultiver des tissus humains	menschliches Gewebe züchten

la peau artificielle	die künstliche Haut
à trois dimensions	dreidimensional
la greffe de peau	die Hauttransplantation (en)
la culture d'organes	die Organzucht (sg.)
la production d'organes complets	die Herstellung kompletter Organe
cultiver des organes de rechange	Ersatzorgane züchten
produire des organes humains	Menschenorgane züchten
le matériel pour transplantations	das Material für Transplantationen
la pièce détachée	das Ersatzteil (e)
des pièces de rechange pour patients malades	Ersatzteile für kranke Patienten
une forme d'immortalité	eine Art Unsterblichkeit
les organes artificiels	die künstlichen Organe
des nez artificiels	künstliche Nasen
des oreilles artificielles	künstliche Ohren
pour les victimes d'accident	für Unfallopfer
pour les bébés mal formés	für missgebildete Babys
l'homme artificiel	der künstliche Mensch

❖ la xénogreffe — ❖ die Xenotransplantation (sg.)

les organes d'animaux	die Organe von Tieren
le porc	das Schwein (e)
transplanter dans le corps humain	in den menschlichen Körper verpflanzen
être toléré par le système immunitaire	vom Immunsystem toleriert werden
les nouveaux dangers	die neuen Gefahren
les virus porcins	die Schweineviren
des virus animaux	tierische Viren
transmettre des maladies à l'homme	Krankheiten auf den Menschen übertragen (u, a, hat)
provoquer une épidémie catastrophique	eine Seuchenkatastrophe bewirken
l'élevage d'animaux sans virus est impossible	die Zucht virenfreier Tiere ist unmöglich

les conséquences ne sont pas prévisibles	die Folgen sind nicht abzusehen
l'ajournement de la xénogreffe	der Aufschub der Xenotransplantation

le critère de la mort — das Todeskriterium (-kriterien)

la définition de la mort	die Todesdefinition (en)
la mort cérébrale	der Hirntod (sg.)
le concept de "mort cérébrale"	der Hirntodbegriff (sg.)
la perte des fonctions cérébrales	der Verlust der Hirnfunktionen
l'électroencéphalographie	die Elektroenzephalographie (n)
l'électroencéphalogramme	das Elektroenzephalogramm (e) ➢ (*Abk.*: das EEG)
l'encéphalogramme est à plat	das EEG verläuft geradlinig
le corps sans âme	der seelenlose Leib
❖ la médecine intensive moderne	**❖ die moderne Intensivmedizin**
la salle de réanimation	die Intensivstation (en)
maintenir en vie artificiellement	künstlich am Leben erhalten (ie, a, hat)
❖ le problème éthique	**❖ das ethische Problem**
la volonté du mort	der Wille des Toten
les proches	die Angehörigen (pl.)
douter de la médecine de haute technologie	an der High-Tech-Medizin zweifeln
l'innocence perdue des médecins	die verlorene Unschuld der Ärzte
le gardien de la vie	der Beschützer des Lebens
❖ l'image chrétienne de l'Homme	**❖ das christliche Menschenbild**
la pierre d'achoppement	der Stein des Anstoßes
l'unité du corps et de l'âme	die Einheit von Leib und Seele
l'instance morale	die moralische Instanz
le représentant de l'Église	der Vertreter der Kirche

❖ **modifier le concept de la mort**	❖ **den Todesbegriff neu bestimmen**
(ne pas) réduire l'Homme à sa fonction cérébrale	den Menschen (nicht) auf seine Hirnfunktion reduzieren
la mort apparente	der Scheintod
être tenu pour mort avant l'heure	vorzeitig für tot erklärt werden
❖ **l'aspect politique**	❖ **der politische Aspekt**
voter la loi sur la tranplantation	das Transplantationsgesetz verabschieden
le droit constitutionnel allemand	das deutsche Verfassungsrecht
des conventions internationales sont nécessaires	internationale Vereinbarungen sind nötig
la convention sur la bioéthique de l'UE	die Bioethik-Konvention der EU

la médecine de haute technologie — die High-Tech-Medizin

l'imagerie médicale	die medizinische Bilderfassung
la microélectronique moderne	die moderne Mikroelektronik
la résonance magnétique (IRM)	die Kernspintomographie (sg.)
construire une image en 3 dimensions	ein 3-D-Bild konstruieren ➢ etwas dreidimensional ab/bilden
surveiller les patients au moyen de l'électronique	die Patienten elektronisch überwachen
la télémédecine	die Telemedizin (sg.)
assisté par ordinateur	computerunterstützt ➢ computergestützt
l'échange d'informations	der Informationsaustausch (sg.)
discuter un cas à distance	einen Fall fernmedizinisch diskutieren
enseigner et former	lehren und aus/bilden
le diagnostic	die Diagnose (n)
diagnostiquer	eine Diagnose stellen
la thérapie	die Therapie (n)
traiter	behandeln

la téléchirurgie	die Telechirurgie (sg.)
le téléchirurgien	der Telechirurg (en, en)
diriger une opération à distance	einen Eingriff fernmedizinisch leiten
intervenir sur écran	auf Bildschirm intervenieren
des scalpels commandés par ordinateur	computergesteuerte Skalpelle
l'endoscope	das Endoskop (e)
l'endoscopie	die Endoskopie (n)
une plus grande précision	eine größere Präzision
une plus grande sécurité	eine größere Sicherheit
le bloc opératoire virtuel	der virtuelle Operationssaal
❖ la chirurgie invasive minimale	**❖ die Schlüssellochchirurgie** ➢ die minimal invasive Chirurgie
la microchirurgie	die Mikrochirurgie (sg.)
une nouvelle technique opératoire	eine neue Operationstechnik
pénétrer dans le corps à l'aide de petits tubes	mit Röhrchen in den Körper dringen (a, u, ist)
par voies naturelles ou artificielles	über natürliche oder künstliche Wege
la nanotechnologie	die Nanotechnologie (sg.)
l'implant électronique	das elektronische Implantat
être moins douloureux	nicht so schmerzhaft sein
moins traumatisant	weniger traumatisch
une guérison plus rapide	eine schnellere Heilung
de courts séjours à l'hôpital	kurze Krankenhausaufenthalte
être moins cher	billiger sein
le danger de blessures internes	die Gefahr innerer Verletzungen
nécessite un grand savoir-faire	erfordert großes Können
une trop grande dépendance de l'électronique	eine zu große Elektronikabhängigkeit

la douleur — der Schmerz

souffrir	leiden (i, i, hat)
chronique	chronisch

insupportable	unerträglich
non mesurable	unmessbar
insaisissable, incompréhensible	unfassbar
physiquement	körperlich
moralement	seelisch
être sensible à la douleur	schmerzempfindlich sein
douloureux	schmerzhaft
les inégalités selon les individus	die individuellen Unterschiede
une notion subjective	ein subjektiver Begriff
difficile à évaluer	schwer zu schätzen
vivre avec des douleurs	mit Schmerzen leben
le patient à douleurs chroniques	der Dauer-Schmerz-Patient (en, en)
être impuissant devant	machtlos sein vor + D.
la migraine	(die) Migräne (n)
les douleurs lombaires	Rückenschmerzen (pl.)
les rhumatismes	(das) Rheuma (sg.)
les allergies	Allergien (pl.)
la dépression	Depressionen (pl.)
le cancéreux	der Krebskranke (n) *adj. subst.*
la douleur tumorale	der Tumorschmerz (en)
le sidéen	der Aids-Kranke (n) *adj. subst.*
la névralgie	der Nervenschmerz (en) ➢ die Neuralgie (n)
les douleurs chez l'enfant	die Schmerzen beim Kind

❖ taire la douleur — ❖ den Schmerz verschweigen

imputable à une culture	kulturbedingt
le mythe de la souffrance	der Schmerz-Mythos
dans la religion chrétienne	in der christlichen Religion
la théologie chrétienne de la douleur	die christliche Schmerzenstheologie
l'affinité avec la douleur	die Affinität zum Schmerz
la douleur forge le caractère	der Schmerz formt den Charakter

❖ **combattre la douleur**	❖ **die Schmerzen bekämpfen**
une obligation morale	eine moralische Verpflichtung
mieux s'y prendre avec la douleur	mit den Schmerzen besser um/gehen (i, a, ist)
la prendre en compte systématiquement	sie systematisch in Betracht ziehen (o, o, hat)
mesurer son intensité	ihre Intensität messen (a, e, hat)
exprimer sa douleur	seinen Schmerz formulieren
prévenir	vor/beugen + D.
reconnaître	erkennen (a, a, hat)
traiter	behandeln
détendre	entspannen
ne pas culpabiliser les patients	Patienten kein schlechtes Gewissen machen
❖ **la médecine "antidouleur"**	❖ **die Schmerzheilkunde**
le spécialiste de la douleur	der Schmerzspezialist (en, en) ➢ der Schmerzarzt (¨e) ➢ der Schmerztherapeut (en, en)
la thérapie antidouleur	die Schmerztherapie (n)
le centre antidouleur	das Schmerzzentrum (-zentren)
la recherche sur la douleur	die Schmerzforschung (en)
trouver les causes de la douleur	die Ursachen des Schmerzes finden (a, u, hat)
soulager les douleurs	die Schmerzen lindern
combattre les douleurs chimiquement	die Schmerzen chemisch bekämpfen
contrôler la douleur	die Schmerzen kontrollieren
la cortisone	das Kortison (sg.)
l'analgésique	das Schmerzmittel (-)
le calmant	das Beruhigungsmittel (-)
le narcotique	das Betäubungsmittel (-)
l'anesthésie	die Narkose (n)
la radiothérapie	die Bestrahlung (sg.)
analgésique	schmerzbetäubend

calmant	schmerzlindernd
anesthésiant	betäubend
sans douleur	schmerzfrei
efficace	wirksam
❖ la médecine palliative	**❖ die Palliativmedizin**
l'opiacé	das Opiat (e)
opiacé	opiumhaltig
la morphine	das Morphium (sg.) ➢ das Morphin (sg.)
l'ordonnance	das Rezept (e)
la prescription médicale	die Verschreibung (en) ➢ die Verordnung (en)
faire une ordonnance	ein Rezept (aus/)schreiben (ie, ie, hat) ➢ ein Rezept aus/stellen
prescrire de la morphine	Morphium verschreiben (ie, ie, hat)
prescrire des analgésiques	Schmerzmittel verschreiben (ie, ie, hat)
éviter au patient l'euthanasie	dem Patienten die Euthanasie ersparen
❖ la loi sur les stupéfiants	**❖ das Betäubungsmittelgesetz**
un contrôle sévère	eine strenge Kontrolle
craindre des conflits avec les autorités	Konflikte mit den Behörden scheuen
la peur de la morphine	die Angst vor Morphium
une peur non fondée	eine unbegründete Angst
refuser la prescription	die Verschreibung ab/lehnen
sans ordonnance	rezeptfrei
sur ordonnance	rezeptpflichtig ➢ verschreibungspflichtig ➢ nur auf Rezept erhältlich
la peur de la dépendance	die Angst vor der Abhängigkeit
le risque d'abus	das Missbrauchsrisiko (sg.)
le risque de surdosage	das Überdosierungsrisiko (sg.)
le mode de pensée purement économique	die rein ökonomische Betrachtungsweise
la motivation d'ordre économique	das wirtschaftliche Denken

❖ **les thérapies alternatives**	❖ **die alternativen Therapien**
le groupe d'entraide	die Selbsthilfegruppe (n)
les méthodes psychothérapeutiques	die psychotherapeutischen Methoden
l'acupuncture	die Akupunktur (en)
l'aromathérapie	die Aromatherapie (n)
l'ergothérapie	die Beschäftigungstherapie (n)
la musicothérapie	die Musiktherapie (n)
la thérapie par la peinture	die Maltherapie (n)
vivre mieux avec ses douleurs	besser mit seinen Schmerzen leben
guérir, retrouver la santé	genesen (a, e, ist) ➢ gesund werden
la guérison	die Heilung (sg.) ➢ die Genesung (sg.)
être guéri	geheilt sein ➢ genesen sein
guérir qn	jdn heilen
mener une vie digne d'être vécue	ein menschenwürdiges Leben führen

la bioéthique — die Bioethik

la législation	die Gesetzgebung (en)
la commission d'éthique	der Ethikrat (sg.)
la convention bioéthique	die Bioethische Konvention (sg.)
le débat éthique	die ethische Debatte
le moraliste	der Ethiker (-)
le critique	der Kritiker (-)
le point litigieux	die Streitfrage (n)
combler un vide juridique	eine gesetzliche Lücke schließen (o, o, hat)
la protection juridique	der rechtliche Schutz
créer un cadre juridique stable	einen stabilen rechtlichen Rahmen schaffen (u, a, hat)
respecter les Droits de l'homme	die Menschenrechte beachten

défendre le patrimoine génétique humain	die menschliche Erbinformation schützen
l'inviolabilité de l'être humain	die Unantastbarkeit des Menschen
établir des limites concernant : *– la recherche sur l'embryon* *– la transplantation d'organes* *– le génie génétique*	Grenzen fest/setzen für: – die Embryonenforschung – die Organtransplantation – die Gentechnik
la loi sur la protection des embryons	das Embryonenschutzgesetz (sg.)
la cellule souche	die Stammzelle (n)
la cellule souche embryonnaire	die embryonale Stammzelle
pouvoir se développer indéfiniment	sich unbegrenzt entwickeln können
traiter à l'aide de cellules souches	mit Stammzellen therapieren
guérir des tissus malades	krankes Gewebe heilen
réparer des tissus défectueux	defektes Gewebe reparieren
la loi sur les cellules souches	das Stammzellgesetz
discutable du point de vue éthique	ethisch bedenklich sein
le moratoire	das Moratorium (-rien)
ne pas relativiser la vie humaine	menschliches Leben nicht relativieren
protéger les plus faibles	die Schwächsten schützen
le fœtus	der Fötus (-ten)
le handicapé	der Behinderte (n) *adj. subst.*
le malade incurable	der unheilbar Kranke
l'être humain très âgé	der sehr alte Mensch
le mourant	der Sterbende (n) *adj. subst.*

16. La génétique

Le génie génétique est la technologie clé du vingt et unième siècle. Il s'agit là d'un mode d'investigation qui se fonde sur le déchiffrage du code génétique. Le matériel héréditaire, qui contient l'information génétique, peut être identifié et donc manipulé. Les applications sont nombreuses. Dans le domaine de la médecine, on peut déjà traiter certains cas de stérilité, on pourra peut-être même guérir les maladies génétiquement transmissibles. Les médicaments peuvent être fabriqués grâce à la biotechnologie, les phytogénéticiens utilisent également cette méthode pour améliorer — voire conserver — de nombreuses espèces ; les animaux — les vaches laitières par exemple — deviennent encore plus productifs. On pourra ainsi assurer l'alimentation de la population mondiale. La biotechnologie pourrait également être d'un grand secours dans l'élimination des déchets, l'élaboration de procédés de fabrication moins polluants et en criminalistique.

Elle peut, hélas, être utilisée à de mauvaises fins. Puisque l'on peut manipuler l'hérédité, on peut également modifier génétiquement tous les organismes. À l'extrême, ceci pourrait conduire à l'eugénisme. Comme l'humanité est consciente de ce danger, les tests génétiques sont en théorie interdits lors de manifestations sportives et pour l'embauche de personnel. La bioéthique, la loi sur la protection des embryons, la législation en général doivent fixer des règles afin d'empêcher, dans la mesure du possible, tout abus.

16. Die Genetik

Die Gentechnologie ist die Schlüsseltechnologie des 21. Jahrhunderts. Sie ist ein Forschungsgebiet, das auf der Entschlüsselung des genetischen Codes gegründet ist. Das genetische Material, das die Erbinformationen enthält, kann identifiziert, also auch manipuliert werden. Die Anwendungen sind zahlreich. Im Bereich der Medizin kann man jetzt schon gewisse Fälle von Unfruchtbarkeit behandeln, in Zukunft vielleicht sogar genetisch vererbte Krankheiten heilen. Die Medikamente können mittels biotechnologischer Verfahren hergestellt werden, die Pflanzengenetiker nutzen diese Verfahren auch, um zahlreiche Pflanzenarten zu verbessern, wenn nicht am Leben zu erhalten, die tierische Produktionsleistung, wie etwa der Milchkühe, wird gesteigert. Auf diese Weise kann die Ernährung der Weltbevölkerung sichergestellt werden. Die Biotechnologie könnte auch eine große Hilfe bei der Abfallbeseitigung, der Entwicklung umweltfreundlicherer Produktionsverfahren und bei der Verbrechensbekämpfung sein.

Gentechnologie kann aber leider auch missbraucht werden. Dadurch, dass man das Erbgut manipulieren kann, lassen sich auch ganze Organismen genetisch verändern. Dies könnte im Extremfall zur Eugenik führen. Da sich die Menschheit dieser Gefahr bewusst ist, sind Gentests bei Sportveranstaltungen und der Einstellung von Personal in der Theorie verboten. Die Bioethik, das Embryonenschutzgesetz und die Gesetzgebung im Allgemeinen müssen Regeln festlegen, um – soweit wie möglich – jeden Missbrauch zu verhindern.

la biotechnologie	die Biotechnologie (sg.)
la biologie moléculaire	die Molekularbiologie (sg.)
le biotechnologiste	der Biotechnologe (n, n)
le biologiste	der Biologe (n, n)
l'embryologiste	der Embryologe (n, n)
le généticien	der Genetiker (-)
le phytogénéticien	der Pflanzengenetiker (-)
l'immunologiste	der Immunologe (n, n)
la génétique moléculaire	die molekulare Genetik
le laboratoire de biologie moléculaire	das Genlabor (s / e)
la banque de gènes, la génothèque	die Genbank (sg.)
la recherche génique	die Genforschung (sg.)
la recherche fondamentale	die Grundlagenforschung (sg.)
les sciences cognitives	die kognitiven Wissenschaften (pl.)
le champ d'investigation	das Forschungsgebiet (e)
les progrès génétiques	die Fortschritte in der Genetik

❖ l'aide — ❖ die Hilfe

pour des procédés de fabrication plus écologiques	bei der Anwendung umweltfreundlicherer Produktionsverfahren
pour l'élimination des déchets	zur Abfallbeseitigung
augmenter la production laitière chez les vaches	die Milchproduktion bei Kühen steigern
rendre les plantes utilitaires plus productives	die Nutzpflanzen ertragreicher machen
faire de nouvelles cultures	neue Kulturen züchten
immuniser contre des maladies	gegen Krankheiten immun machen
rendre résistant	widerstandsfähig machen
assurer l'alimentation de la population mondiale	die Ernährung der Weltbevölkerung gewährleisten

le matériel génique — das genetische Material

le gène	das Gen (e) ➢ die Erbeinheit (en)
le génome	das Genom (e)

le chromosome	das Chromosom (e)
l'ADN (l'acide désoxyribonucléique)	die DNA / die DNS ➢ (die) Desoxyribonukleinsäure
le composant-clé du génome	die Grundsubstanz des Genoms
le matériel héréditaire	das Erbmaterial (sg.)
le patrimoine héréditaire / génétique	das menschlische Erbgut (sg.)
l'information génétique	die Erbinformation (en)

le déchiffrage du code génétique — die Entschlüsselung des genetischen Codes

le déchiffrage	die Dechiffrierung (sg.)
le code génétique	der genetische Code (sg.)
l'analyse du génome	die Genomanalyse (sg.)
séquencer	sequenzieren ➢ in die Bestandteile zerlegen
décoder	entschlüsseln ➢ entziffern
décoder le génome	das Genom entschlüsseln
le décodage complet des génomes	die vollständige Entzifferung der Genome
le séquençage du génome humain	die Sequenzierung des menschlichen Genoms
séquencer le matériel héréditaire	die Erbinformationen in ihre Bestandteile zerlegen
découvrir de nouveaux gènes	neue Gene entdecken
le décryptage du code génétique	die Entschlüsselung der Erbinformation
identifier le génotype	die Erbeigenschaften identifizieren
manipuler le génotype	die Erbeigenschaften manipulieren
forcer le code de la vie	den Code des Lebens knacken *fam.*
les interventions dans le code génétique	die Eingriffe in den genetischen Code
introduire des caractères héréditaires	Erbanlagen ein/schleusen
la manipulation génétique	die Genmanipulation (en)
l'organisme transgénique	der genetisch veränderte Organismus ➢ der genveränderte Organismus

les animaux transgéniques	die transgenen Tiere
l'être génétiquement modifié	das genetisch manipulierte Lebewesen
la maîtrise du vivant	die Macht über alles Lebende
redéfinir le corps humain	den menschlichen Körper neu definieren
une révolution pour la médecine	eine Revolution für die Medizin

les applications — die Anwendungsbereiche

❖ **la maladie héréditaire**	❖ **die Erbkrankheit (en)** ➢ das Erbleiden (-)
l'erreur génétique	der Erbfehler (-)
transmettre	vererben
transmissible	vererbbar ➢ vererblich
héréditaire	erblich
le gène défectueux	das defekte Gen ➢ der Genschaden (¨) ➢ der Gendefekt (e)
le dépistage précoce	die Früherkennung (sg.)
le diagnostic préimplantatoire (DPI)	die Präimplantationsdiagnostik (sg.) (*Abk*: PID)
la thérapie génique	die Gentherapie (n) ➢ die gentherapeutische Behandlung
la thérapie génique somatique	die somatische Gentherapie (sg.)
la thérapie génique germinale	die Keimbahn-Gentherapie (sg.)
se faire traiter par thérapie génique	sich gentherapeutisch behandeln lassen (ie, a, hat)
remplacer des gènes défectueux par des gènes normaux	schadhafte Gene durch normale ersetzen
le transfert de gènes	der Gentransfer (sg.)
sélectionner des cellules *– multiplier des cellules* *– implanter des cellules*	Zellen aus/sondern – vermehren – ein/pflanzen
la cellule immunitaire	die Abwehrzelle (n)

lutter contre :
- *la mucoviscidose*
- *la sclérose en plaques*
- *le cancer*
- *la maladie d'Alzheimer*
- *la maladie de Parkinson*
- *le diabète*

kämpfen gegen:
- (die) Mukoviszidose
- (die) multiple Sklerose (*Abk.*: MS)
- (den) Krebs
- die Alzheimer-Krankheit
- die Parkinsonsche Krankheit
- (den) Diabetes

avoir le diabète — Diabetes haben
  ➢ Zucker haben *fam.*
  ➢ zuckerkrank sein *fam.*

❖ l'obésité — ❖ die Fettleibigkeit
  ➢ die Fettsucht (sg.)

être obèse — fettleibig sein
  ➢ fettsüchtig sein

être trop gros — zu dick sein

être atteint de surcharge pondérale — Übergewicht haben
  ➢ übergewichtig sein

le gène de l'obésité — das Fett-Gen
  ➢ das ob-Gen

être responsable de — verantwortlich sein für + A.

le trouble du métabolisme — die Stoffwechselstörung (en)

les réserves de graisse — die Fettvorräte

la cellule adipeuse, l'adipocyte — die Fettzelle (n)

réduire l'espérance de vie — die Lebenserwartung verkürzen

la sensation de faim — das Hungergefühl (sg.)

couper la faim — den Hunger drosseln

réguler l'appétit — den Appetit regulieren

augmenter l'envie de bouger — die Lust auf Bewegung erhöhen

maigrir — ab/nehmen (a, o, hat)
  ➢ ab/specken *fam.*

le produit diététique — das Diätmittel (-)

le nutritionniste — der Ernährungswissenschaftler (-)

l'effet secondaire — die Nebenwirkung (en)

❖ la prédisposition	**❖ die Veranlagung**
les caractéristiques humaines	die menschlichen Eigenschaften
– l'apparence physique	– das Aussehen (sg.)
– l'intelligence	– die Intelligenz (sg.)
– le talent	– die Begabung (en)
l'influence des gènes sur notre comportement	der Einfluss der Gene auf unser Verhalten
être prédisposé par des gènes	durch Gene vorbestimmt sein
Nous sommes les marionnettes de nos gènes.	Wir sind Marionetten unserer Gene.
❖ la criminalistique	**❖ die Kriminalistik**
	➢ die Verbrechensbekämpfung (sg.)
l'empreinte génétique	der genetische Fingerabdruck
les indices	das Spurenmaterial (sg.)
prélever et analyser des cellules corporelles	Körperzellen entnehmen und analysieren
les plus petites traces organiques	die kleinsten, organischen Spuren
le tissu cellulaire	das Zellgewebe (sg.)
le sang	das Blut (sg.)
le cheveu, le poil	das Haar (e)
la peau	die Haut (sg.)
la salive	der Speichel (sg.)
le sperme	das Sperma (Spermen / Spermata)
établir des caractéristiques génétiques	genetische Merkmale erstellen
enregistrer les résultats	die Ergebnisse speichern
le fichier génétique	die Gen-Datei (sg.)
la banque de données génétiques	die Gen-Datenbank (sg.)
les nouveaux tests génétiques	die neuen Gentests
l'identification des personnes	die Identifizierung von Personen
le suspect	der Verdächtige (n) *adj. subst.*
le délinquant, le coupable	der Täter (-)
le meurtrier, l'assassin	der Mörder (-)

soulever des questions juridiques et éthiques	juristische und ethische Fragen auf/werfen (a, o, hat)
le décodage des caractères héréditaires	die Decodierung der Erbanlage
percer à jour les caractères héréditaires	die Erbanlagen durchleuchten
respecter la dignité humaine	die Menschenwürde respektieren
limiter l'utilisation	die Anwendung ein/schränken
le Droit pénal et civil	das Straf- und Zivilrecht
l'élucidation de crimes	die Aufklärung von Verbrechen
la preuve	der Beweis (e)
la recherche de paternité	die Vaterschaftsermittlung (en) ➢ die Vaterschaftsbestimmung (en)
identifier par les cellules du corps	durch die Körperzellen identifizieren

l'abus, le mauvais usage — der Missbrauch (sg.)

faire mauvais usage de la génétique	die Genetik missbrauchen
❖ le test génique	**❖ der Gentest (s)**
– à des fins militaires	– zu militärischen Zwecken
– lors de manifestations sportives	– bei Sportveranstaltungen
– lors de l'embauche	– bei der Einstellung
– pour souscrire une assurance-vie	– beim Abschluss einer Lebensversicherung
le choix du sexe	die Geschlechtswahl (sg.)
déterminer le sexe de l'enfant	das Geschlecht des Kindes bestimmen
l'enfant parfait	das perfekte Kind
un bébé sur-mesure	ein Baby nach Maß
l'eugénisme	die Eugenik (sg.) ➢ die Menschenzüchtung (sg.)
enclencher des réactions incontrôlées	unkontrollierte Reaktionen aus/lösen
la déviance	die Abweichung von der Norm
l'accident génétique	der genetische Unfall
l'aberration génétique, la tare	die genetische Abnormität
croiser	kreuzen

l'hybride	der Hybride (n, n) ➢ die Kreuzung (en)
la chimère	die Chimäre (n)
❖ le clonage	**❖ das Klonen (sg.)**
le clone	der Klon (e)
cloner	klonen
la brebis clonée	das Klon-Schaf ➢ das geklonte Schaf
le premier mammifère adulte cloné	das erste geklonte erwachsene Säugetier
le premier animal sans père	das erste vaterlose Tier
l'animal de laboratoire	das Versuchstier (e)
le "cobaye"	das Versuchskaninchen (-)
cloner à partir d'une cellule d'embryon	aus einer Embryonalzelle klonen
cloner à partir de cellules adultes	aus Zellen erwachsener Tiere klonen
d'une cellule mammaire	aus einer Euterzelle
le clone d'un animal	der Klon eines Tieres
la technique du clonage	die Klontechnik (sg.)
copier un animal à l'identique	ein Tier in Serie kopieren ➢ ein Tier vervielfältigen
génétiquement totalement identique	genetisch völlig identisch
la reproduction asexuée	die geschlechtslose Fortpflanzung
la fécondation devient inutile	die Befruchtung wird überflüssig
contourner l'acte de procréation	die Zeugungskette umgehen (i, a, hat)
exclure le hasard	die Zufälligkeit aus/schalten
❖ de nouvelles qualités	**❖ neue Eigenschaften**
produire des animaux aux qualités désirées	Tiere mit gewünschten Eigenschaften produzieren
produire plus de lait	mehr Milch produzieren
plus de viande	mehr Fleisch

❖ **le médicament dérivé du génie génétique**	❖ **das gentechnisch hergestellte Medikament**
le médicament	das Medikament (e) ➢ das Arzneimittel (-)
l'élevage à visée pharmaceutique	die pharmazeutische Tierzucht (sg.) ➢ das Pharming (sg.)
les animaux comme producteurs de médicaments	Tiere als Arzneimittelproduzenten
des animaux en tant que bioréacteurs	Tiere als Bioreaktoren
sécréter des protéines-médicaments	Eiweiß-Präparate aus/scheiden (ie, ie, hat)
des médicaments vitaux	lebensnotwendige Medikamente
l'insuline	(das) Insulin (sg.)
les médicaments fabriqués par un animal	Arzneimittel aus dem Viehstall
des médicaments peu onéreux	billige Medikamente
des vaccins comestibles	verzehrbare Impfstoffe
❖ **les dangers**	❖ **die Gefahren**
pour le bétail	für das Vieh
être livré à des agents pathogènes	Erregern ausgeliefert sein
crever d'une épidémie	an einer Seuche zugrunde/gehen (i, a, ist)
transmettre l'agent pathogène à l'homme	den Krankheitserreger auf den Menschen übertragen (u, a, hat)
la dérive	der Missbrauch (sg.)
mal utiliser ces nouvelles techniques	diese neuen Techniken missbrauchen
faire mauvais usage d'un tel savoir	ein solches Wissen missbrauchen
❖ **la manipulation d'êtres vivants**	❖ **die Genmanipulation von Lebenwesen**
des animaux manipulés génétiquement	genmanipulierte Tiere
des organismes manipulés génétiquement	genmanipulierte Organismen
le clonage d'êtres humains	das Klonen von Menschen
la production d'êtres génétiquement identiques	die Erzeugung genidentischer Wesen

la multiplication d'un élément à l'identique	die Vervielfältigung des Gleichen
l'homo xerox	der Homo xerox
des naissances à la chaîne	Fließbandgeburten
❖ le marché du clonage	**❖ der Markt des Klonens**
l'offre crée la demande	das Angebot schafft die Nachfrage
la course au profit	der Wettlauf um den Profit
la victoire d'intérêts commerciaux	der Sieg kommerzieller Interessen
la pression économique	der wirtschaftliche Druck
le succès économique	der wirtschaftliche Erfolg
l'industrie pharmaceutique	die Pharmaindustrie (sg.)
créer des emplois	Arbeitsplätze schaffen (u, a, hat)
❖ une vision sombre de l'humanité	**❖ eine düstere Menschheitsvision**
la vision d'horreur	die Horrorvorstellung (en)
la clinique du clonage	die Klonklinik (en)
un esprit dérangé	ein verwirrter Geist
modifier les générations futures	die zukünftigen Generationen verändern
jouer au démiurge	den Schöpfer spielen
intervenir dans la Création	in die Schöpfung ein/greifen (i, i, hat)
le fantasme de l'omnipuissance	die Allmachtfantasie (sg.)
la présomption humaine	die menschliche Überheblichkeit
tout devient faisable	alles wird machbar
des barrières sont tombées	Grenzen sind gefallen
respecter la liberté de la recherche	das Recht auf freie Forschung beachten
❖ la question de l'identité du clone	**❖ die Frage nach der Identität des Klons**
l'inviolabilité de la vie	die Unverletzlichkeit des Lebens
le destin	das Schicksal (sg.)
la personnalité	die Persönlichkeit (sg.)
l'unicité	die Einzigartigkeit (sg.)

respecter l'unicité de l'individu	die Einzigartigkeit des Menschen respektieren
la loterie des gènes	das Lotteriespiel der Gene
une diversité inépuisable	eine unerschöpfliche Vielfalt
nécessaire au maintien de l'espèce	zur Erhaltung der Art notwendig
développer la capacité d'adaptation	die Anpassungsfähigkeit entwickeln
la fin de la reproduction sexuée	das Ende der geschlechtlichen Fortpflanzung
bouleverser les relations familiales	die Familienbeziehungen erschüttern
bouleverser la communauté des hommes	die menschliche Gemeinschaft erschüttern
une profonde inquiétude dans la société	eine tiefe Verunsicherung in der Gesellschaft

❖ les limites de la recherche / ❖ die Grenzen der Forschung

élever un enfant clone	ein geklontes Kind erziehen (o, o, hat)
les risques physiques et psychologiques	die physischen und psychologischen Risiken
avoir comme enfant son frère jumeau	seinen Zwillingsbruder als Kind haben
les principes moraux	die moralischen Grundsätze
cloner un être humain est interdit	das Klonen eines Menschen ist verboten
l'interdit moral	das moralische Verbot
le tabou	das Tabu (s)
cela doit rester tabou	es muss Tabu bleiben (ie, ie, ist)
briser un tabou	ein Tabu brechen (a, o, hat)
la politique restrictive des Allemands	die restriktive Politik der Deutschen

17. Les maladies

Depuis Pasteur, l'humanité pensait pouvoir venir à bout de toutes les maladies. Avec la vaccination systématique, le suivi médical pour tous et la généralisation de l'hygiène, les grandes épidémies ont disparu des pays industrialisés.

Néanmoins, l'OMS constate un retour des anciens fléaux de l'humanité ainsi que l'apparition de "superbactéries", plus agressives, résistantes aux antibiotiques, au mécanisme de fonctionnement très complexe.

Des maladies nouvelles et souvent mortelles sévissent régulièrement dans les régions tropicales et subtropicales. Des fièvres — souvent hémorragiques — font pour l'instant des apparitions sporadiques et locales, mais pourraient très facilement se répandre dans d'autres régions, propagées par les coutumes locales ainsi que par le tourisme et les migrations. Ces épidémies sont difficilement contrôlables à cause du manque d'hygiène et d'argent, des modifications de l'écosystème et d'une situation politique souvent confuse.

La maladie de la vache folle, la fièvre aphteuse et plus généralement toutes les maladies touchant les animaux d'élevage ont soulevé une vague d'émotion dans les pays industrialisés. Cette panique est d'autant plus compréhensible que l'ESB est peut-être transmissible à l'homme. Les conséquences économiques en ont été et sont encore dramatiques pour les professionnels de la viande.

17. Die Krankheiten

Seit Pasteur dachte die Menschheit, sie sei in der Lage, mit allen Krankheiten fertig zu werden. Durch systematische Impfungen, medizinische Betreuung für alle und die Verbreitung von Hygiene sind große Epidemien aus den Industrienationen verschwunden.

Die WHO stellt jedoch die Rückkehr der früheren Menschheitsgeißeln fest, sowie das Aufkommen neuer aggressiverer und gegen Antibiotika resistenter „Superbakterien“ mit einem sehr komplexen Funktionsmechanismus.

Neue und oft tödliche Krankheiten grassieren regelmäßig in tropischen und subtropischen Regionen. Gegenwärtig treten hämorrhagische Fieberkrankheiten nur sporadisch und lokal auf. Durch regionale Bräuche übertragen, könnten sie sich aber durch Tourismus und Völkerwanderungen sehr leicht auf andere Länder ausdehnen. Diese Epidemien sind schwer zu kontrollieren wegen mangelnder Hygiene und fehlenden Geldes, der Veränderungen im Ökosystem und einer oft konfusen politischen Situation.

Rinderwahnsinn, die Maul- und Klauenseuche sowie im Allgemeinen alle Krankheiten, die Zuchtvieh befallen, haben in den Industriestaaten großes Aufsehen erregt. Diese Panik ist umso verständlicher, als BSE vielleicht auf den Menschen übertragbar ist. Die wirtschaftlichen Folgen waren und sind immer noch dramatisch für die Fleischindustrie.

l'organisation mondiale de la santé	die Weltgesundheitsorganisation
l'OMS	die WHO (World Health Organisation)

les allergies — Allergien (pl.)

être allergique	allergisch sein
une réaction allergique à qch.	eine allergische Reaktion auf etwas (+A.)
la maladie du siècle	die Krankheit des Jahrhunderts
des formes de maladies diverses	verschiedene Krankheitsformen
l'hypersensibilité de l'organisme	die Überempfindlichkeit des Organismus
des muqueuses	der Schleimhäute
des voies respiratoires	der Atemwege
de la peau	der Haut
l'allergie aux pollens	die Pollenallergie (sg.)
l'allergie aux accariens	die Hausstaubmilbenallergie (sg.)
le test allergénique	der Allergietest (s)
la réaction de défense du système immunitaire	die Abwehrreaktion des Immunsystems
l'allergène	das Allergen (e)
saisonnier	saisonal
grave	lebensgefährlich
le choc anaphylactique	der anaphylaktische Schock

la maladie d'Alzheimer — die Alzheimerkrankheit

incurable	unheilbar
des causes indéfinies	ungeklärte Ursachen
des cellules nerveuses meurent	Nervenzellen sterben ab
des traitements insuffisants	mangelhafte Behandlung
après 60 ans	nach dem 60. Lebensjahr
augmenter avec l'âge	mit dem Alter zu/nehmen (a, o, hat)

le retour des anciennes épidémies — die Rückkehr der alten Seuchen

de vieilles maladies resurgissent	alte Krankheiten flammen wieder auf
les fléaux de l'humanité	die Menschheitsgeißeln

ne pas se laisser repousser	sich nicht zurück/drängen lassen (ie, a, hat)
se propager à nouveau	sich wieder aus/breiten
se déclarer	aus/brechen (a, o, ist)
une menace globale pour l'humanité	eine globale Bedrohung für die Menschheit
contagieux	ansteckend
spectaculaire	spektakulär ➢ sensationsträchtig
mortel	tödlich
les maladies infectieuses	die Infektionskrankheiten
les affections parasitaires	die parasitären Erkrankungen
la malaria	die Malaria
le paludisme	das Sumpffieber
les maladies bactériennes	die bakteriologischen Krankheiten
la tuberculose	die Tuberkulose (Abk.: Tb)
la pneumopathie SRAS	die SARS-Krankheit (sg.)
la diphtérie	die Diphterie
le choléra	die Cholera
la peste	die Pest
la lèpre	die Lepra
la syphilis	die Syphilis ➢ die Lues
les affections virales	die Viruserkrankungen
la varicelle	die Windpocken (pl.)
la variole	die Pocken (pl.)
la rougeole	die Masern (pl.)
l'hépatite	die Hepatitis (die Hepatitiden)
les hépatites virales	die Virushepatitiden
l'agent pathogène	der Krankheitserreger (-)
le vecteur de la maladie	der Vektor der Krankheit
les micro-organismes	die Mikroorganismen
le germe	der Keim (e)

la bactérie	die Bakterie (n)
le parasite	der Parasit (en, en)
le champignon	der Pilz (e)
le microbe	die Mikrobe (n)
le virus	der / das Virus (die Viren)
le porteur du virus	der Virenträger (-)
la souche virale	der Virusstamm (¨e)

les nouvelles épidémies — die neuen Seuchen

❖ le sida — ❖ Aids

l'infection par le virus HIV	die HIV-Infektion (sg.)
être séropositif	HIV-positiv sein
le sidéen	der Aids-Kranke (n) *adj. subst.*
le malade atteint du sida	der Aids-Patient (en, en)
le cas de sida	der Aids-Fall (¨e)
le risque d'infection	das Infektionsrisiko (-risiken)
les défenses immunitaires	die Abwehrkräfte (pl.)
le syndrome d'immunodéficience	das erworbene Immunschwäche-Syndrom
la déficience immunitaire, l'immunodépression	die Immunschwäche (sg.)
les maladies consécutives au sida	Aids-bedingte Krankheiten
la mort due au sida	der Aids-Tod
l'épidémie	die Seuche (n) ➢ die Epidemie (n)
la propagation	die Verbreitung (en) ➢ die Ausbreitung (en)
se propager	sich verbreiten ➢ sich aus/breiten
une épidémie qui sévit	die grassierende Seuche
le fléau mondial	die Weltplage (n)

❖ la contamination — ❖ die Ansteckung

le danger de contamination	die Ansteckungsgefahr (en)
s'infecter (avec)	sich an/stecken (mit + D.)

infecter, contaminer qn	jdn an/stecken
transmettre à	übertragen (u, a, hat) auf + A.
le temps d'incubation	die Inkubationszeit (sg.)
le sang	das Blut (sg.)
l'hémophile	der Bluter (-)
l'hémophilie	die Bluterkrankheit (sg.) ➢ die Hämophilie (sg.)
la transfusion sanguine	die Bluttransfusion (en) ➢ die Blutübertragung (en)
arriver dans la circulation sanguine	in die Blutbahn gelangen
le donneur de sang	der Blutspender (-)
le sang contaminé	das verseuchte Blut
le coagulant contaminé	das verseuchte Gerinnungsmittel
le produit sanguin	das Blutderivat (e)
le plasma	das Plasma (sg.)
le médicament contaminé	das verseuchte Medikament
les rapports sexuels	der Geschlechtsverkehr (sg.)
avoir des rapports sexuels	Geschlechtsverkehr haben ➢ Sex haben
la maladie sexuellement transmissible	die Geschlechtskrankheit (en)
le groupe des marginaux	die Randgruppe (n)
le groupe à risque	die Risikogruppe (n)
homosexuel	homosexuell ➢ schwul (*fam.* - parfois péj.)
l'homosexuel	der Homosexuelle (n) *adj. subst.* ➢ der Schwule (n) *adj. subst.*
bisexuel	bisexuell
hétérosexuel	heterosexuell
la seringue	die Spritze (n)
la seringue contaminée	die Aids-verseuchte Spritze
l'aiguille	die Nadel (n)

❖ la discrimination — ❖ die Diskriminierung

la peur du contact	die Berührungsangst (¨e)

la victime	das Opfer (-)
le coupable, le criminel	der Täter (-)
les malades deviennent des coupables	aus Kranken werden Schuldige
porter malheur à la société	Übel über die Gesellschaft bringen (a, a, hat)
rejeter	verstoßen (ie, o, hat)
exclure	aus/schließen (o, o, hat) ➢ aus/grenzen

❖ le combat contre le sida — ❖ die Aids-Bekämpfung

la collaboration internationale	die internationale Zusammenarbeit
la recherche sur le sida	die Aids-Forschung (sg.)
l'épidémiologie	die Epidemiologie (sg.)
l'infectiologie	die Infektiologie (sg.)
le virologue, le virologiste	der Virologe (n, n) ➢ der Virusforscher (-)
l'épidémiologiste	der Epidemiologe (n, n) ➢ der Seuchenexperte (n, n)
le centre de dépistage du sida	das Aids-Betreuungszentrum (-zentren)
le test de dépistage du virus HIV	der Aids-Test (s)
soumettre au test de dépistage du virus HIV	auf Aids-Verunreinigungen testen
le résultat positif	das positive Test-Ergebnis
inactiver par chauffage	durch Erhitzung ab/töten
le traitement	die Behandlung (en)
l'autotransfusion	die Eigenbluttransfusion (en)
les nouvelles molécules	die neuen Moleküle
la nouvelle thérapie contre le sida	die neue Aids-Therapie
les médicaments contre le HIV	die Anti-HIV-Medikamente
les antigènes viraux	die viralen Antigene
l'AZT	AZT (sg.)
la thérapie combinée	die Kombinationstherapie (n) ➢ die Kombi-Therapie *fam.*
la trithérapie	die Dreifachtherapie (sg.)

le rétrovirus	das Retrovirus (-ren)
la thérapie antirétrovirale	die antiretrovirale Therapie
les médicaments antiviraux	die antiviralen Medikamente
la diminution de la charge virale	die Senkung der Virenzahl
le (médicament) générique	das wirkstoffgleiche Medikament ➢ das wirkstoffidentische Medikament ➢ das Generikum (die Generika)
le médicament bon marché	das Billigmedikament (e)
prendre conscience du danger	sich der Gefahr bewusst werden
se sentir responsable	sich verantwortlich fühlen
agir de manière responsable	verantwortungsbewusst handeln
le nouveau comportement sexuel	das neue Sexualverhalten (sg.)
le sexe sans risques (SSR)	safer Sex *pron. angl.*
le préservatif	das Kondom (e)
le distributeur de préservatifs	der Kondomautomat (en, en)
se protéger	sich schützen

❖ les "superbactéries"	**❖ die „Superbakterien"**
l'antibiotique	das Antibiotikum (die Antibiotika)
être antibiorésistant	gegen mehrere Antibiotika resistent sein
se nourrir d'un antibiotique	sich von einem Antibiotikum ernähren
incontrôlable	unkontrollierbar
plus virulent que jamais	aggressiver denn je
attaquer l'être humain	den Menschen befallen (ie, a, hat)
se manifester sporadiquement	sporadisch auf/treten (a, e, ist)
se propager à l'échelle mondiale	sich weltweit verbreiten
par le tourisme international	durch den internationalen Reiseverkehr
l'endémie	die Endemie (n)
la pandémie	die Pandemie (n)

❖ les maladies émergentes	**❖ die neu aufkommenden Krankheiten**
de nouveaux virus émergent	neue Viren kommen auf

émerger	auf/kommen (a, o, ist) ➢ auf/tauchen
viral	viral
les fièvres hémorragiques	die hämorrhagischen Fieber
le symptôme	das Symptom (e)
la fièvre	das Fieber (-)
avoir une forte fièvre	hohes Fieber haben
des symptômes grippaux	Grippesymptome (pl.)
l'hémorragie	die Blutung (en) ➢ die Hämorrhagie (n)
l'hémorragie interne	die innere Blutung
mourir de graves hémorragies internes	an schweren inneren Blutungen sterben (a, o, ist)
coûter des vies humaines	Todesopfer fordern
la fièvre Chikungunya	das Chikungunya-Fieber
la maladie tropicale	die Tropenkrankheit (en)
très douloureux	sehr schmerzhaft
la piqûre de moustique	der Mückenstich (e)
les arbovirus africains	die afrikanischen Arboviren
les infections dues aux arbovirus	die Arbovirusinfektionen
la fièvre d'Ébola	das Ebola-Fieber
le virus Ébola	der Ebola-Virus
la fièvre de Lassa	das Lassa-Fieber
le virus de Lassa	der Lassa-Virus
le virus Marbourg	der Marburg-Virus
la fièvre Dengue	das Dengue-Fieber
la fièvre jaune	das Gelbfieber
la souche de l'agent pathogène	der Erregerstamm (¨e)
le long de l'Équateur en Afrique	entlang des Äquators in Afrika
le réservoir naturel du virus	das natürliche Reservoir des Virus
les pays tropicaux et subtropicaux	die subtropischen und tropischen Länder

les causes	die Ursachen
❖ les changements de l'écosystème	**❖ die Veränderung des Ökosystems**
la déforestation de la forêt pluviale	die Rodung des Regenwaldes
le barrage	der Staudamm (¨e)
l'activité agricole	die Landwirtschaft (sg.)
les perturbations climatiques	die Klimaveränderung (en)
le réchauffement	die Erwärmung (sg.)
les animaux se rapprochent des hommes	die Tiere nähern sich den Menschen
la mobilité humaine et animale	die Mobilität der Menschen und der Tiere
introduire les virus en Europe	die Viren nach Europa ein/schleppen
❖ les modifications biologiques	**❖ die biologischen Veränderungen**
les génomes modifiés	die gewandelten Genome
le transfert de gènes	der Gentransfer (sg.)
les mutations des virus	die Mutationen der Viren
une situation incontrôlable	eine unkontrollierbare Situation
❖ l'ère de l'avion	**❖ das Zeitalter des Flugzeugs**
le développement du tourisme de masse	die Zunahme des Massentourismus
le tourisme dans des pays lointains	der Ferntourismus (sg.)
les voyages dans des pays exotiques	die Reisen in exotische Länder
les moustiques	die Stechmücken ➢ die Moskitos
les rongeurs	die Nagetiere
les singes	die Affen
les mouvements de guérillas	die Bewegungen der Guerilla
❖ la pauvreté	**❖ die Armut**
des médicaments trop chers	zu teure Medikamente
des problèmes croissants de financement	wachsende Finanzierungsprobleme
la surpopulation	die Übervölkerung (sg.)
la forte densité de population	die hohe Bevölkerungsdichte

le bidonville	das Elendsviertel (-) ➢ die Slums (pl.)
des villages isolés	abgelegene Dörfer
l'absence d'hygiène	mangelnde Hygiene
le non-respect du calendrier vaccinal	die Impfmüdigkeit (sg.)
la négligence	die Nachlässigkeit (sg.)
l'absence d'informations	fehlendes Wissen (sg.)
les coutumes	die Sitten
les pratiques rituelles	die Riten
l'activité des sorciers	die Aktivitäten der Medizinmänner
la diffusion des virus par la scarification	die Verbreitung der Viren durch die Skarifikation
la circoncision	die Beschneidung (en)
l'excision	die weibliche Beschneidung ➢ die weibliche Genitalverstümmelung
la clitoridectomie	die Klitoridektomie (sg.)
exciser, circoncire	beschneiden (i, i, hat)

éradiquer une maladie — eine Krankheit aus/rotten

l'éradication	die Ausrottung (sg.) ➢ die Eradikation (sg.)
combattre une épidémie	eine Seuche bekämpfen
endiguer une épidémie	eine Seuche ein/dämmen
immuniser	immunisieren
l'immunité	die Immunität (sg.)
l'anticorps	der Antikörper (-)
former des anticorps	Antikörper bilden
le programme de vaccination	das Impfprogramm (e)
vacciner	impfen
le vaccin	der Impfstoff (e) ➢ das Vakzin (e) terme scientifique
la vaccination	die Impfung (en)

la vaccination préventive	die Schutzimpfung (en)
le rappel	die Auffrischimpfung (en)
la péridurale	die PDA (Periduralanästhesie)
❖ **la prophylaxie**	❖ **die Prophylaxe (n)**
dépister	erkennen (a, a, hat)
le dépistage précoce	die Früherkennung (sg.)
la prise de sang	die Blutentnahme (n)
l'analyse de sang	die Blutuntersuchung (en)
le diagnostic	die Diagnose (n)
faire le diagnostic de	eine Diagnose stellen auf + A.
l'incubation	die Inkubation (sg.)
le temps d'incubation	die Inkubationszeit (sg.)
l'isolement des patients	die Patientenisolierung (sg.)
l'unité d'isolement	die Isolierzelle (n)
la quarantaine	die Quarantäne (n)
une hygiène renforcée	verstärkte Hygiene
la moustiquaire	das Mückennetz (e)
le spray antimoustiques	das Mückenspray (s)
le matériel contaminé	das verseuchte Material
désinfecter	desinfizieren
la désinfection	die Desinfektion (sg.)
stériliser	sterilisieren

les animaux — die Tiere

l'épizootie	die Tierseuche (n)
l'enzootie	die Enzootie (n)
le porc	das Schwein (e)
la peste porcine	die Schweinepest (sg.)
la grippe porcine	die Schweinegrippe (sg.)
le mouton	das Schaf (e)
la tremblante du mouton	die Schafkrankheit (sg.) ➢ die Traberkrankheit (sg.)

	➢ (die) Scrapie (sg.)
la grippe aviaire	die Vogelgrippe (sg.) (H5N1)
la fièvre aphteuse	die Maul- und Klauenseuche (Abk.: MKS)

❖ la propagation / ❖ die Ausbreitung

une bombe à retardement	eine tickende Zeitbombe
hautement contagieux	hoch ansteckend
transmettre à	übertragen (u, a, hat) auf + A.
transmissible de l'animal à l'homme	von Tieren auf Menschen übertragbar
transmissible d'animal en animal	von Tier zu Tier übertragbar
transmissible d'homme à homme	von Mensch zu Mensch übertragbar
se transmettre par l'air et les vivres	sich über Luft und Nahrung verbreiten
le passage interspécifique	der Artensprung (sg.)
passer de / à	über/springen (a, u, ist) von + D. / auf + A.
le virus se propage massivement	der Virus bricht massiv aus
le danger d'une pandémie mondiale	Gefahr einer weltweiten Pandemie
un risque d'épidémie mondiale	ein weltweites Epidemierisiko
être en alerte maximale	in höchster Alarmbereitschaft sein

la maladie de la vache folle / der Rinderwahnsinn

ESB	BSE
les troupeaux infectés	die infizierten Herden
être infecté par l'ESB	BSE-infiziert sein
des bovins atteints d'ESB	BSE-befallene Rinder
des troupeaux atteints d'ESB	BSE-verseuchte Rinderherden
l'encéphalopathie spongiforme bovine	der Rinderschwamm
l'encéphalopathie spongiforme	die spongiforme Enzephalopathie
la neuropathie dégénérative	die degenerative Gehirnzersetzung
les vaches folles	die BSE-Rinder
tituber	torkeln
crever lamentablement	kläglich verenden

❖ **le prion**	❖ **das Prion (en)**
l'agent pathogène de l'ESB	der BSE-Erreger (-)
le facteur déclenchant	der Krankheitsauslöser (-)
les protéines meurtrières	die Killer-Eiweiße
une molécule complexe et inerte	ein komplexes und bewegungsloses Molekül
dangereuse et discrète	gefährlich und diskret
indestructible	unzerstörbar
plus résistant qu'un virus	resistenter als ein Virus
résiste à *– la chaleur* *– aux radiations* *– à la plupart des désinfectants*	resistent gegen – Hitze ou hitzebeständig – Bestrahlung *ou* strahlenresistent – die meisten Desinfektionsmittel
❖ **la maladie de Creutzfeldt-Jakob (MCJ)**	❖ **die Creutzfeldt-Jakob-Krankheit (CJK)**
les risques pour l'homme	die Risiken für die Menschen
le risque de contamination	das Ansteckungsrisiko (-risiken)
contaminer	an/stecken
être hautement contagieux	hoch ansteckend sein
la propagation de la maladie	die Verbreitung der Krankheit
manger des aliments contaminés par l'ESB	BSE-verseuchte Nahrung verzehren
l'agent pathogène	der Erreger (-)
passer dans la chaîne alimentaire	in die Nahrungskette gelangen
être exposé au danger	der Gefahr ausgesetzt sein
s'exposer à la contagion	sich der Ansteckung aus/setzen
professionnellement	beruflich

les causes — die Gründe

être imputable à	zurückzuführen sein auf + A.
l'élevage intensif	die intensive Tierhaltung
la course à la rentabilité	das Streben nach Rentabilität
la modification de l'alimentation animale	die Veränderung in der Ernährung der Tiere

l'alimentation animale	das Futter (sg.)
l'herbivore	der Pflanzenfresser (-)
le carnivore	der Fleischfresser (-)
fabriquer la nourriture	Futter her/stellen
à partir de viande animale	aus Tierfleisch (sg.)
les déchets des animaux	die Tierabfälle (pl.)
les os d'animaux	die Tierknochen
la farine de viande	das Tiermehl (sg.)
la farine d'os	das Knochenmehl (sg.)
les procédés de transformation	die Verarbeitungsverfahren
des températures trop basses	zu niedrige Temperaturen
renoncer au dégraissage chimique	auf chemische Entfettung verzichten
l'agent pathogène n'est plus dénaturé	der Erreger ist nicht mehr denaturiert

les produits contaminés — die verseuchten Produkte

la viande de bœuf	das Rindfleisch (sg.)
la vache laitière	die Milchkuh (¨e)
la vache de race bouchère	die Fleischkuh (¨e)
la viande transformée	das verarbeitete Fleisch (sg.)
le produit à base de viande	das Fleischerzeugnis (-se)
le produit préparé à base de viande	das Fertigfleischprodukt (e)
le plat cuisiné	das Fertiggericht (e)
la saucisse, le saucisson	die Wurst (sg.)
la charcuterie	die Wurstwaren (pl.) ➢ der Aufschnitt (sg.)
les abats	die Innereien (pl.)
la moelle épinière	das Rückenmark (sg.)
le produit dérivé	das Nebenprodukt (e)
les sucreries, les friandises	die Süßigkeiten (pl.)
la gelée	das Gelee (s)
la gélatine	die Gelatine (sg.)
les produits cosmétiques	die kosmetischen Produkte

le collagène	das Kollagen (sg.)
le produit cosmétique au collagène	die Kollagen-Kosmetik (sg.)
les produits pharmaceutiques	die Arzneimittel

les conséquences économiques — die wirtschaftlichen Folgen

la catastrophe économique	die Wirtschaftskatastrophe (n)
une crise difficile *– dans la filière de la viande* *– pour les agriculteurs*	eine schwere Krise – in der Fleischbranche – für die Landwirte
les prix chutent	die Preise fallen (ie, a, ist)
l'industrie de la viande	die Fleischindustrie (sg.)
l'abattoir	das Schlachthaus (-häuser) ➢ der Schlachthof (¨e)
le boucher	der Metzger (-) ➢ der Fleischer (-)
le circuit de distribution	die Handelskette (n)
le supermarché	der Supermarkt (-märkte)
la chaîne de restauration rapide	die Schnellimbisskette (n)
le fast-food	(das) Fast Food (sg.)
le hamburger	der Hamburger (-)
le steak	das Steak (s)
la boulette de viande	das Fleischklößchen (-) ➢ der Fleischklops (e)

❖ les angoisses du consommateur — ❖ die Verbraucherängste

le client	der Kunde (n, n)
l'émotion	die Aufregung (en)
paniquer	in Panik geraten (ie, a, ist)
la montée d'une hystérie	das Aufkommen einer Hysterie
la méfiance	das Misstrauen (sg.)
changer ses habitudes alimentaires	seine Essgewohnheiten verändern
réduire la consommation de viande	den Fleischverzehr reduzieren
végétarien	vegetarisch
le végétarien	der Vegetarier (-)

❖ les conséquences politiques	**❖ die politischen Folgen**
les conséquences sur la politique européenne	die Folgen auf die Europapolitik
la perte de son emploi	der Arbeitsplatzverlust (sg.)
garantir les emplois	die Arbeitsplätze garantieren
❖ la criminalité	**❖ die Kriminalität**
l'écoulement illégal des produits	der illegale Vertrieb von Waren
importer frauduleusement	ins Land schmuggeln
la falsification	die Fälschung (en)
falsifier les papiers	die Papiere fälschen
frauder	betrügen (o, o, hat)
tricher	schummeln
trafiquer	schieben (o, o, hat)
❖ les mesures	**❖ die Maßnahmen**
les autorités	die Behörde (n)
la Grande-Bretagne	Großbritannien
être à l'index	auf dem Index stehen (a, a, hat)
interdire la viande britannique	britisches Fleisch verbieten (o, o, hat)
interrompre le cycle infectieux	die Infektionskette abreißen lassen (ie, a, hat)
la réglementation officielle	die gesetzliche Regelung
les mesures sanitaires	die Schutzmaßnahmen
l'inspection sanitaire	die Lebensmittelkontrolle (n)
l'inspecteur sanitaire	der Lebensmittelkontrolleur (e)
renforcer les contrôles	die Kontrollen verschärfen
la déclaration obligatoire	die Meldepflicht (sg.)
la maladie soumise à déclaration obligatoire	die meldepflichtige Krankheit
élargir la déclaration obligatoire	die Meldepflicht erweitern
aménager des zones tampons	Sperrzonen ein/richten
le test ESB (test ELISA)	der BSE-Test (s)
faire le test de diagnostic vis-à-vis de l'ESB	auf BSE testen

interdire la farine de viande	Tiermehl verbieten (o, o, hat)
l'interdiction de nourrir à la farine de viande	das Tiermehlverfütterungsverbot (sg.)
détruire les farines de viande	das Tiermehl entsorgen
tuer les animaux	die Tiere töten
abattre d'urgence	not/schlachten
l'abattage à grande échelle	die Notschlachtung in riesigem Umfang
éliminer les cadavres	die Kadaver beseitigen
brûler les cadavres	die Kadaver verbrennen (a, a, hat)
traiter les organes atteints d'ESB	die BSE-verseuchten Organe entsorgen
faire des analyses histologiques	histologisch untersuchen
la biopsie du cerveau	die Hirnbiopsie (n)
l'interdiction d'exporter	das Exportverbot (sg.)
frapper d'une interdiction d'exporter	ein Exportverbot verhängen
le contrôle des importations	die Importkontrolle (n)
l'embargo sur les importations	das Importembargo (s)
garantir l'origine des produits	für die Herkunft der Ware garantieren
informer le public	die Öffentlichkeit informieren
intensifier la recherche	die Forschung intensivieren
surveiller l'évolution des épidémies	die Entwicklung der Epidemien beobachten
la mobilisation internationale	die internationale Mobilisierung

18. La conquête de l'espace

Mû par une curiosité innée et par la recherche de certitudes, l'Homme ne s'est jamais arrêté à aucune frontière. Le cosmos l'a donc toujours passionné au plus haut point. Tant que la technologie ne lui permettait pas de voyager dans l'univers, il se contentait de projeter ses fantasmagories sur le ciel, de rêver à d'autres planètes, à d'autres civilisations, peut-être plus avancées ou menaçantes.

Depuis que les techniques ont rendu possible la conquête de l'espace, les hommes cherchent à abolir toutes les frontières, à explorer leur système solaire et à en découvrir d'autres. Mars est la planète qui suscite actuellement le plus grand intérêt. Les sondes nous fournissent des renseignements sur d'éventuelles traces d'eau — et donc de vie primitive — sur ce sol si inhospitalier. L'énigme de l'origine de l'univers sera peut-être un jour résolue par ce biais.

La conquête de l'espace ne sert pas uniquement à répondre aux questions concernant l'âge et la création du monde. Les voyages spatiaux permettent des progrès considérables dans toutes sortes de domaines, comme la médecine ou la physique. Ils permettent également la conception de matériaux nouveaux. Cela nécessite un travail multidisciplinaire et une collaboration internationale.

Même si la controverse est souvent vive à cause de la démesure de certains projets ainsi que de leur coût exorbitant, envoyer l'Homme dans l'espace est une décision importante, cautionnée par bon nombre de citoyens.

18. Die Eroberung des Weltraums

Der Mensch, von angeborener Neugier und der Suche nach Gewissheiten getrieben, hat nie an irgendeiner Grenze Halt gemacht. Der Kosmos hat ihn deswegen immer aufs Höchste fasziniert. Solange sein technisches Wissen ihn nicht dazu befähigte, durch das Universum zu reisen, hat er sich damit begnügt, seine Fantasiegebilde in den Himmel zu projizieren, von anderen Planeten, ja anderen Zivilisationen zu träumen — die vielleicht fortgeschrittener oder auch bedrohlich sein mochten.

Seit die Technik die Eroberung des Weltraums ermöglicht hat, trachten die Menschen danach, alle Grenzen abzubauen, ihr Sonnensystem zu erkunden und neue Grenzen zu entdecken. Der Mars ist der Planet, der heute das größte Interesse weckt. Sonden senden uns Informationen über mögliche Spuren von Wasser — das heißt von primitivem Leben — auf jenem so unwirtlichen Boden. Das Rätsel um die Entstehung der Welt wird vielleicht eines Tages dadurch gelöst.

Die Eroberung des Universums dient nicht nur dazu, auf die Fragen nach dem Alter und der Entstehung der Welt zu antworten. Die Raumfahrt verhilft zu beachtlichen Fortschritten auf allerlei Gebieten, wie der Medizin und der Physik. Sie schafft auch die Voraussetzung für die Entwicklung neuer Materialien. Das erfordert fachübergreifende Forschung und internationale Zusammenarbeit.

Oft ist die Kontroverse zwar lebhaft wegen der Vermessenheit einiger Projekte und der ungeheuren Kosten, die sie verursachen; den Menschen aber ins All zu schicken, ist eine wichtige Entscheidung, die von zahlreichen Bürgern gutgeheißen wird.

l'espace — der Weltraum

l'espace	der Weltraum
l'univers	das (Welt)All (sg.) ➢ das Universum (sg.)
le cosmos	der Kosmos (sg.)
la galaxie	die Galaxie (n)
la comète	der Komet (en, en)
le soleil	die Sonne (n)
le système solaire	das Sonnensystem (e)
les planètes éloignées du soleil	die sonnenfernen Planeten
la planète	der Planet (en, en)
le système planétaire	das Planetensystem (e)
interplanétaire	interplanetar
la planète bleue	der blaue Planet
la terre	die Erde (sg.)
le terrien	der Erdenbürger (-) ➢ der Erdbewohner (-)
l'astéroïde	der Asteroid (en, en)
la (le) météorite	der Meteorit (e / en)
le météore	der Meteor (e)
la matière	die Materie (sg.)
la Voie lactée	die Milchstraße (sg.) ➢ die Galaxis (sg.)
le corps céleste	der Himmelskörper (-)
l'astre	das Gestirn (e)
l'étoile	der Stern (e)
le système stellaire	das Sternsystem (e)
la carte céleste	die Sternkarte (n)
interstellaire	interstellar
le quasar	der Quasar (e)
la nova	die Nova (Novä)
la supernova	die Supernova (Supernovä)
le trou noir	das schwarze Loch

l'année-lumière	das Lichtjahr (e)
à des années-lumière de distance	in Lichtjahrentfernung (sg.)
à 100 années-lumière de la Terre	100 Lichtjahre von der Erde entfernt
la vitesse de la lumière	die Lichtgeschwindigkeit (sg.)
la gravitation	die Gravitation (sg.)
la force de gravitation	die Gravitationskraft (sg.)
l'attraction	die Anziehungskraft (sg.)
le champ magnétique	das Magnetfeld (er)
l'orbite de révolution	die Umlaufbahn (en) ➢ der Orbit (s)
l'orbite de révolution terrestre	die Erdumlaufbahn (sg.)
la source lumineuse	die Lichtquelle (n)
l'onde lumineuse	die Lichtwelle (n)

la recherche spatiale — die Weltraumforschung

le télescope	das Teleskop (e)
le télescope spatial Hubble	das Hubble-Weltraumteleskop
des outils de mesure et d'analyse	Mess- und Analysegeräte
la prise de vue	die Aufnahme (n)
la caméra de bord	die Bordkamera (s)
la simulation par ordinateur	die Computersimulation (en)
les calculs par ordinateur	die Computerberechnung (en)
la sonde	die Sonde (n)
la sonde spatiale	die Raumsonde (n)
lancer une sonde spatiale	eine Raumsonde starten
la fusée porteuse Ariane	die Trägerrakete Ariane
le transport de charges	der Transport von Nutzlast
accomplir des missions sur la Lune, sur Mars	Missionen zum Mond, zum Mars durch/führen

❖ placer des satellites sur orbite — ❖ Satelliten aus/setzen

l'observation météorologique	die Wetterbeobachtung (en)
l'observation militaire	die militärische Beobachtung

les satellites de télécommunication	die Telekommunikationssatelliten
pour les réseaux de téléphones portables	für die Mobilfunknetze
pour le multimédia	im Multimedia-Bereich
diffuser des programmes radio et télé	Rundfunk- und TV-Programme übertragen (u, a, hat)
l'observation de l'espace	die Weltraumbeobachtung (sg.)
l'exploration du cosmos	die Erforschung des Kosmos
achever la carte céleste	die Sternkarte fertig/stellen
noter les positions des étoiles	die Positionen der Sterne verzeichnen

❖ des recherches pluridisciplinaires — ❖ multidisziplinäre Forschung

l'astrophysicien	der Astrophysiker (-)
l'astrophysique	die Astrophysik (sg.)
l'astronomie	die Astronomie (sg.)
l'astronome	der Astronom (en, en)
le géologue	der Geologe (n, n)
le biologiste	der Biologe (n, n)
le microbiologiste	der Mikrobiologe (n, n)
le biologiste cellulaire	der Zellbiologe (n, n)
l'exobiologiste	der Exobiologe (n, n)

le voyage spatial — die Raumfahrt

le cosmonaute	der Kosmonaut (en, en)
l'astronaute	der Astronaut (en, en)
le spationaute	der Raumfahrer (-)
le lancement	der Start (s)
la rampe de lancement	die Startrampe (n)
le lancement raté	der Fehlstart (s)
le vol spatial	der Raumflug (¨e)
l'engin spatial	der Raumflugkörper (-)
le vaisseau spatial	das Raumschiff (e)
la navette spatiale	die Raumfähre (n)
la capsule	die Kapsel (n)

le système de navigation	das Navigationssystem (e)
la station orbitale	die Raumstation (en)
la station orbitale russe Mir	die russische Raumstation Mir
la station spatiale internationale ISS Alpha	die internationale Raumstation ISS Alpha
le laboratoire spatial	das Raumlabor (s)
la plate-forme expérimentale	die Forschungsplattform (en)
❖ les fins scientifiques	**❖ die wissenschaftlichen Zwecke**
mener des expériences	Experimente durch/führen
la recherche	die Forschung (en)
la découverte	die Entdeckung (en)
l'exploration	die Erkundung (en)
le programme d'exploration	das Erkundungsprogramm (e)
tester du matériel	Material prüfen
cultiver des plantes comestibles	verzehrbare Pflanzen züchten
emmener de petits animaux et des insectes	Kleintiere und Insekten mit/nehmen (a, o, hat)
tester l'influence de l'apesanteur sur :	den Einfluss der Schwerelosigkeit prüfen auf:
– le système nerveux	– das Nervensystem (sg.)
– l'équilibre	– das Gleichgewicht (sg.)
– les organes sensitifs	– die Sinnesorgane
acquérir de nouvelles connaissances	zu neuen Erkenntnissen kommen (a, o, ist)
la médecine de l'espace	die Weltraummedizin (sg.)
la chirurgie dans l'espace	die Chirurgie im Weltraum

l'homme : facteur d'insécurité — der Unsicherheitsfaktor Mensch

les lois physiques	die physikalischen Gesetze
la pression atmosphérique	der Luftdruck (sg.)
la pesanteur	die Schwerkraft (sg.)
l'apesanteur	die Schwerelosigkeit (sg.)
être en apesanteur	schwerelos sein

combattre les effets de l'apesanteur	die Wirkungen der Schwerelosigkeit bekämpfen
l'adaptation physiologique des corps	die physiologische Veränderung der Körper
un climat de travail difficile	ein schwieriges Arbeitsklima
travailler dans le vide spatial	im freien Weltraum arbeiten
le bruit permanent	der permanente Lärm
être importuné par l'odeur	durch den Geruch belästigt werden
la monotonie	die Eintönigkeit (sg.)
être difficile à supporter	schwer zu ertragen sein
aucune marge d'erreur n'est possible	Fehlerabweichungen werden nicht geduldet
les sciences du comportement	die Verhaltensforschung (sg.)
le psychologue de la NASA	der NASA-Psychologe (n, n)

la symbolique — die Symbolik

un projet politiquement ambitieux	ein politisch ehrgeiziges Projekt
le programme international	das internationale Programm
la collaboration internationale	die internationale Zusammenarbeit
pousser les technologies jusqu'à leurs limites	die Technologien bis an ihre Grenzen bringen (a, a, hat)
l'industrie spatiale	die Raumfahrtindustrie (sg.)
créer des emplois	Arbeitsplätze schaffen (u, a, hat)

Mars — der Mars

la planète rouge	der Rote Planet
la planète désertique	der Wüstenplanet
le désert de glace	die Eiswüste (n)
un monde désertique et glacial	eine eisige Wüstenwelt
le climat de Mars	das Marsklima
l'atmosphère martienne	die Marsatmosphäre
la croûte de Mars	die Marskruste
la surface de Mars	die Marsoberfläche

les paysages martiens	die Marslandschaften
les cours d'eau desséchés	die ausgetrockneten Flüsse
l'eau disparue de Mars	das verschwundene Marswasser
❖ des conditions extrêmes	**❖ extreme Bedingungen**
sans atmosphère	atmosphärelos
des rayons UV mortels	tödliche UV-Strahlen
les tempêtes de poussière	die Staubstürme
l'érosion du vent	die Winderosion
les impacts de météorites	die Meteoriteneinschläge
stérile	steril
inhabité	unbewohnt
glacial	eisig
sec	trocken
venteux	windig
inhospitalier	unwirtlich
risqué	risikoreich
❖ la conquête de Mars	**❖ die Eroberung des Mars**
le vol vers Mars	der Marsflug (¨e)
l'expédition martienne	die Marsexpedition (en)
la mission martienne	die Mars-Mission (en)
l'exploration de Mars	die Marsforschung (en)
la sonde spatiale Pathfinder	die Weltraumsonde Pathfinder
le véhicule tout terrain	das Geländefahrzeug
le véhicule télécommandé	das ferngesteuerte Auto
dirigé à distance	per Funk gelenkt
le véhicule de transport non habité	das unbemannte Transportfahrzeug
❖ envoyer des hommes sur Mars	**❖ Menschen auf den Mars schicken**
(vol) habité	bemannt
(vol) non habité	unbemannt
le vol habité	der bemannte Flug

le satellite non habité	der unbemannte Raumflugkörper
l'équipage	die Besatzung (en)
analyser l'atmosphère	die Atmosphäre erkunden
sonder le sous-sol	Bodenuntersuchungen durch/führen
récolter des échantillons	Bodenproben sammeln
trouver des fossiles	Fossilien finden (a, u, hat)
analyser les roches	das Gestein analysieren
étudier les phénomènes météorologiques	die Wetterphänomene erforschen
tester de nouvelles technologies	neue Technologien erproben
développer de nouveaux matériaux	neue Materialien entwickeln
créer de nouveaux médicaments	neue Medikamente her/stellen
mener des études médicales	medizinische Studien durch/führen
la recherche sur l'apesanteur	die Schwerelosigkeitsforschung
les répercussions de l'apesanteur	die Auswirkungen der Schwerelosigkeit
des expériences sur la microgravitation	Experimente zur Mikrogravitation
rendre Mars habitable	den Mars bewohnbar machen
résoudre de nombreux problèmes	zahlreiche Probleme lösen
assurer le système du maintien de la vie	das Lebenserhaltungssystem sichern
– l'approvisionnement	– die Versorgung
– l'eau	– das Wasser
– la nourriture	– die Nahrung
– l'énergie	– die Energie
– l'élevage	– die Viehzucht
– la culture sous serre	– die Treibhauskultur
trouver des solutions aux problèmes terriens	die irdischen Probleme lösen

la nouvelle frontière — die neue Grenze

découvrir de nouvelles planètes	neue Planeten entdecken
chercher de nouveaux territoires	nach neuen Territorien suchen
hors du système solaire	außerhalb des Sonnensystems
chercher de nouvelles ressources	nach neuen Ressourcen suchen
découvrir l'origine de l'Univers	den Ursprung des Universums entdecken
calculer l'âge de l'Univers	das Alter des Universums berechnen

l'énigme	das Rätsel (-)
le mystère de l'Univers	das Welträtsel (-)
une énigme humaine très ancienne	ein uraltes Menschheitsrätsel
découvrir le mystère de la Création	dem Geheimnis der Schöpfung auf die Spur kommen (a, o, ist)
la théorie de l'évolution	die Evolutionstheorie (n)
le big-bang	der Urknall (sg.)
la théorie du big-bang	die Urknalltheorie (sg.)
l'expansion constante de l'Univers	die ständige Ausdehnung des Universums
la fuite des galaxies	die Flucht der Galaxien

❖ un choix philosophique / ❖ eine philosophische Entscheidung

pénétrer plus loin dans l'Univers	weiter ins All vor/dringen (a, u, ist)
les dernières frontières	die letzten Grenzen
supprimer les frontières de notre planète	die Grenzen unseres Planeten auf/heben (o, o, hat)
dépasser ses propres limites	seine eigenen Grenzen überschreiten (i, i, hat)
changer le cours de l'humanité	den Verlauf der Menschheitsgeschichte ändern

❖ exercer une fascination / ❖ Faszination aus/üben

le tourisme spatial	der Weltraumtourismus (sg.)
les vacances en orbite	der Urlaub im Orbit
l'excursion galactique	der galaktische Ausflug
le voyage touristique dans l'apesanteur	der Trip in die Schwerelosigkeit
réserver des vols dans l'espace	Raumflüge buchen
le touriste en orbite	der Orbit-Tourist (en, en)
le touriste de l'espace, le touristonaute	der Weltraumtourist (en, en) ➢ der All-Tourist (en, en)
la spéculation	die Spekulation (en)
spéculer	spekulieren
captiver l'imagination	die Fantasie fesseln

une nouvelle aventure	ein neues Abenteuer
voyager dans le temps	durch die Zeit reisen
s'établir sur une autre planète	sich auf einem anderen Planeten nieder/lassen (ie, a, hat)
rechercher des formes de vie dans l'Univers	nach Leben im All suchen
une vie étrangère	eine fremde Lebensform
la vie sur d'autres planètes	das Leben auf anderen Planeten
découvrir des peuples inconnus	fremde Völker entdecken
des civilisations voisines	benachbarte Zivilisationen

mondes extraterrestres — außerirdische Welten

l'extraterrestre	der Außerirdische (n) *adj. subst.*
le surnaturel	das Überirdische (sg.)
le futurologue	der Futurologe (n, n)
la créature sortie de l'Univers	das Allwesen (-)
l'étranger	der Fremdling (e)
l'alien	der Alien (s) *pron. angl.*
le martien	der Marsmensch (en, en) ➢ der Marsianer (-)
les petits bonhommes verts	die kleinen grünen Männchen ➢ die Marsmännchen
le mythe "Mars"	der Mythos Mars
les frères de l'Univers	die Brüder im All
le secret espoir	die stille Hoffnung
l'invasion	die Invasion (en)
funeste	unheilbringend
effroyable	schaurig
la destruction de notre civilisation	die Vernichtung unserer Zivilisation
une menace réelle	eine reale Bedrohung
la psychose de masse	die Massenpsychose (n)
le monstre	das Monster (-)
une histoire inventée de toutes pièces	eine frei erfundene Geschichte
la science-fiction	(die) Science-Fiction (sg.)

l'OVNI	das Ufo (s)
le fan d'OVNI	der Ufo-Fan (s)
le spécialiste des OVNI	der Ufologe (n, n)
la soucoupe volante	die fliegende Untertasse
la cinquième dimension	die fünfte Dimension

19. L'océan

L'océan a fasciné les hommes de tout temps. Il est source de vie et de renouveau, la matrice de la vie terrestre. Mais il n'a pas — loin s'en faut — livré tous ses mystères.

Il nourrit un grand nombre d'hommes sur cette planète, régule les températures, ralentit le réchauffement de la terre, purifie l'air, recèle des richesses innombrables ; mais son équilibre est fragile. Exploité depuis toujours, lieu de loisirs et de détente, il convient de le protéger de l'activité polluante et dévastatrice des hommes.

Car l'océan de demain nous livrera peut-être des ressources nouvelles, il nous offrira des médicaments et des aliments d'un autre type, répondra peut-être à l'énigme de l'origine de la Terre et de l'Homme.

Les scientifiques étudient les fonds abyssaux, cherchant, entre autres choses, à établir des parallèles entre les conditions de vie extrêmes des grandes profondeurs et des formes de vie possibles sur d'autres planètes, dans d'autres systèmes stellaires.

Monde merveilleux et mystérieux, l'océan est également un sujet inépuisable pour les amateurs de science-fiction, pour tous les inventeurs et bâtisseurs.

19. Das Meer

Das Meer hat die Menschen von jeher fasziniert. Es ist Lebensspender, eine Regenerationsquelle, die Gebärmutter irdischen Lebens. Es hat jedoch noch nicht all seine Geheimnisse preisgegeben — bei weitem nicht.

Es ernährt eine große Zahl von Menschen auf diesem Planeten, reguliert die Temperaturen, bremst die Erderwärmung, reinigt die Luft und birgt zahllose Reichtümer; es ist aber leicht aus dem Gleichgewicht zu bringen. Da es seit jeher — auch als Freizeit- und Erholungsstätte — ausgebeutet wird, muss man es vor den umweltverschmutzenden und -zerstörerischen Aktivitäten der Menschen schützen.

Denn das Meer von morgen bringt uns vielleicht neue Ressourcen, es wird uns mit Medikamenten und Nahrungsmitteln ganz anderer Art versorgen und vielleicht auf das Rätsel um die Entstehung der Erde und die Herkunft des Menschen antworten.

Die Wissenschaftler erforschen die Meerestiefen in der Hoffnung, unter anderem eine Parallele ziehen zu können zwischen den extremen Lebensbedingungen in den Tiefen des Meeres und möglichen Lebensformen auf anderen Planeten, in anderen Sternensystemen.

Das Meer ist eine wunderbare und geheimnisvolle Welt, ein unerschöpfliches Motiv für Science-Fiction-Liebhaber, für alle erfinderisch und schöpferisch tätigen Menschen.

NB : "der Ozean" est très peu utilisé en allemand, quand il s'agit comme ici d'une généralisation. Il est plus indiqué d'utiliser "das Weltmeer" ou "das Meer".

la mer	das Meer (e) ➢ die See (n)
l'océan	das Weltmeer (e) ➢ der Ozean (e)
le Pacifique	der Pazifik ➢ der Pazifische Ozean
l'Atlantique	der Atlantik ➢ der Atlantische Ozean
la mer du Nord	die Nordsee
la Baltique	die Ostsee
la Méditerranée	das Mittelmeer
l'océan Indien	der Indische Ozean
marin	marin
océanique	ozeanisch
l'océanographie	die Ozeanographie (sg.) ➢ die Meereskunde (sg.)
l'océanographe	der Ozeanograph (en, en)
la technologie de la mer	die Meerestechnologie (n)

les fonds marins — der Meeresboden

	➢ der Meeresgrund (sg.)
les profondeurs	die Tiefe (n)
les grands fonds	die Tiefsee (sg.)
l'abysse	der Abyssus (sg.)
abyssal	abyssal
la nuit éternelle	die ewige Dunkelheit
une pression incroyable	ein ungeheurer Druck
la croûte océanique	die ozeanische Kruste
la croûte terrestre	die Erdkruste (sg.)
le ventre de la terre	das Erdinnere (sg.) *adj. subst.*
les roches sous les fonds marins	das Gestein unter dem Meeresboden

❖ un monde fascinant — ❖ eine faszinierende Welt

un monde inconnu	eine unbekannte Welt
être plein de mystères	voller Rätsel sein

mystérieux	geheimnisvoll
étrange	fremdartig
le paysage sous-marin	die Unterwasserlandschaft (en)
grouillant de vie	von Leben wimmelnd
réserver constamment de nouvelles surprises	ständig neue Überraschungen bereiten
des êtres vivants surprenants	ungewöhnliche Lebewesen
des êtres vivant dans des conditions extrêmes	die Extremlebewesen
les (bactéries) extrémophiles	die Extremophilen (pl.)
survivre à qc	etw. (A.) überleben
des formes de vie primitives	primitive Lebensformen
des formes de vie plus évoluées	höhere Lebensformen
des animaux primitifs	primitiveTiere
des plantes primitives	primitive Pflanzen
le plancton	das Plankton (sg.)
le phytoplancton	das Phytoplankton (sg.)
l'organisme unicellulaire	der einzellige Organismus
le micro-organisme	der Mikroorganismus (-men)
microscopique	mikroskopisch
les bactéries	die Bakterien
les microbes	die Mikroben
les enzymes	die Enzyme
les vers	die Würmer
les minéraux	die Mineralien

❖ une grande activité biologique — ❖ eine gesteigerte biologische Aktivität

des biosphères cachées	verborgene Biosphären
un écosystème d'une extrême complexité	ein hochkomplexes Ökosystem
un écosystème riche	ein reichhaltiges Ökosystem
une grande diversité des espèces	ein großer Artenreichtum

le réservoir de la biodiversité	das Reservoir vielfältiger Lebensformen
la chaîne alimentaire marine	die marine Nahrungskette
un véritable trésor	eine wahre Schatzkammer
le volcanisme	der Vulkanismus (sg.)
des régions volcaniques abyssales	Vulkangebiete auf dem Meeresgrund
les geysers	die heißen Vulkanquellen
de l'eau chaude riche en minéraux	mineralreiches heißes Wasser
la vie près des volcans abyssaux	das Leben an Tiefseevulkanen

❖ des traces de vie passée / ❖ Spuren einstigen Lebens

des êtres vivants fossilisés	fossile Lebewesen
des structures de type fossile	fossilartige Strukturen
percer les derniers mystères de la vie	die letzten Geheimnisse des Lebens ergründen
la matrice de la vie terrestre	die Gebärmutter irdischen Lebens

❖ la source de vie / ❖ der Lebensspender

être nécessaire à la vie	lebensnotwendig sein
influencer le climat	das Klima beeinflussen
ralentir le réchauffement terrestre	die Erderwärmung bremsen
fournir de l'énergie	mit Energie versorgen
l'énergie géothermique	die geothermale Energie
l'énergie marémotrice	die Gezeitenenergie (sg.)
nourrir une partie de l'humanité	einen Teil der Menschheit ernähren
l'aquaculture	die Aquakultur (en)
l'extraction de sels	die Gewinnung von Salzen
fournir des richesses marines	Bodenschätze liefern
le pétrole	(das) Erdöl (sg.)
des métaux	Metalle (pl.)
le cuivre	(das) Kupfer (sg.)
l'or	(das) Gold (sg.)
le *manganèse*	(das) Mangan (sg.)
fournir de l'eau potable	mit Trinkwasser versorgen

le dessalement de l'eau de mer	die Meerwasserentsalzung (sg.)
la voie de communication	der Verkehrsweg (e)

dompter la mer — das Meer bändigen

la lutte contre les eaux	der Kampf gegen das Wasser
la digue	der Damm (¨e) ➢ der Deich (e)
le polder	der Polder (-) ➢ der Koog (Köge)
conquérir des terres	Land gewinnen (a, o, hat)
relier des pays entre eux	Länder miteinander verbinden (a, u, hat)
le pont	die Brücke (n)
le tunnel	der Tunnel (s / -)
le tunnel sous la Manche	der Kanaltunnel

❖ la menace — ❖ die Bedrohung

le phénomène climatique El Niño	das Klimaphänomen El Niño
le courant marin	die Meeresströmung (en)
dans le Pacifique	im Pazifik
faire demi-tour	um/kehren
bloquer	blockieren
des masses d'air chaud	warme Wassermassen
s'accumuler	sich stauen
les précipitations	die Niederschläge (pl.)
l'innondation	die Überschwemmung (en) ➢ das Hochwasser (sg.)
la tornade	der Tornado (s)

❖ la pollution — ❖ die Verschmutzung

l'impact de l'activité humaine	die Auswirkungen menschlichen Handelns
polluer	verschmutzen
négliger	vernachlässigen
l'immersion des déchets nucléaires	die Versenkung des Atommülls

la décharge des déchets nucléaires	die Atommüllkippe (sg.)
la surpêche	die Überfischung (sg.)
de nouveaux systèmes de pêche	neuartige Fangmethoden
exterminer les créatures marines	die Geschöpfe des Meeres aus/rotten
le désert aquatique	die Wasserwüste (sg.)
être menacé de mort	vom Tod bedroht sein
un équilibre complexe	ein komplexes Gleichgewicht
une richesse fragile	ein leicht zerstörbarer Reichtum
protéger	schützen
sauvegarder	behüten

l'Océan de demain — die Zukunft der Weltmeere

un patrimoine pour le futur	ein Erbe für die Zukunft
penser aux générations futures	an die zukünftigen Generationen denken (a, a, hat)
une responsabilité planétaire	eine globale Verantwortung
la propriété de l'humanité entière	das Eigentum der gesamten Menschheit
être au service du bien de tous	dem Gemeinwohl dienen
une Police internationale des mers	eine internationale Meerespolizei
protéger par des traités internationaux	durch internationale Verträge schützen
réglementer la pêche	die Fischerei gesetzlich regeln
protéger les espèces marines	die Meeresarten schützen

❖ explorer l'Océan — ❖ die Weltmeere erforschen

exploiter les richesses marines	den Reichtum des Meeres aus/werten
le potentiel	das Potenzial (sg.)
des possibilités inexploitées	unverwertete Möglichkeiten
incalculable	unermesslich
illimité	unbegrenzt
une exploitation intelligente de la mer	eine intelligente Verwertung des Meeres
la biotechnologie marine	die marine Biotechnologie
sans pollution	umweltfreundlich

sans surexploitation	ohne Überfischung
ne pas vider la mer de ses poissons	das Meer nicht leer/fischen
❖ les nouveaux fruits de la mer	**❖ die neuen Meeresfrüchte**
l'algue	die Alge (n)
l'algologue	der Algologe (n, n)
l'algologie	die Algologie (sg.) ➢ die Algenkunde (sg.)
les algues, légumes de la mer	die Algen, das Gemüse des Meeres
la valorisation des algues marines	die Verwertung der Meeresalgen
les utiliser dans : *– l'alimentation* *– le textile* *– la papeterie* *– la pharmacie*	sie an/wenden in: – der Nahrungsmittelindustrie – der Textilindustrie – der Papierindustrie – der Pharmaindustrie
l'agriculture subaquatique	die Landwirtschaft unter Wasser
❖ de nouvelles substances	**❖ neue Substanzen**
des protéines	Proteine
des lipides	Lipide
des poisons	Gifte
des protéines inconnues	unbekannte Eiweißstoffe
en faire des produits chimiques	neue Chemikalien daraus machen
concevoir de nouveaux médicaments	neue Medikamente entwickeln
anticancéreux	gegen Krebs ➢ krebsbekämpfend
antiviraux	gegen Viren ➢ virenbekämpfend
antidouleur	gegen Schmerzen ➢ schmerzbekämpfend
les propriétés des bactéries	die Eigenschaften der Bakterien
exploiter ces bactéries	diese Bakterien aus/werten
les cloner	sie klonen
les produire à grande échelle	sie in riesigem Umfang produzieren

la thalassothérapie	die Thalassotherapie (n) ➢ die Meeresheilkunde (sg.)

❖ conquérir l'Océan — ❖ die Weltmeere erobern

construire sur la mer	auf dem Meer bauen
la cité marine	die Meeressiedlung (en)
installer des cités marines autonomes	autonome Meeressiedlungen ein richten
les solutions des problèmes sont dans l'Océan	die Lösungen der Probleme liegen im Meer

❖ l'Océan, le reflet du cosmos — ❖ die Weltmeere: ein Spiegelbild des Kosmos

ouvrir de nouvelles portes	neue Türen öffnen
franchir les dernières barrières	die letzten Grenzen auf/brechen (a, o, hat)
la clé pour découvrir la vie extraterrestre	der Schlüssel zur Entdeckung außerirdischen Lebens

Table des matières

Cet ouvrage a été imprimé
en mai 2013 par

FIRMIN-DIDOT

27650 Mesnil-sur-l'Estrée
N° d'impression : 117754
Dépôt légal : mai 2008

Imprimé en France